Ulrich Rosseaux

Städte in der
Frühen Neuzeit

Einbandgestaltung: schreiberVIS, Seeheim

Die Deutsche Nationalbibliothek verzeichnet diese Publikation
in der Deutschen Nationalbibliografie;
detaillierte bibliografische Daten sind im Internet über
http://dnb.d-nb.de abrufbar.

Das Werk ist in allen seinen Teilen urheberrechtlich geschützt.
Jede Verwertung ist ohne Zustimmung des Verlags unzulässig.
Das gilt insbesondere für Vervielfältigungen,
Übersetzungen, Mikroverfilmungen und die Einspeicherung in
und Verarbeitung durch elektronische Systeme.

© 2006 by WBG (Wissenschaftliche Buchgesellschaft), Darmstadt
Die Herausgabe des Werkes wurde durch
die Vereinsmitglieder der WBG ermöglicht.
Gedruckt auf säurefreiem und alterungsbeständigem Papier
Satz: Lichtsatz Michael Glaese GmbH, Hemsbach
Printed in Germany

Besuchen Sie uns im Internet: www.wbg-darmstadt.de

ISBN-13: 978-3-534-16674-9
ISBN-10: 3-534-16674-4

Inhaltsverzeichnis

Geschichte kompakt VII

I. Einleitung 1

II. Städtewesen und urbane Demographie 5
  1. Quantitative Aspekte der Städtelandschaft in der Frühen
    Neuzeit 5
    a) Verstädterung 5
    b) Einwohnerzahlen 8
  2. Urbane Demographie 13
    a) Quellen und methodische Probleme 13
    b) Geburten, Hochzeiten, Tod 14
    c) Zuwanderung 21
    d) Demographische Krisen 23
  3. Städtetypen 25
    a) Reichsstädte und Autonomiestädte 26
    b) Residenzstädte 31
    c) Bergstädte 35
    d) Universitätsstädte 37
    e) Exulantenstädte 39
    f) Festungsstädte 42
    g) Idealstädte 44
    h) Kurorte 45

III. Wirtschaft – Gesellschaft – Politik 47
  1. Wirtschaftliche Strukturen 47
    a) Handel 47
    b) Handwerk 49
    c) Neue Gewerbezweige 52
  2. Soziale Strukturen 54
    a) Bürger und Einwohner 54
    b) Reichtum und Armut 56
    c) Randgruppen und Minderheiten 59
  3. Politik 61
    a) Institutionen und politische Verfahren 61
    b) Konflikte und Unruhen 65
    c) Politische Festkultur 68

IV. Stadt und Religion 73
  1. Stadt und Reformation 73
    a) Die Reformation als „urban event"? 73
    b) Reformation in den Reichs- und Autonomiestädten 75
    c) Landstädtische Reformation(en) 81
    d) Städte ohne Reformation 84

Inhaltsverzeichnis

    2. Zwischen Konflikt und Koexistenz 86
        a) Auf dem Weg zur konfessionell homogenen Stadt 86
        b) Mehrkonfessionelle Städte 88

V. Stadt und Umwelt 94
    1. Stadtbild und Architektur 94
        a) Das städtische Umland 94
        b) Befestigungsanlagen 96
        c) Häuser und Straßen 97
    2. Ökologie und Gesundheit 102
        a) Wasser und Energie 103
        b) Öffentliche Hygiene 109
        c) Gesundheitsfürsorge 111
        d) Rauch, Gestank und andere Emissionen 113

VI. Leben in der Stadt 115
    1. Zeitstrukturen 115
        a) Kalender und Jahreslauf 115
        b) Uhren und Zeitrechnung 116
        c) Tag und Nacht 118
    2. Wohnen – Nahrung – Kleidung 121
        a) Wohnkultur 121
        b) Essen und Trinken 125
        c) Kleidung 129
    3. Unterhaltung, Erholung und Vergnügen 131
        a) Jahrmärkte, Schützenfeste, Karneval 132
        b) Musik und Tanz 134
        c) Theater 138
        d) Schaustellungen 141
        e) Spaziergänge, Ausflüge, Bäder: Erholung und Vergnügen
           im städtischen Umland 143

VII. Bibliographie 145

Register 151

Geschichte kompakt

*In der Geschichte, wie auch sonst,
dürfen Ursachen nicht postuliert werden,
man muss sie suchen.* (Marc Bloch)

Das Interesse an Geschichte wächst in der Gesellschaft unserer Zeit. Historische Themen in Literatur, Ausstellungen und Filmen finden breiten Zuspruch. Immer mehr junge Menschen entschließen sich zu einem Studium der Geschichte, und auch für Erfahrene bietet die Begegnung mit der Geschichte stets vielfältige, neue Anreize. Die Fülle dessen, was wir über die Vergangenheit wissen, wächst allerdings ebenfalls: Neue Entdeckungen kommen hinzu, veränderte Fragestellungen führen zu neuen Interpretationen bereits bekannter Sachverhalte. Geschichte wird heute nicht mehr nur als Ereignisfolge verstanden, Herrschaft und Politik stehen nicht mehr allein im Mittelpunkt, und die Konzentration auf eine Nationalgeschichte ist zugunsten offenerer, vergleichender Perspektiven überwunden.

Interessierte, Lehrende und Lernende fragen deshalb nach verlässlicher Information, die komplexe und komplizierte Inhalte konzentriert, übersichtlich konzipiert und gut lesbar darstellt. Die Bände der Reihe „Geschichte kompakt" bieten solche Information. Sie stellen Ereignisse und Zusammenhänge der historischen Epochen des Mittelalters und der Neuzeit verständlich und auf dem Kenntnisstand der heutigen Forschung vor. Hauptthemen des universitären Studiums wie der schulischen Oberstufen und zentrale Themenfelder der Wissenschaft zur deutschen und europäischen Geschichte werden in Einzelbänden erschlossen. Beigefügte Erläuterungen, Register sowie Literatur- und Quellenangaben zum Weiterlesen ergänzen den Text. Die Lektüre eines Bandes erlaubt, sich mit dem behandelten Gegenstand umfassend vertraut zu machen. „Geschichte kompakt" ist daher ebenso für eine erste Begegnung mit dem Thema wie für eine Prüfungsvorbereitung geeignet, als Arbeitsgrundlage für Lehrende und Studierende ebenso wie als anregende Lektüre für historisch Interessierte.

Die Autorinnen und Autoren sind jüngere, in Forschung und Lehre erfahrene Wissenschaftler und Wissenschaftlerinnen. Jeder Band ist, trotz der allen gemeinsamen Absicht, ein abgeschlossenes, eigenständiges Werk. Die Reihe „Geschichte kompakt" soll durch ihre Einzelbände insgesamt den heutigen Wissensstand zur deutschen und europäischen Geschichte repräsentieren. Sie ist in der thematischen Akzentuierung wie in der Anzahl der Bände nicht festgelegt und wird künftig um weitere Themen der aktuellen historischen Arbeit erweitert werden.

Kai Brodersen
Gabriele Haug-Moritz
Martin Kintzinger
Uwe Puschner

I. Einleitung

Das Heilige Römische Reich sei ein Land, in dem es fast unzählbar viele Städte gebe, schrieb der Theologe und Humanist Johannes Cochlaeus (1479–1552) in seiner 1512 veröffentlichten „Brevis Germanie descriptio", und brachte damit seine Bewunderung für die reiche und vielgestaltige Städtelandschaft Deutschlands um 1500 zum Ausdruck. Lobende und bewundernde Äußerungen über die Gestalt der deutschen Städte finden sich auch in vielen Reiseberichten des 16. Jahrhunderts. Der Italiener Antonio de Beatis, der als Sekretär und Begleiter eines Kardinals in den Jahren 1517 und 1518 Oberitalien, Südwestdeutschland, die Niederlande und Nordfrankreich bereiste, fand Augsburg „groß" und „reich an schönen Plätzen, Straßen und Häusern", in Nürnberg faszinierten ihn die dort gehandelte Waren sowie die zahlreichen in- und ausländischen Kaufleute, in der „volkreichen Stadt" Straßburg bewunderte er das Münster und die vielen wasserführenden Gräben und Kanäle, die ihn an Venedig erinnerten, und von Köln war er begeistert, weil es an Größe, Einwohnerzahl und architektonischer Beschaffenheit der Häuser alle anderen Städte übertraf, die er in Deutschland gesehen hatte. Charakteristisch am Bericht de Beatis' ist die Hervorhebung der großen süd- und (süd-)westdeutschen Reichsstädte, die für ihn wie für viele andere Zeitgenossen des 16. Jahrhunderts die Spitze der deutschen Städtehierarchie in jener Zeit darstellten.

Im 18. Jahrhundert hatte sich diese Einschätzung geradezu in ihr Gegenteil verkehrt. Namentlich in den Reiseberichten der Aufklärung kamen die ehemals gerühmten Reichsstädte des deutschen Südens und Westens meist nur noch schlecht weg. Dies galt um so mehr, wenn sie wie Köln als Hort eines intoleranten Katholizismus galten oder wie Augsburg in einem starr geregelten und peinlich zu beachtenden System konfessioneller Parität lebten, das in den Augen eines aufgeklärt denkenden Menschen der zweiten Hälfte des 18. Jahrhunderts kaum anders denn als seltsam und antiquiert erscheinen mochte. Ansonsten fiel den politisch interessierten Zeitgenossen am Ende der Frühen Neuzeit zum Stichwort Reichsstadt noch das Wort Schulden ein, denn die Mehrzahl dieser Kommunen schleppte eine mehr oder minder respektable Last noch zu tilgender Kredite mit sich herum. Der Jurist und Verfassungsrechtler Johann Jacob Moser (1701–1785) hielt dazu spöttisch fest, dass die Verschuldung vermutlich das einzige Merkmal sei, dass die ansonsten so heterogene Gruppe der Reichsstädte gemeinsam habe.

Stark in den Vordergrund gerückt waren stattdessen die Haupt- und Residenzstädte der großen deutschen Territorien, allen voran Wien und Berlin, aber auch Dresden, München, Hannover oder Stuttgart, sowie die Hafen- und Handelsstadt Hamburg. In dieser Verschiebung der urbanen Entwicklungsdynamik spiegelten sich exemplarisch zwei für die Frühe Neuzeit charakteristische Prozesse wider. Zum einen manifestierte sich im Aufstieg der politischen Kapitalen der Erfolg des frühmodernen Staates, dem es durch den Ausbau der Bürokratie und des Rechtssystems, dem Aufbau eines stehenden Heeres und der Konzentration eines Großteils staatlicher Macht in der Hand des Fürsten immer besser gelungen war, die Ansprüche konkurrierender Institutionen – zu denen im politischen System des Alten Reichs eben auch die Reichsstädte gehörten – abzuwehren und stattdessen die eigenen Interessen durchzusetzen. Durch die Verdichtung der Staatlichkeit gewannen die Haupt- und Residenzstädte eine soziale, ökonomische und kulturelle Attraktivität, die in zunehmendem Maße Menschen anzog: Es kamen Beamte, Offiziere, Künstler, Handwerker, Gelehrte und nicht zuletzt zahlreiche Angehörige dienender Berufe, um am Hof oder in dessen Umfeld ihr Glück zu suchen. Zum anderen war die positive Entwicklung Hamburgs – in geringerem Maßstab galt dies auch für Bremen – das Ergebnis jener langfristigen Umorientierung der Weltwirtschaft nach der Entdeckung Amerikas und dem europäischen Ausgreifen in den asiatisch-pazifischen Raum. Die von Süden nach Norden verlaufende alte Hauptachse des europäischen Handels, die den Mittelmeerraum mit Mittel- und Nordeuropa verband, verlor allmählich an Bedeutung. Stattdessen etablierte sich zunehmend eine neue, auf den Atlantik und die ökonomischen Möglichkeiten in Übersee hin orientierte Hauptachse. Einem ähnlichen relativen Bedeutungsverlust wie das Mittelmeer unterlag mit der Ostsee auch das andere europäische ‚Binnenmeer', das noch im Spätmittelalter das ökonomische Gravitationszentrum Nordeuropas gebildet hatte. Die Stagnation und der allmähliche relative Abstieg Lübecks, das um 1500 noch zu den vier größten Städten im Reich gehört hatte, war das Sinnbild dieses Prozesses auf der stadtgeschichtlichen Ebene.

Die geschilderten Beispiele illustrieren zum einen, dass es bei der Betrachtung der deutschen Städte in der Frühen Neuzeit nicht nur um Stadtgeschichte im engeren Sinne geht, sondern dass sich in der Geschichte der Kommunen in den rund drei Jahrhunderten zwischen 1500 und 1800 immer auch allgemeine und über den städtischen Rahmen hinaus weisende Prozesse spiegeln und niederschlagen. Zum anderen verweisen sie darauf, dass die Frühe Neuzeit für die Städte im deutschsprachigen Raum eine Epoche war, die teilweise grundlegende Veränderungen mit sich brachte. Diese betrafen die politischen Funktionen der Kommunen im entstehenden frühmodernen Staat ebenso wie die Formen und kulturellen Praktiken der Lebensführung in den Städten, um nur zwei Beispiele zu nennen. Allerdings vollzogen sich diese qualitativen Veränderungen über längere Zeiträume und vor dem Hintergrund einer sich im Hinblick auf ihre quantitativen Dimensionen und ihre sozioökonomischen Strukturen im Großen und Ganzen nicht wesentlich verändernden Städtelandschaft. Weil die deutschsprachige stadthistorische Forschung ihren zeitlichen und inhaltlichen Schwerpunkt jedoch traditionell im Mittelalter hatte und ihre Methodik und ihre auf rechts-, wirtschafts- und sozialhistorische Themen konzentrierten Forschungsstrategien anhand der Verhältnisse in dieser Epoche entwickelte, hat sie sich auch in der Frühen Neuzeit lange Zeit vornehmlich an diesem Themenkanon orientiert. Erforscht wurden daher bevorzugt quantifizierbare Aspekte der Städtelandschaft wie beispielsweise die städtischen Wirtschafts- und Sozialstrukturen, die Einwohnerzahlen und ähnliches mehr. Auf diese Weise gerieten zum einen die Kräfte der Beharrung sehr viel deutlicher in den Blick als die Wandlungsprozesse, durch die sich die frühneuzeitliche Stadtgeschichte mindestens ebenso auszeichnete, und zum anderen wurde der Wandel – sofern er wie im Fall der veränderten politischen Rolle der

Einleitung

Kommunen dennoch behandelt wurde – als Niedergangsphänomen interpretiert.

Tatsächlich jedoch gilt es, das nicht selten unvermittelte Nebeneinander und die Gleichzeitigkeit von Veränderung und Konstanz als schlechthin charakteristisch für die Geschichte der deutschen Städte in der Frühen Neuzeit anzusehen. Die rund drei Jahrhunderte zwischen 1500 und 1800 lassen sich aus stadtgeschichtlicher Perspektive nur dann als eine einheitliche Epoche fassen, wenn man sie als eine Zeit der Transition zwischen dem Mittelalter und der Moderne begreift. Vieles von dem, was für die Städte in der Frühen Neuzeit typisch war, hatte mittelalterliche Wurzeln. Dies galt beispielsweise für die kommunalen Verfassungen oder die Organisationsformen des städtischen Handwerks. Solchen und anderen Elementen der Konstanz standen jedoch vielfältige und tiefgreifende Veränderungsprozesse in politischer, vor allem aber kulturell-lebensweltlicher Hinsicht gegenüber. Ein ökonomisch leidlich gut gestellter Stadtbewohner des ausgehenden 18. Jahrhunderts kleidete sich anders, aß anders und verhielt sich im Ganzen anders, als es sein Pendant etwa 300 Jahre zuvor getan hatte. Das Ausmaß der Veränderungen, welche die Städte im Laufe der Frühen Neuzeit erlebten, macht es daher unmöglich, die Bezeichnung frühneuzeitliche Stadt in dem Sinne zu verwenden, wie dies mit dem Begriff der mittelalterlichen Stadt geschieht. Während jener auf ein bestimmtes idealtypisches Ensemble von politischen, städtebaulichen und sozioökonomischen Phänomenen bezogen werden kann, die cum grano salis als charakteristisch für die Kommunen des Mittelalters gelten können, läuft angesichts des aus stadtgeschichtlicher Sicht transitorischen Charakters der Frühen Neuzeit jeder Versuch, den Terminus frühneuzeitliche Stadt vergleichbar jenem der mittelalterlichen Stadt mit Inhalt zu füllen, ins Leere. Spezifisch für die Städte in der gesamten Frühen Neuzeit ist – jenseits aller beharrenden Kräfte und Strukturen – allein der allmähliche Übergang vom Mittelalter zur Moderne. Die mittelalterlichen Elemente in den Kommunen verloren bis in die Zeit um 1800 mehr und mehr an Bedeutung und gleichzeitig etablierten sich neue Lebensformen und sozioökonomische Strukturen. Der damit einhergehende Wandel verlief jedoch mit einer Geschwindigkeit, die den aus heutiger Sicht langsamen Rhythmen der Vormoderne angemessen war, und unterschied sich insofern von den rasanten Veränderungsprozessen modernen Zuschnitts, die nicht nur, aber insbesondere die Städtelandschaft in Deutschland seit dem frühen 19. Jahrhundert radikal umformten.

Der Übergangscharakter, den die Frühe Neuzeit für die Städte im deutschen Sprachraum besaß, spiegelt sich auch in der Antwort auf die Frage, was denn in diesem Zeitraum überhaupt als Stadt anzusehen ist. Zwar bietet die rechtliche Stadtdefinition, wonach eine Ansiedlung dann als Stadt gilt, wenn sie das Stadtrecht besaß, eine Grundlage, die bis zum Ausklang der Epoche tragfähig bleibt. Analog zu den Verhältnissen im Mittelalter war der Terminus Stadt auch in der Frühen Neuzeit in erster Linie ein rechtlicher Begriff und hing nicht etwa von der Größe eines Ortes ab. Gleichzeitig lässt sich jedoch beobachten, dass parallel zum Bedeutungsverlust der Autonomierechte der Städte im Laufe der Frühen Neuzeit auch die Kraft der allein juristischen Stadtdefinition nachlässt, während hingegen die Urbanität als Lebensform eine allmählich zunehmende definitorische Qualität erlangte.

I. Einleitung

Städtisch zu sein, war demnach in wachsendem Maße davon bestimmt, einen spezifischen Lebensstil zu pflegen, der in dieser Form nur im Rahmen urbaner Verhältnisse möglich war. Hierzu zählten beispielsweise der Umgang mit der Zeit, der sich in den frühneuzeitlichen Kommunen von den Praktiken im ländlichen Raum deutlich unterschied, oder die Ernährungs- und Konsumgewohnheiten der städtischen Bevölkerung. In diesem Buch werden daher auch diese kulturell-lebensweltlichen Aspekte des Städtischen in der Frühen Neuzeit thematisiert.

Untersuchungsgebiet   Wenn in den bisherigen Ausführungen wahlweise von deutschen Städten, Städten in Deutschland oder auch Städten im deutschsprachigen Raum die Rede war, dann signalisiert bereits die Vielfalt der Begriffe, dass der zu beschreibende Sachverhalt nicht ganz unkompliziert sein kann. Tatsächlich lässt sich die räumliche Ausdehnung des Untersuchungsgebiets nur unvollkommen anhand der politischen Grenzen in der Frühen Neuzeit beschreiben. Die Gestalt des Heiligen Römischen Reiches Deutscher Nation war um 1500 eine andere als 1648 oder 1803, auch umfasste es – zumindest de jure – lange Zeit Gebiete wie beispielsweise die Niederlande oder die Franche-Comté, die man nicht ernsthaft als deutsch bezeichnen kann. Auch wenn eine Kommune wie Besançon in der **Wormser Reichsmatrikel** von 1521 sogar als Reichsstadt aufgeführt wurde, wird sie in der vorliegenden Abhandlung daher ebenso wenig behandelt wie die Städte in den Niederlanden oder der Schweiz.

> **E**   **Wormser Reichsmatrikel**
> 1521 auf dem Reichstag in Worms beschlossenes Verzeichnis, in dem der von jedem Reichsstand zu erbringende finanzielle Beitrag für die Aufstellung des Reichsheeres aufgelistet war. Diese Aufstellung der Steuer- und Heereskontingente blieb bis zum Ende des Alten Reiches in Gebrauch und avancierte zusätzlich zu einem wichtigen Instrument, um über die – nicht selten umstrittene – Frage der Reichsunmittelbarkeit eines Territoriums zu entscheiden.

Gleichsam spiegelbildlich zu diesen Abgrenzungsproblemen nach Westen und Süden stellen sich nach Osten hin Schwierigkeiten, Städte wie Elbing, Danzig oder Königsberg einzuschließen, die in der Frühen Neuzeit sicherlich unter dem Begriff deutsche Städte subsumiert werden können, ohne jedoch jemals Teil des Alten Reiches gewesen zu sein. Ähnliches gilt, wenngleich unter umgekehrten Vorzeichen, für solche Kommunen, die wie Straßburg und die kleineren elsässischen Reichsstädte im Laufe des Untersuchungszeitraums aus dem Reichsverband ausschieden. Die pragmatische Lösung für die geschilderten Probleme besteht in einem Untersuchungsgebiet, dass im Kern den deutschsprachigen Gebieten des Heiligen Römischen Reiches in den Grenzen von 1648 entspricht, das heißt ohne die spanischen und die Vereinigten Niederlande, die Herzogtümer Bar und Lothringen, die Franche-Comté und die Schweiz, zu dem aber die Kommunen im Elsaß – zumindest bis zu ihrem Ausscheiden aus dem Reich – ebenso gerechnet werden wie die außerhalb des Reiches gelegenen deutschsprachigen Städte im Ostseeraum einschließlich jener im Herzogtum Preußen.

II. Städtewesen und urbane Demographie

1. Quantitative Aspekte der Städtelandschaft in der Frühen Neuzeit

a) Verstädterung

In der älteren stadtgeschichtlichen Forschung gilt die Frühe Neuzeit in Deutschland gemeinhin als eine Epoche, in der im Bereich des Städtewesens keine großen quantitativen Veränderungen und insbesondere nur ein geringes Wachstum sowohl der Anzahl der Städte wie auch der Stadtbevölkerung insgesamt zu verzeichnen gewesen sei. Vor allem auf dem Gebiet der Stadtneugründungen ist in den drei Jahrhunderten zwischen 1500 und 1800 im Vergleich zur vorhergehenden Epoche in der Tat eine deutliche Abnahme zu konstatieren. Während in der mittelalterlichen Hochphase der Stadtgründungen gegen Ende des 13. Jahrhunderts über 200 Städte pro Jahrzehnt neu entstanden, sank diese Ziffer ab der Mitte des 15. Jahrhunderts auf durchschnittlich 10 Neugründungen binnen einer Dekade ab. Zu einer nennenswerten Belebung bei der Entstehung neuer Städte kam es erst wieder nach 1850. Insgesamt sind zwischen 1500 und 1800 in Deutschland vermutlich etwas mehr als 400 Kommunen neu gegründet worden. Dieses sogenannte Städtetal wird mit einem ausgangs des Mittelalters erreichten Sättigungsgrad in der Entwicklung der deutschen Städtelandschaft erklärt. Danach habe es in der Frühen Neuzeit kein ausgeprägtes Bedürfnis nach einer quantitativ bedeutsamen Neubildung von Städten mehr gegeben. Die in dieser Epoche dennoch erfolgten Stadtgründungen bezogen sich ganz überwiegend auf Kommunen mit spezifischen Funktionen, wie beispielsweise Residenzstädte, Exulantenstädte oder Festungsstädte. Als Beispiele für diese Stadttypen seien Karlsruhe (gegründet 1715), Johanngeorgenstadt (gegründet 1654) und Saarlouis (gegründet 1680) genannt. Alles in allem kann die Gesamtzahl der deutschen Städte zu Beginn der Frühen Neuzeit mit 3500 veranschlagt werden, während um 1800 von knapp 4000 Kommunen auszugehen ist.

Geringe Anzahl von Stadtneugründungen

Das Gros dieser Gemeinwesen entfiel auf Städte kleiner und mittlerer Größe. Es gehörte zu den charakteristischen Merkmalen des frühneuzeitlichen deutschen Städtewesens, dass einer verhältnismäßig kleinen Gruppe von Großstädten eine quantitativ erheblich bedeutsamere Schar von Mittel- und vor allem Kleinstädten gegenüberstand. Um 1500 besaßen knapp 3000 der insgesamt 3500 Städte weniger als 1000 Einwohner, einige hundert weitere bewegten sich im Bereich zwischen 1000 und 2000 Einwohnern. Auf 2000 bis 10 000 Bewohner kamen knapp 200 Kommunen und auf Bevölkerungsgrößen von mehr als 10 000 brachten es lediglich 26 Städte. Kategorisiert man die letztgenannten Kommunen in der Rubrik Großstädte, diejenigen Städte mit Einwohnerzahlen zwischen 2000 und 10 000 unter der Bezeichnung Mittelstädte und die übrigen als Kleinstädte, dann gehörten zu Beginn der Frühen Neuzeit über 90 Prozent aller deutschen Städte zu dieser letztgenannten Kategorie. Obschon sich um 1800 sowohl die Anzahl der Großstädte (61 gegenüber 26) als auch die der Mittelstädte (ca. 400 gegen-

Dominanz der Klein- und Mittelstädte

über knapp 200) merklich vergrößert hatte, hatten sich die Gewichte zwischen den Kategorien kaum verschoben. Mit rund 3000 Kommunen stellten die Kleinstädte mit bis zu 2000 Einwohnern nach wie vor die Masse aller Städte in Deutschland.

Verstädterungsgrad

Berücksichtigt man die kleinen und mittleren Städte bei der Berechnung des Verstädterungsgrades, so ergibt sich, dass in der Frühen Neuzeit ungefähr ein Viertel aller Deutschen in einer Stadt lebte. Um 1800 waren dies rund 7 Millionen Menschen. Beschränkt man sich hingegen auf die Städte mit mehr als 10 000 Einwohnern dann ergeben sich geringere Quoten und Zahlen: Um 1500 machten die knapp 500 000 Bewohner der 26 deutschen Großstädte rund 3 Prozent der Bevölkerung aus und um 1800 lebten 1,7 Millionen Menschen in Städten mit mehr als 10 000 Einwohnern, was einer Quote von 5,4 Prozent entsprach. Hinter den globalen Zahlen der Verstädterung verbergen sich allerdings erheblich regionale Unterschiede. Vor allem der an Städten arme Nordosten Deutschlands wartete mit unterdurchschnittlichen Raten auf. In Ostpreußen stagnierte der Anteil der Stadtbevölkerungsanteil an der Gesamtbevölkerung in der zweiten Hälfte des 18. Jahrhunderts bei etwa 20 Prozent und in Pommern ging er im gleichen Zeitraum auf 23,5 Prozent zurück. Demgegenüber lebten in Württemberg bereits in der Mitte des 16. Jahrhunderts knapp 30 Prozent aller Einwohner in einer Stadt und bis um 1800 hatte sich dieser Anteil auf mehr als 50 Prozent erhöht. In Sachsen lag der Verstädterungsgrad in der Mitte des 18. Jahrhunderts bei 36,5 Prozent, im zentralen erzgebirgischen Bergbaugebiet rund um die Städte Annaberg, Schwarzenberg und Marienberg wurden mitunter sogar Quoten von mehr als 50 Prozent erreicht.

Verstädterung im europäischen Vergleich

Von solchen Spitzenwerten einmal abgesehen, nahmen sich die deutschen Verstädterungsquoten in der Frühen Neuzeit im europäischen Vergleich nicht sonderlich imposant aus. In Norditalien, Belgien und den Niederlanden war der Anteil der Stadtbevölkerung während der gesamten Frühen Neuzeit deutlich höher als in Deutschland. In den genannten Ländern und Regionen lebten bereits um 1550 zwischen 15,1 (Norditalien) und 22,8 Prozent (Belgien) der Gesamtbevölkerung in Städten mit über 10 000 Einwohnern, während die deutsche Vergleichszahl bei 3,8 Prozent lag. Im Laufe der Frühen Neuzeit nahm der großstädtische Bevölkerungsanteil vor allem in den Niederlanden (1800: 28,8 Prozent) und in Belgien (1800: 18,9 Prozent) noch zu – in Norditalien ging er dagegen leicht zurück (1800: 14,3 Prozent) – so dass sich trotz eines leichten Wachstums auch in Deutschland (1800: 5,5 Prozent) an diesen Verhältnissen bis 1800 nichts Wesentliches geändert hatte. Aufgrund einer raschen Zunahme der großstädtischen Bevölkerung seit dem 17. Jahrhundert war deren Anteil am Ende der Frühen Neuzeit auch in Frankreich (1800: 8,8 Prozent) und vor allem in England (1800: 20,3 Prozent) höher als in Deutschland, wobei dieses Wachstum allerdings zu einem gehörigen Maß auf das Konto der beiden Hauptstädte Paris und London ging. In der Mitte des 18. Jahrhunderts behaupteten die beiden Metropolen in der Tabelle der bevölkerungsreichsten Städte Europas mit 676 000 (London) beziehungsweise 560 000 (Paris) Einwohnern unangefochten die Plätze eins und zwei. Für diesen relativen Rückstand Deutschlands bei der Urbanisierung können zwei Ursachen angeführt werden. Zum einen erfassen die für Europa vorliegenden Statistiken lediglich die größeren Städte mit mehr als 10 000 Einwohnern, so

Quantitative Aspekte der Städtelandschaft

dass im europaweiten Vergleich streng genommen lediglich die Vergroßstädterung gemessen wird. Die für das deutsche Städtewesen so typische große Zahl kleinerer und mittlerer Städte geht in diese Berechnungen hingegen nicht ein.

Zum anderen gilt es auf die demographischen Folgen des Dreißigjährigen Krieges hinzuweisen. Durch den Krieg und seine Begleiterscheinungen waren die städtischen Einwohnerzahlen teilweise erheblich reduziert worden, hinzu kamen die mittel- und langfristigen Auswirkungen des allgemeinen kriegsbedingten Bevölkerungsrückgangs, die zu einer zeitlich gegenüber dem übrigen Europa verzögerten Vergrößerung der Stadtbevölkerung führten. Freilich gilt es auch hier zu differenzieren: Für manche Kommune erwies sich der Dreißigjährige Krieg als demographische Katastrophe – so sank die Einwohnerzahl Magdeburgs von 40 000 auf 5000, diejenige Dortmunds reduzierte sich von 6500 auf 2000 und in Frankfurt an der Oder zählte man nach dem Krieg anstelle von einstmals 13 000 nur noch 2000 Einwohner. Hinzu kam eine ganze Reihe deutscher Großstädte, die infolge des Krieges auf rund die Hälfte ihrer ehemaligen Größe zusammengeschrumpft waren. Namentlich sind hier Augsburg (von 40 000 auf 20 000), Nürnberg (von 40 000 auf 25 000) und Mainz (von 20 000 auf 10 000) zu nennen. Demgegenüber gelang es anderen Städten, den Krieg in punkto Einwohnerzahl relativ unbeschadet zu überstehen. Dazu gehörten unter anderem Braunschweig, das einen Stand von 16 000 halten konnte, Frankfurt am Main mit einer geringfügigen Abnahme von 18 000 auf 17 000 oder Dresden, das sogar einen Zuwachs von 7000 auf 9000 Einwohner verzeichnen konnte. Hinzu kamen einige wenige Städte, die trotz oder in manchen Fällen auch wegen des Krieges ihre Bevölkerungszahl deutlich erhöhen konnten. Zu den markantesten Beispielen gehören Danzig, das sich von 50 000 auf 70 000 Einwohner vergrößerte, wobei es diesen Zuwachs nach dem Krieg auch rasch wieder einbüßte, und Hamburg, das mit einer dauerhaften Zunahme von 40 000 auf 78 000 Einwohner aufwartete. In diesen divergierenden Entwicklungen spiegelten sich nicht zuletzt die regional unterschiedlichen demographischen Folgen des Dreißigjährigen Krieges wider. Während der Westen und auch der Norden des Reiches in der Regel nur mäßig betroffen waren, wurden weite Teile in der Mitte und im Süden und dort vor allem die Durchzugs- und Quartiergebiete der Heere teilweise erheblich heimgesucht. Trotzdem lagen die Einwohnerverluste der Städte im Schnitt unter denen der ländlichen Gebiete. Günther Franz zufolge verloren die deutschen Kommunen während des Dreißigjährigen Kriegs bis zu einem Drittel ihrer Bewohner, wohingegen er die Verlustraten auf dem Land mit rund 40 Prozent bezifferte. Hier machte sich die Schutzfunktion der zum Teil stark befestigten Städte bemerkbar, die in den Zeiten des Krieges eine hohe Anziehungskraft ausübte. Trotz der enormen Verluste, die unter der städtischen Bevölkerung aufgrund der Kriegseinwirkungen und weitaus mehr noch infolge von Seuchenzügen und Hungerkrisen zu verzeichnen waren, konnten sich die Einwohnerzahlen der Kommunen durch den Zuzug aus ländlichen Gebieten und den Zustrom von Flüchtlingen zumeist wieder erholen und stabilisieren.

Demographische Folgen des Dreißigjährigen Krieges

b) Einwohnerzahlen

Ermittlung von Einwohnerzahlen

Bei Angaben zur Bevölkerungsgröße einzelner frühneuzeitlicher Städte, gilt es freilich stets die methodischen Probleme zu beachten, die mit der Erhebung der dazu erforderlichen Daten verbunden sind. Die Frühe Neuzeit gehört zu den sogenannten vorstatistischen Epochen, das heißt zu jenen historischen Zeitabschnitten, aus denen zwar eine Vielzahl von Quellenarten überliefert ist, die in irgendeiner Form statistische Informationen beinhalten, als Beispiele seien Steuerlisten, Kirchenbücher oder Musterungsrollen genannt, die aber modernen statistischen Anforderungen nicht entsprechen, und daher einer geeigneten quellenkritischen Aufbereitung bedürfen. Eines der häufigsten Probleme, die im Zusammenhang mit der Ermittlung von Bevölkerungsgrößen auftreten, ist der Umstand, dass die frühneuzeitlichen Erhebungen zumeist auf rechtlich definierte Personenverbände bezogen waren und nur die Angehörigen des jeweiligen Rechtskreises berücksichtigten. Bevölkerungszählungen, in denen alle in einer Kommune lebenden Menschen, unabhängig von Alter, Geschlecht, Stand, Bürgerrecht, Konfession, Beruf oder anderen Differenzierungskriterien berücksichtigt wurden, fanden in Deutschland erstmals in der zweiten Hälfte des 18. Jahrhunderts statt. Zuvor wurden oftmals lediglich die Haushalte oder die (männlichen) Haushaltsvorstände gezählt, häufig waren auch Erhebungen, bei denen allein die Inhaber des jeweiligen städtischen Bürgerrechts oder die Besitzer von Immobilien berücksichtigt wurden. Hinzu kamen die vor allem in Kriegszeiten durchgeführten Musterungen der männlichen wehrfähigen Bevölkerung, die gegebenenfalls zur Besetzung der Stadtmauern herangezogen werden konnte. Frauen, Kinder und Alte wurden bei diesen Erhebungen zumeist nicht erfasst, eine Ausnahme hiervon machten nur Zählungen von Hauseigentümern, in deren Rahmen meist auch weiblicher Immobilienbesitz berücksichtigt wurde. Ein weiteres statistisches Problem bilden die städtischen Minderheiten, die häufig nicht oder nur in gesonderten Erhebungen erfasst wurden. Genaue Angaben über die Einwohnerzahl einer Stadt sind daher eine seltene Ausnahme, Hochrechnungen oder Schätzwerte hingegen die Regel.

Rangfolge der größten deutschen Städte

Am Beginn der Frühen Neuzeit war Köln mit rund 45000 Einwohnern die mit einigem Abstand größte Stadt im Reich, gefolgt von Nürnberg (36000), Breslau (25000), Lübeck (24000) und Regensburg (22000). Zur Gruppe der zehn einwohnerstärksten Kommunen gehörten außerdem noch Augsburg und Straßburg mit je 20000 Einwohnern sowie Braunschweig, Bremen und Magdeburg, die es auf je 18000 Köpfe innerhalb der Stadtmauern brachten. Dass sich unter zehn größten Kommunen im Reich mit Köln, Nürnberg, Lübeck, Regensburg, Augsburg und Straßburg allein sechs Reichsstädte befanden, verweist auf die Bedeutung, die diese Kommunen im Städtesystem des Reiches im frühen 16. Jahrhundert besaßen. Am Ende der Frühen Neuzeit bot sich hingegen ein verändertes Bild: An der Spitze der zehn einwohnerstärksten Städte in Deutschland befanden sich mit Wien (231000) und Berlin (150000) die Hauptstädte der beiden wichtigsten deutschen Territorien. Auf den Plätzen folgten Hamburg (100000), Königsberg (59000), Dresden (55000), Breslau (54000), Frankfurt am Main (48000), Köln (42000), Dan-

Quantitative Aspekte der Städtelandschaft

Tabelle 1: Einwohnerzahlen der wichtigsten deutschen Städte zwischen 1500 und 1800 (in Tausend).

Stadt / Jahr	1500	1550	1600	1650	1700	1750	1800
Aachen	15	–	23	12	15	–	24
Altona	2	–	6	3	12	15	23
Ansbach	–	–	–	–	4	6	12
Augsburg	20	45	48	21	21	–	28
Bamberg	7	10	12	7	10	12	17
Bautzen	5	5	5	–	4	8	11
Berlin	12	–	25	12	55	90	150
Bonn	–	–	4	–	–	8	11
Braunschweig	18	16	16	16	–	21	27
Bremen	18	–	21	–	27	28	36
Breslau	25	35	30	–	–	55	54
Chemnitz	3	4	5	–	4	11	14
Danzig	20	26	50	70	50	46	40
Dresden	5	8	12	15	25*	52	55
Düsseldorf	2	–	5	5	9	9	20
Elbing	10	15	15	10	16	16	17
Emden	5	–	15	14	10	8	12
Erfurt	15	18	19	15	17	17	17
Flensburg	3	–	6	–	–	7	13
Frankfurt (M)	12	12	18	17	28	32	48
Frankfurt (O)	11	11	13	2	9	9	12
Freiberg	8	–	12	–	8	9	10
Freiburg	5	–	10	6	–	–	9
Fürth	–	–	1	–	5	8	12
Görlitz	11	–	10	–	5	11	9
Gotha	3	–	4	–	7	12	12
Graz	5	–	8	–	–	20	31
Halberstadt	–	–	12	–	10	11	12
Halle (S)	8	–	10	–	5	13	19
Hamburg	14	29	40	75	70	75	100
Hanau	1	–	–	–	–	11	12
Hannover	6	6	7	9	11	17	17
Heidelberg	8	–	6	4	–	10	11
Hildesheim	11	–	9	–	–	–	12

Städtewesen und urbane Demographie

Stadt \ Jahr	1500	1550	1600	1650	1700	1750	1800
Innsbruck	4	5	5	6	7	8	10
Kassel	5	–	6	–	10	19	18
Köln	45	–	40	45	42	43	42
Königsberg	8	14	–	–	35	60	59
Leipzig	10	10	14	11	20	35	32
Lübeck	24	25	23	31	–	–	23
Lüneburg	–	–	14	–	–	9	10
Magdeburg	18	40	40	5	10	18	37
Mainz	6	–	20	10	20	24	22
Mannheim	–	–	–	1	13	20	22
München	13	16	20	10	21	32	34
Münster	10	–	11	–	7	9	14
Nürnberg	36	40	40	25	40	30	27
Potsdam	–	–	–	–	2	15	27
Regensburg	22	–	20	–	20	20	23
Rostock	10	–	15	–	–	6	14
Salzburg	–	–	10	10	13	15	11
Soest	12	15	10	5	5	5	5
Stettin	9	13	12	6	6	12	23
Stralsund	11	–	15	–	10	8	11
Straßburg**	20	24	28	23	30	40	48
Stuttgart	–	10	9	5	13	17	20
Ulm	17	19	21	14	–	15	16
Wien	20	–	50	60	114	175	231
Würzburg	10	9	10	11	14	15	16

* Angaben beruhen auf eigenen Forschungen, ** seit 1681 französisch.
(alle anderen Angaben nach: Vries, Jan de: European Urbanization 1500–1800, London 1984, S. 272–278; Bairoch, Paul/Batou, Jean/Chèvre, Pierre (Hrsg.): La population des villes européennes. Banques de données et analyse sommaire des résultats 800–1850, Genf 1988, S. 4–9)

zig (40 000) und Magdeburg (37 000). Unter den Top Ten der deutschen Städte befanden sich im Jahr 1800 mit Frankfurt am Main, Köln und Hamburg nur noch drei Reichsstädte, die zudem – mit Ausnahme Hamburgs – im Verhältnis zu den größten Kommunen merklich an Bedeutung verloren hatten. Stattdessen hatten sich vor allem die Haupt- und Residenzstädte Wien, Berlin und Dresden in den Vordergrund geschoben. Hinzu kam Hamburg, das – obwohl es im 18. Jahrhundert nach einer jahrhundertlangen Auseinandersetzung über seinen rechtlichen Status doch noch offiziell

Quantitative Aspekte der Städtelandschaft

zur Reichsstadt erklärt worden war – seinen Aufschwung mehr der Einbeziehung in das im Laufe der Frühen Neuzeit immer stärker florierende atlantische Handels- und Wirtschaftssystem verdankte. Ihre Einwohnerzahl vergrößert hatten auch Kommunen, die wie Königsberg oder Breslau als administrative und ökonomische Oberzentren einer ganzen Region fungierten, sowie das als Finanz- und Handelszentrum hervorgetretene Frankfurt am Main. Hingegen hatten Köln, Danzig oder Magdeburg trotz ihrer Platzierung unter den zehn größten Kommunen in Deutschland ihre ehemalige Größe nicht behaupten können. All diese Veränderungen waren der quantitative Ausdruck eines langfristigen Prozesses, in dessen Verlauf die politisch und ökonomisch einstmals dominierenden Reichsstädte an Bedeutung verloren hatten.

Ähnlich wie beim Anteil der Stadtbevölkerung an der Gesamtbevölkerung waren auch die absoluten Einwohnerzahlen der deutschen Großstädte im europäischen Vergleich wenig beeindruckend.

Bevölkerungszahlen der deutschen Städte im europäischen Vergleich

Tabelle 2: Die 20 einwohnerstärksten europäischen Großstädte (1500–1800) mit den Einwohnerzahlen in Tausend.

1500		1600		1700		1800	
Neapel	150	Neapel	281	London	575	London	865
Mailand	100	Paris	220	Paris	510	Paris	581
Paris	100	London	200	Neapel	216	Neapel	427
Venedig	100	Venedig	139	Amsterdam	200	Wien	231
Florenz	70	Mailand	120	Lissabon	165	Amsterdam	217
Granada	70	Palermo	105	Rom	138	Lissabon	180
Genua	60	Rom	105	Venedig	138	Dublin	168
Bologna	55	Lissabon	100	Mailand	124	Madrid	167
Palermo	55	Sevilla	90	Wien	114	Rom	163
Rom	55	Genua	71	Madrid	110	Berlin	150
Lyon	50	Florenz	70	Palermo	100	Palermo	139
Brescia	49	Granada	69	Lyon	97	Venedig	138
Köln	45	Amsterdam	65	Sevilla	96	Mailand	135
Gent	40	Valencia	65	Brüssel	80	Barcelona	115
London	40	Bologna	63	Genua	80	Kopenhagen	101
Rouen	40	Rouen	60	Marseille	75	Hamburg	100
Valencia	40	Brüssel	50	Florenz	72	Lyon	100
Verona	38	Danzig	50	Antwerpen	70	Sevilla	96
Nürnberg	36	Messina	50	Hamburg	70	Bordeaux	88
Brüssel	35	Wien	50	Kopenhagen	70	Turin	82

(Angaben nach: Vries, Jan de: European Urbanization 1500–1800, London 1984, S. 272–278 sowie nach Tabelle 1)

II. Städtewesen und urbane Demographie

In der Liste der zwanzig einwohnerstärksten europäischen Großstädte (Tabelle 2) waren nie mehr als drei deutsche Kommunen vertreten, die zudem mit den Bevölkerungsgrößen der bedeutenden Metropolen kaum mithalten konnten. Eine Ausnahme hiervon machten allein Wien und Berlin, die im ausgehenden 17. und 18. Jahrhundert eine ähnliche Entwicklungsdynamik aufwiesen wie andere europäische Hauptstädte. Zugleich wird deutlich, dass das urbane Herz Europas im 16. und auch noch im beginnenden 17. Jahrhundert in Italien schlug. Im Jahr 1500 befanden sich unter den 20 bevölkerungsreichsten europäischen Kommunen allein zehn italienische Städte und 1600 waren es immerhin noch neun. Im weiteren Verlauf der Frühen Neuzeit rückten dann die Metropolen Nord- und Mitteleuropas wie London, Paris, Amsterdam oder Kopenhagen immer mehr in den Vordergrund, während die Entwicklung der meisten italienischen Städte langsamer vor sich ging oder stagnierte. Ebenso vergrößerte sich die Spannweite zwischen den Großstädten. Im Jahr 1500 machte die Einwohnerzahl der größten Stadt Europas rund gerechnet mehr als das vierfache der auf Rang zwanzig platzierten Kommune aus, 1800 lag dieser Faktor dagegen bei etwas über zehn.

Rolle der Kleinstädte — Mit Blick auf die deutschen Verhältnisse gilt es angesichts dieses Befundes erneut die wichtige Rolle der mittleren und kleineren Städte zu betonen, die das Rückgrat der frühneuzeitlichen Städtelandschaft in Deutschland bildeten. Dabei waren die Kleinstädte keineswegs durchweg jene ereignislosen, selbstgenügsamen und jeder Veränderung abholden „german home towns", als die sie in der zu Beginn der 70er Jahre des 20. Jahrhunderts publizierten Studie des amerikanischen Historikers Mack Walker erscheinen. Im Wesentlichen am Beispiel der sozioökonomischen Entwicklung süddeutscher Reichsstädte seit dem Ende des Dreißigjährigen Krieges hatte Walker den Typus der „home town" entwickelt, als dessen Hauptmerkmale er Stagnation und Innovationsfeindlichkeit ausmachte. Nicht zuletzt aufgrund des damaligen Fehlens weiterer Studien zur Geschichte deutscher Städte minderer Größe in der Frühen Neuzeit hat diese globale Negativbewertung der deutschen Kleinstädte im ausgehenden 17. und 18. Jahrhundert bis in die Gegenwart hinein eine breite und weitgehend zustimmende Rezeption in der stadtgeschichtlichen Forschung erfahren. Die mittlerweile vorliegenden neueren Untersuchungen zur kleinstädtischen Geschichte im Deutschland der Frühen Neuzeit bieten hingegen ein sehr viel differenzierteres Bild. So wuchs die Bedeutung der kleinen Städte in Kursachsen in der Epoche nach dem Dreißigjährigen Krieg und sie gehörten zusammen mit den drei Großstädten Dresden, Leipzig und Chemnitz zu den Trägern des in dieser Zeit ablaufenden Prozesses einer zunehmenden Urbanisierung der sächsischen Bevölkerung. Im Unterschied hierzu durchliefen die altbayerischen Kleinstädte im 17. und 18. Jahrhundert einen Prozess der Deurbanisierung und verloren an demographischer und ökonomischer Potenz, wofür der in einigen Kommunen eingetretene Zuwachs an administrativer Bedeutung im Rahmen des frühmodernen Staates nur einen teilweisen Ersatz bot. Hingegen betonen Untersuchungen zu hessischen Kleinstädten in der Frühen Neuzeit die Bedeutung solcher Verwaltungsfunktionen als Voraussetzung einer positiven kleinstädtischen Entwicklung.

Insgesamt gesehen greift die in der älteren stadtgeschichtlichen Forschung vorherrschende Einschätzung, die in der Frühen Neuzeit vornehmlich eine Phase der Stagnation oder gar des Verfalls für die deutschen Städte sah, offenbar zu kurz. Zwar bewirkten die demographischen Folgen des Dreißigjährigen Krieges eine spürbare Verzögerung der Urbanisierung, dennoch vollzog sich dieser Prozess einer wachsenden Verstädterung der Bevölkerung auch in Deutschland. Im Vergleich zu anderen europäischen Ländern verlief er allerdings langsamer und zeichnete sich zudem durch eine beachtenswerte regionale Differenzierung aus.

2. Urbane Demographie

a) Quellen und methodische Probleme

Als Forschungsfeld der historischen Demographie sind die frühneuzeitlichen Städte in Deutschland erst verhältnismäßig spät von der Forschung entdeckt worden. Dies hat seine Ursachen zum einen in der in Deutschland verzögert einsetzenden Rezeption moderner historisch-demographischer Ansätze und zum anderen in den methodischen und forschungspraktischen Schwierigkeiten, die mit deren Umsetzung verbunden sind. Anders als bei der Erforschung der Einwohnerzahlen liegen die Probleme hier weniger auf dem Gebiet der Datenüberlieferung, sondern betreffen vielmehr die Ermittlung und mehr noch die Verarbeitung der vitalstatistischen Informationen. Kirchenbücher, die bei historisch-demographischen Arbeiten zumeist als Hauptquellen fungieren, liegen für viele Städte zumindest seit der Mitte des 17. Jahrhunderts vor. Trotz der Verluste, die der Dreißigjährige Krieg dieser Quellengattung zugefügt hat, reicht die Überlieferung gelegentlich auch noch weiter zurück. Ergänzt wird dies durch eine Reihe weiterer Quellen, darunter vor allem die sogenannten Kirchenzettel, die teils archivalisch, teils gedruckt vorliegen, und in denen die Zahlen der binnen Jahresfrist in einer Stadt oder einem Kirchenspiel Getauften, Begrabenen und Verheirateten festgehalten sind. Als Beispiel kann die kursächsische Residenzstadt Dresden angeführt werden, für die solche Tabellen in gedruckter Form seit 1617 erhalten sind, so dass für weite Teile des 17. und für das gesamte 18. Jahrhundert die Rekonstruktion der langfristigen Entwicklungslinien der Mortalität, der Natalität und der Eheschließungen möglich ist. Schon die Analyse dieser vergleichsweise einfach zu handhabenden demographischen Makrodaten ist bei stadtgeschichtlichen Untersuchungen jedoch bereits mit der Verarbeitung sehr nennenswerter Datenmengen verbunden, und ohne den Einsatz computertechnischer Hilfsmittel daher kaum sinnvoll zu bewältigen. Will man darüber hinaus auf die demographische Mikroebene vordringen und solche Fragen wie beispielsweise jene nach der saisonalen Verteilung von Geburten oder Sterbefällen, den Beziehungen zwischen der sozioökonomischen Lage und der Sterbewahrscheinlichkeit in Krisenzeiten oder der kulturell-religiösen Prägung des generativen Verhaltens beantworten, dann erreichen die zu verarbeitenden Informationsmengen schon bei Städten mit nur einigen tausend Einwohnern rasch eine kritische Größe – von Großstädten mit mehreren zehntausend oder gar über hunderttausend Bewohnern ganz zu schweigen.

Methoden und Probleme der historischen Demographie von Städten

II. Städtewesen und urbane Demographie

Die dennoch entstandenen Studien bieten gleichwohl eine hinreichend breite Grundlage für die Darstellung der wesentlichen Merkmale der urbanen Demographie im Deutschland der Frühen Neuzeit. Dabei gilt es zwei, freilich durch vielfältige Wechselbeziehungen miteinander verknüpfte Bereiche zu unterscheiden: Zum einen die Untersuchung der mittel- und langfristigen Trendlinien der zentralen demographischen Kennziffern – Geburten, Todesfälle, Heiraten, Migration –, die im Hinblick auf die Bevölkerungsentwicklung der Städte einen wichtigen Platz einnehmen. Zum anderen die unter der Berücksichtigung religiös-kultureller und schichtenspezifischer Aspekte vorzunehmende Analyse generativer Verhaltensmuster, aus denen sich Informationen über Wertvorstellungen und die Lebenspraxis frühneuzeitlicher Stadtbewohner ableiten lassen. Dies betrifft die saisonalen Rhythmen von Konzeptionen, Geburten, Eheschließungen und Todesfällen ebenso wie die Heiratsmöglichkeiten oder das Heiratsalter. Im Vergleich mit den Ergebnissen entsprechender Untersuchungen bei ländlichen Bevölkerungsgruppen kann zudem die Frage nach der Existenz sowie der möglichen Gestalt eines städtetypischen generativen Verhaltens geklärt werden.

In der Schnittmenge beider Bereiche sind hingegen die für die Frühe Neuzeit so charakteristischen demographischen Krisen angesiedelt. Einerseits beeinflussten sie über ihre Auswirkungen auf die Mortalität die mittel- und langfristige Entwicklung der städtischen Bevölkerung. Andererseits ermöglicht die Analyse des Verlaufs und der Folgen einer solchen Krise in einer Stadt tiefe Einblicke in den urbanen demographischen Mikrokosmos. Zu denken ist in diesem Zusammenhang beispielsweise an das Phänomen der je nach Stadtteil, Altersgruppe oder sozialer Schicht mitunter höchst unterschiedlichen Auswirkung einer frühneuzeitlichen Epidemie.

b) Geburten, Hochzeiten, Tod

Städtische Vitalbilanz

Aus ihren Beobachtungen und Analysen über die Einwohnerentwicklung vornehmlich in den größeren Städten haben bereits frühneuzeitliche Bevölkerungstheoretiker wie Johann Peter Süßmilch (1707–1767) im späten 17. und 18. Jahrhundert eine Art ‚Gesetz' abgeleitet, wonach der Saldo zwischen Geburten und Todesfällen im langjährigen Verlauf überwiegend negativ sei und die Städte daher zur Aufrechterhaltung oder gar zur Erhöhung ihrer Bevölkerung auf Zuwanderung zwingend angewiesen seien. Die überlieferten Datenreihen nicht nur der deutschen Städte sprechen in der Tat eine deutliche Sprache. Wie die in den Schaubildern 1 und 2 (siehe folgende Seiten) angeführten Beispiele aus Esslingen und Dresden zeigen, lagen die Ziffern der Todesfälle selbst in der Mehrzahl der gewöhnlichen Jahre über denen der Geburten und sofern sich über einige Jahre ein – zumeist bescheidener – Geburtenüberschuss einstellte, sorgte spätestens die nächste demographische Krise mit ihrer Übersterblichkeit wieder für eine negative städtische Vitalbilanz.

Anhand der gewählten Beispiele wird zudem deutlich, dass dieses Phänomen weitgehend unabhängig vom Typ der Stadt, ihrer Größe und dem beobachteten Zeitraum war. Die mittelgroße südwestdeutsche Reichsstadt Esslingen mit ihrer in der Frühen Neuzeit zwischen 5000 und 7000 Einwoh-

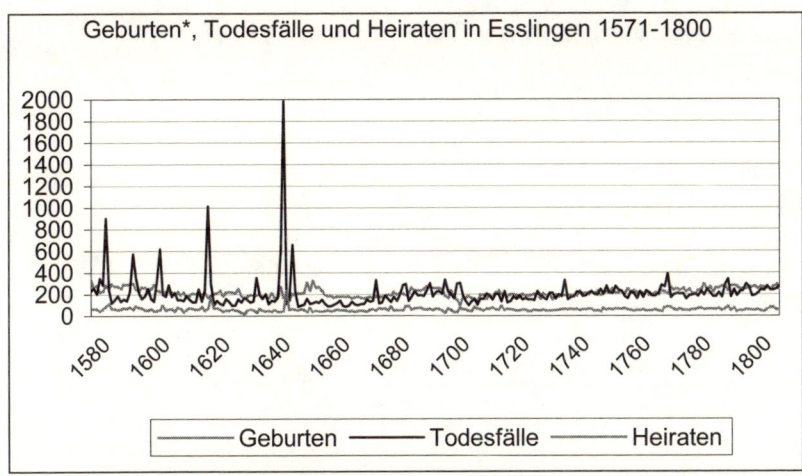

Schaubild 1: Vitalstatistik Esslingens 1571–1800.
(* bis 1650 Anzahl der Getauften)
(Daten für das Diagramm aus: Schraitle, Egon: Die Bevölkerungsentwicklung Esslingens in der Spätzeit der Reichsstadt, in: Esslinger Studien 10 (1964), S. 78–105 hier insb. S. 94–105)

nern schwankenden Bevölkerungszahl und die vor allem in der ersten Hälfte des 18. Jahrhunderts stürmisch wachsende kursächsische Residenzstadt Dresden mit ihren schließlich rund 55 000 Einwohnern waren gleichermaßen davon betroffen. Lediglich sehr kleine Kommunen, die sich in ihrer Wirtschaftsstruktur und der Lebenssituation ihrer Bewohner kaum vom ländlichen Umland unterschieden, glichen sich diesem auch im vitalstatistischen Bereich an und wiesen des öfteren einen Geburtenüberschuss auf.

Die überlieferten Datenreihen nicht nur der deutschen Städte sprechen in der Tat eine deutliche Sprache. Wie die in den Schaubildern 1 und 2 angeführten Beispiele aus Esslingen und Dresden zeigen, lagen die Ziffern der Todesfälle selbst in der Mehrzahl der gewöhnlichen Jahre über denen der Geburten und sofern sich über einige Jahre ein – zumeist bescheidener – Geburtenüberschuss einstellte, sorgte spätestens die nächste demographische Krise mit ihrer Übersterblichkeit wieder für eine negative städtische Vitalbilanz. Anhand der gewählten Beispiele wird zudem deutlich, dass dieses Phänomen weitgehend unabhängig vom Typ der Stadt, ihrer Größe und dem beobachteten Zeitraum war.

Sterbeüberschuss

Die mittelgroße südwestdeutsche Reichsstadt Esslingen mit ihrer in der Frühen Neuzeit zwischen 5000 und 7000 Einwohnern schwankenden Bevölkerungszahl und die vor allem in der ersten Hälfte des 18. Jahrhunderts stürmisch wachsende kursächsische Residenzstadt Dresden mit ihren schließlich rund 55 000 Einwohnern waren gleichermaßen davon betroffen. Lediglich sehr kleine Kommunen, die sich in ihrer Wirtschaftsstruktur und der Lebenssituation ihrer Bewohner kaum vom ländlichen Umland unterschieden, glichen sich diesem auch im vitalstatistischen Bereich an und wiesen des Öfteren einen Geburtenüberschuss auf.

Die Ursachen des chronisch defizitären Saldos zwischen Geburten und Todesfällen in den frühneuzeitlichen Städten sind in der Forschung umstrit-

Erklärungsversuche für erhöhte Mortalität

II. Städtewesen und urbane Demographie

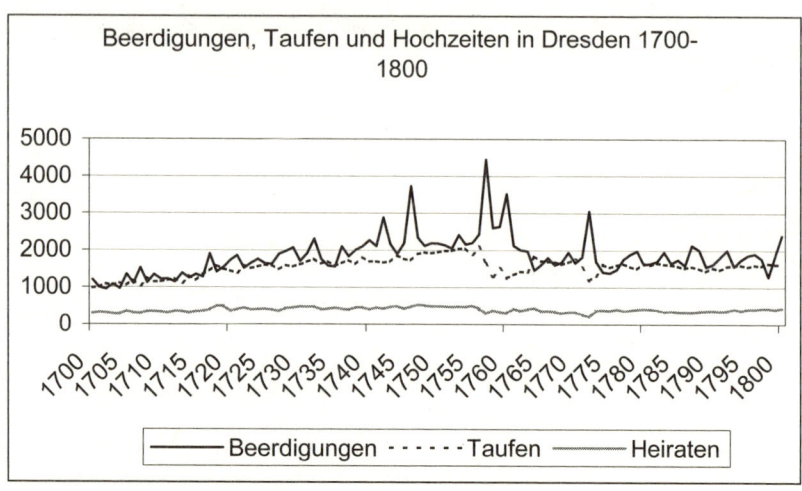

Schaubild 2: Vitalstatistik Dresdens 1700–1800.
(Daten für Diagramm aus: Tabellarische Uibersicht[!], von den im Jahr 1800 in der Churfürstl. Residenz Dresden, Getauften, Communicanten, Copulirten und Begrabenen. Nebst einer Haupttabelle, welche Dieselben vom Anfang bis zum Beschluß des 18ten Jahrhunderts anzeiget, [Dresden 1800])

ten. In der Nachfolge eines bereits von den frühneuzeitlichen Bevölkerungstheoretikern formulierten Erklärungsmodells werden die beengten städtischen Lebensverhältnisse und die damit einhergehenden hygienischen Probleme, die in den Städten stärker wirksamen Seuchenzüge, Schwierigkeiten bei der Nahrungsmittelversorgung und die sich aus alledem ergebende allgemein prekäre Lebenssituation vor allem der städtischen Unterschichten als Gründe genannt.

Demgegenüber suchen neuere Ansätze die Ursachen in der sozialen und demographischen Zusammensetzung der Stadtbevölkerung. Dabei spielen Faktoren wie das Heiratsalter, die eheliche Fruchtbarkeit, die Geschlechterrelation in den reproduktionsfähigen Altersgruppen sowie die Art und die Zusammensetzung der Zuwanderung eine entscheidende Rolle. In diesem Zusammenhang wird insbesondere die Rolle der Einwanderung in die Städte gänzlich anders bewertet, als dies bei der älteren These der Fall war. Galten die Zuwanderer dort als notwendige Ergänzung der zur eigenen Reproduktion nicht fähigen städtischen Bevölkerung, sehen die neueren Ansätze in ihnen einen Teil, wenn nicht sogar die Hauptursache des Problems: Dadurch, dass ein nicht unbedeutender Teil der Einwanderung in die Städte temporär blieb, steuerten diese Menschen zur Vitalbilanz der jeweiligen Kommune lediglich Todesfälle bei. Geboren worden waren sie anderswo, die Suche nach einer ökonomischen Existenzmöglichkeit hatte sie in eine Stadt geführt und dort konnten sie erst dann etwas zur Geburtlichkeit beitragen, wenn es ihnen gelang, eine dauerhaft auskömmliche Stelle einzunehmen. Andernfalls – und dies dürfte für einen gewichtigen Teil der als Dienstboten, Gesinde, Hilfsarbeiter oder Gesellen tätigen Migranten gegolten haben – konnten sie unter den wirtschaftlichen und rechtlichen Bedingungen der frühneuzeitlichen Stadtgesellschaften keine Familie gründen und demzufolge auch nicht zur Reproduktion der städtischen Bevölkerung beitragen. Dieser Zustand blieb entweder Zeit ihres Lebens bestehen oder sie verließen die Stadt nach einer gewissen Zeit wieder, um anderswo ihr Glück zu suchen. Diese Menschen erschienen daher nur dann in der städtischen Bevölkerungsstatistik, wenn sie während ihres Aufenthalts in der Stadt starben.

Ein abschließendes Urteil über die Validität der beiden konkurrierenden Interpretationsmuster kann freilich nicht getroffen werden. Einerseits vernachlässigt der ältere Erklärungsansatz mit seiner starken Fokussierung auf die Mortalität, die übrigen Faktoren, die Einfluss auf die Vitalbilanz einer frühneuzeitlichen Stadt besaßen. Andererseits kann auch das jüngere Erklärungsmodell nicht völlig überzeugen. Zweifelhaft erscheint vor allem, ob die Zuwanderung in die Städte tatsächlich den postulierten Negativeffekt auf die städtischen Vitalbilanzen besaß, zumal der empirische Nachweis dieser These bis dato nicht geführt werden konnte. Da es dafür erforderlich wäre, die Zuwanderung in eine frühneuzeitliche Stadt so detailliert zu analysieren, dass die temporären Migranten von den dauerhaften Zuwanderern unterschieden werden können und zugleich das generative Verhalten der erstgenannten Gruppe in hinreichender Weise rekonstruiert werden kann, bleibt es angesichts der Quellenüberlieferung für die deutschen Städte der Frühen Neuzeit – jedenfalls soweit diese bekannt ist – auch fraglich, ob ein solcher Beweis jemals erbracht werden wird. Auch bleibt es eine statistisch abgesicherte historische Tatsache, dass das Wachstum der frühneuzeitlichen Stadtbevölkerungen zu einem erheblichen Teil auf Wanderungsgewinne zurückzuführen ist.

Insgesamt spricht einiges für eine multivariable Betrachtung des Phänomens der negativen städtischen Vitalbilanzen in der Frühen Neuzeit, in die Elemente aus beiden Modellen einfließen. Als Beispiel hierfür sei die demographische Entwicklung Berlins im ausgehenden 17. und 18. Jahrhundert angeführt. Getragen von einer starken Zuwanderung nahm die Bevölkerung zwischen etwa 1680 und 1710 ganz erheblich zu. Parallel dazu wies die Berliner Vitalstatistik einen überwiegend positiven Saldo zwischen Geburten und Todesfällen aus, so dass sich die Vergrößerung der städtischen Einwohnerzahl in diesem Zeitraum sowohl aus Wanderungsgewinnen als auch aus einem Geburtenüberschuss speiste. In den Jahren nach 1710 verlor sich dieser städtische Geburtenüberschuss dann wieder und die Vitalbilanz Berlins nahm allmählich die für eine frühneuzeitliche Großstadt typische Gestalt an: Wenigen Jahren mit einem positiven oder ausgeglichenen Saldo standen viele Jahre mit einer negativen Differenz zwischen Geburten und Todesfällen gegenüber. Auf den ersten Blick scheint dieser Verlauf beiden eben dargestellten Erklärungsansätzen zu widersprechen. Des Rätsels Lösung offenbart sich bei einer genauen Betrachtung der Altersstruktur der Zuwanderung, des seuchenhistorischen Geschehens und der ökonomischen Entwicklung der Stadt. Die in der Phase zwischen 1680 und 1710 nach Berlin kommenden Migranten rekrutierten sich zu einem deutlich überproportionalen Anteil aus jüngeren, heiratsfähigen Menschen beiderlei Geschlechts, die von den ökonomischen Möglichkeiten in der rasch expandierenden brandenburgisch-preußischen Residenzstadt angezogen wurden. Aufgrund der günstigen wirtschaftlichen Situation kam es in dieser Phase zu

II. Städtewesen und urbane Demographie

vermehrten Familiengründungen, was sich statistisch gesehen in einer stark erhöhten Heiratsquote ausdrückte. Der daraus erwachsende Kindersegen bildete schließlich die Grundlage für den städtischen Geburtenüberschuss. Zugleich blieb Berlin während dieses Zeitraums von ernsthaften demographischen Krisen weitgehend verschont, so dass die geschilderte Entwicklung ohne größere exogene Störungen vonstatten gehen konnte. Mit der Zeit schwächte sich die wirtschaftliche Dynamik dieser Aufbaujahrzehnte ab und das demographische Geschehen in Berlin begann sich zu normalisieren. Den nach wie vor in die Metropole strömenden Migranten boten sich nicht mehr die gleichen außergewöhnlich guten wirtschaftlichen Chancen wie sie die erste Zuwanderergeneration angetroffen hatte. Außerdem stellten sich im weiteren Verlauf des 18. Jahrhunderts auch die demographischen Krisen wieder ein, unter denen der Siebenjährige Krieg mit seinen Begleiterscheinungen besonders hervorstach. Unabhängig davon, dass die Bevölkerungsentwicklung Berlins in den Jahrzehnten um 1700 im Kontext der übrigen deutschen Städte nicht den Regelfall darstellte, zeigt ihre Analyse gleichwohl, dass die differenzierte Betrachtung möglichst vieler Einflussfaktoren im Hinblick auf die urbane frühneuzeitliche Demographie den größten interpretatorischen Erfolg verspricht.

Säuglings- und Kindersterblichkeit

Anders als in modernen Städten, wo der Tod – von Kriegen einmal abgesehen – weitgehend aus dem täglichen Bewusstsein verschwunden ist, gehörten Sterben und Tod in den frühneuzeitlichen Kommunen auch abseits der Kriege, Epidemien und Hungersnöte zu den Grundtatsachen des städtischen Lebens. Ein weiterer und erheblicher Unterschied zwischen der Gegenwart und der Frühen Neuzeit bestand in der Verteilung der Todesfälle auf die Altersgruppen. Während der Tod in den Metropolen der modernen industrialisierten Welt ganz überwiegend das Gesicht eines alten Menschen aufweist, besaß er in den frühneuzeitlichen Städten das Antlitz eines kleinen Kindes. Im Mittel entfielen zwischen 40 und 55 Prozent aller Todesfälle in einer Kommune auf die Gruppe der Kinder unter fünf Jahren, in manchen Fällen lag diese Quote sogar noch höher (siehe auch die Beispiele in Tabelle 3).

Wie aus den Angaben in dieser Tabelle darüber hinaus hervorgeht, lag das größte Todesrisiko bei den Säuglingen im Alter von unter einem Jahr. Diese Feststellung gilt freilich nicht allein für das 18. Jahrhundert sondern gehörte zu den Charakteristika der urbanen Demographie in der gesamten Frühen Neuzeit. Von allen zwischen 1621 und 1720 in den Kirchenbüchern der Reichsstadt Nördlingen festgehaltenen Beerdigungen entfielen beispielsweise allein 46,5 Prozent auf die Altersgruppe der Kinder unter einem Jahr. Jenseits dieses generellen Befundes gilt es jedoch die oft erheblichen regionalen, sozialen und vor allem konfessionsspezifischen Variationen bei der städtischen Säuglings- und Kindersterblichkeit in der Frühen Neuzeit zu beachten. So besaßen Kinder aus sozial und wirtschaftlich besser gestellten Familien größere Überlebenschancen als ihre Altersgenossen in den Unterschichten, hinzu kamen je nach Region unterschiedliche Still- beziehungsweise Abstillgewohnheiten, die in Verbindung mit der regional bevorzugten Ersatznahrung einen spürbaren Einfluss auf die Höhe der Mortalität unter den Säuglingen hatten.

Hier gilt als Faustregel: Wo – wie in Norddeutschland überwiegend üblich – mehr und länger gestillt wurde, war die Säuglingssterblichkeit deut-

Tabelle 3: Prozentualer Anteil der Kindersterblichkeit an der Gesamtsterblichkeit in ausgewählten deutschen Städten im 18. Jahrhundert.

Stadt	Untersuchungszeitraum	Alter der verstorbenen Kinder		Zusammen
		0–< 1 Jahr	1–< 5 Jahre	
Durlach	18. Jh.	31,3	18,7	50
Gießen (Stadtkirche)	18. Jh.	20,4	20	40,4
Memmingen	1747–1800	43,4	8,8	52,2
Weiden	1765–1800	26,5	15,4	41,9
Berlin (Dorotheenstadt)	1715–1719	21,3	22,3	43,6
	1790–1794	28,5	21,5	50
Fulda	1774–1793	27,3	16,1	43,4
Wien	1752–1755	36,4	18,2	56,6

(Angaben nach: François, Etienne: La mortalité urbaine en allemagne au XVIIIe siècle, in: Annales de démographie historique 1978, S. 142)

lich geringer als in jenen Gebieten, in denen – wie in Teilen Süddeutschlands – die Stillphase zumeist sehr kurz gehalten wurde. Je stärker sich die konfessionellen Mentalitäten im Laufe der Frühen Neuzeit verfestigten, um so stärker machte sich der Einfluss der unterschiedlichen religiösen Weltbilder auch im generativen Verhalten der Menschen bemerkbar. Als Beispiel seien die Verhältnisse in der trikonfessionellen Kleinstadt Oppenheim angeführt: Dort unterschied sich die Säuglingssterblichkeit in den drei religiösen Gruppen noch in der ersten Hälfte des 18. Jahrhunderts nur wenig voneinander, ehe sie dann in der zweiten Jahrhunderthälfte in den beiden protestantischen Bevölkerungsgruppen deutlich unter diejenige der Katholiken absank. Da sich die sozialen und wirtschaftlichen Rahmendaten der Angehörigen der drei religiösen Gemeinschaften nicht wesentlich voneinander unterschieden, waren die konfessionsspezifisch differierenden Einstellungen zum Tod und zum Leben die Hauptursache dieser Entwicklung. Nach einer in der katholischen Bevölkerung weitverbreiteten Überzeugung, konnten die im Zustand der Unschuld verstorbenen Neugeborenen als himmlische Fürsprecher bei Gott wirken. Dieses religiöse Bewältigungsmuster erleichterte zwar den Umgang der Hinterbliebenen mit dem Tod der eigenen Kinder, beförderte aber gleichzeitig die duldende Hinnahme solcher Ereignisse. Kam es während der Geburt zu Komplikationen stand bei den katholischen Hebammen in Oppenheim bezeichnenderweise die Nottaufe und somit das Seelenheil des Kindes im Vordergrund des Interesses, wohingegen die protestantischen Hebammen vorrangig um die medizinische Versorgung bemüht waren.

Die vitalstatistischen Bewegungen in den frühneuzeitlichen Städten verteilten sich keineswegs gleichmäßig über das Jahr, sondern wiesen mehr

Saisonale Rhythmen der Vitalstatistik

oder minder ausgeprägte saisonale Rhythmen auf. Sofern das Bild nicht durch außergewöhnliche Einflüsse wie Hungerkrisen, Seuchen oder kriegerische Ereignisse beeinflusst wurde, häuften sich die Todesfälle zumeist im Zeitraum zwischen Ende Februar und Anfang Mai sowie im Hoch- und Spätsommer, das heißt in den Monaten August und September. Während das spätwinterliche Mortalitätsmaximum vornehmlich ältere Menschen betraf, deren Widerstandskraft am Ende der kalten Jahreszeit geschwächt war, gingen die hochsommerlichen Spitzen auf das Konto von Infektionskrankheiten oder hitzebedingten Durchfallerkrankungen, die vor allem Kleinkinder bedrohten.

Empfängnis und Geburt

Bei den saisonalen Rhythmen der Konzeptionen und Geburten folgten die städtischen Einwohner einem Muster, das sich in der Frühen Neuzeit in weiten Teilen Mitteleuropas fand und insofern nicht spezifisch für die urbanen Verhältnisse war. Die meisten Kinder kamen in den Monaten des Spätwinters zur Welt, was auf ein Maximum bei den Konzeptionen in den Monaten zwischen April und Juni schließen lässt. Mit dem Rhythmus der Zeugungen und der Geburten waren die saisonalen Schwankungen der Heiratshäufigkeit eng verbunden oder genauer: die Maxima der Eheschließungen gingen den Konzeptionsmaxima mit einem Vorsprung von ein bis zwei Monaten voraus. Beim Heiratsalter verhielten sich die Einwohner der frühneuzeitlichen deutschen Städte dem seit dem Mittelalter beobachtbaren europäischen Heiratsmuster gemäß, das durch die Kopplung der Heirat an eine hinreichende wirtschaftliche Existenzgrundlage und ein vergleichsweise hohes Heiratsalter gekennzeichnet war.

Unehelichenquoten

Auch bei den Raten der unehelich geborenen Kinder folgten die Stadtbevölkerungen im Großen und Ganzen dem allgemeinen epochalen Trend, der durch einen U-förmigen Verlauf beschrieben werden kann: Nachdem die Illegitimitätsquoten im 16. Jahrhundert noch vergleichsweise hoch gelegen hatten, sanken sie im weiteren Verlauf der Frühen Neuzeit stark ab, ehe dann im 18. Jahrhundert eine erst allmähliche und ab der Mitte des Säkulums eine beschleunigte Zunahme festzustellen war. Gleichwohl nahm die Entwicklung vor allem im 18. Jahrhundert in einzelnen Städten nicht selten einen unterschiedlichen Verlauf. Im ersten Jahrzehnt des 18. Jahrhunderts (1701–1710) bewegten sich die durchschnittlichen Quoten unehelicher Kinder in Frankfurt am Main, Koblenz, Gießen und Mainz in einem engen Intervall zwischen 1,2 und 1,84 Prozent, während im gleichen Zeitraum in Dresden im Schnitt 5,5 Prozent aller Kinder illegitim zur Welt kamen. In Berlin war der Anteil der nicht ehelich Geborenen in den Jahren 1680 bis 1709 sogar auf durchschnittlich 6,8 Prozent hochgeschnellt, nachdem er zwischen 1650 und 1679 noch bei lediglich 1,15 Prozent gelegen hatte. Im letzten Dezennium des 18. Jahrhunderts unterschieden sich die Unehelichenquoten in den einzelnen Städten dann erheblich voneinander: In Frankfurt betrug der Durchschnitt der Jahre 1791 bis 1800 10,65 Prozent, in Koblenz 8,52 und in Dresden wurde bei einer Rate von 19,86 Prozent in diesem Zeitraum rund gerechnet jedes fünfte Kind unehelich geboren. Auch in Berlin hatte sich die Rate der illegitimen Geburten zum Ende des 18. Jahrhunderts deutlich erhöht und lag bei rund zehn Prozent. Hingegen wiesen Gießen und Mainz nur eine moderate Zunahme auf. Für diese Unterschiede liegen bis dato keine allgemein akzeptierten Interpretationen vor. Manches kann als Ergebnis der Größe einer Kommune und ihrer Rolle als Garnisonsstadt erklärt werden. Dies gilt vor allem für Berlin und Dresden, lässt aber offen, warum die Entwicklung in Mainz, das ebenfalls mit einer zahlenmäßig bedeutenden Garnison versehen war, anders verlief. Nimmt man hingegen die Prägekraft religiöser Normen als wesentlich an, erstaunt der Unterschied zwischen dem katholischen Koblenz und dem katholischen Mainz. Diese Unklarheiten sind allerdings nicht zuletzt der Forschungslage zur städtischen Illegitimität in der Frühen Neuzeit geschuldet, die mehr offene Fragen als Antworten bereithält.

Insgesamt kann man mit Blick auf die eingangs unterschiedenen Bereiche – die langfristige Entwicklung makrodemographischer Datenreihen auf der einen und die Analyse mikrodemographischer Zusammenhänge im städtischen Kontext auf der anderen Seite – folgende Ergebnisse festhalten. Die frühneuzeitlichen Städte in Deutschland wiesen im Regelfall eine langfristig negative Vitalbilanz auf, so dass die Reproduktion der städtischen Einwohnerschaft durch die natürliche Bevölkerungsbewegung nicht gewährleistet war. Zum Erhalt oder zur Steigerung ihrer Einwohnerzahl waren die Städte daher auf Zuwanderung angewiesen. Während sich die urbane Demographie in diesem Bereich deutlich von ländlich geprägten Regionen abhob, fällt der Befund im Bereich des generativen Verhaltens und dessen kulturell-religiöser Prägung weit weniger eindeutig und eher diffus aus. Die saisonalen Rhythmen von Heiraten, Konzeptionen und Geburten folgten in den meisten bekannten Fällen übergreifend gültigen Mustern, die nicht spezifisch urban waren. Lediglich die Entwicklung der Illegitimitätsraten wies stadtbezogene Besonderheiten auf, die sich freilich ihrerseits je nach Art der Kommune unterschieden und daher kaum generalisierbar erscheinen. Von einem städtetypischen generativen Verhalten im engeren Sinne kann daher nicht gesprochen werden. Dieses wurde in weit stärkerem Ausmaß von anderen Faktoren beeinflusst, unter denen die sozioökonomische Lage sowie die Konfession und die mit ihr verbundenen Welterklärungs- und -bewältigungsmuster hervorzuheben sind. Allenfalls lassen sich in bestimmten Bereichen, wie beispielsweise der Entwicklung der Illegitimitätsraten stadtbezogene Sonderentwicklungen feststellen, über die aber beim gegenwärtigen Stand der Forschung aber noch keine verallgemeinerbaren Aussagen gemacht werden können.

c) Zuwanderung

Da die Analyse der Mobilitätsströme im frühneuzeitlichen Deutschland im Allgemeinen und der Land-Stadt-Wanderungen im Besonderen zu den Stiefkindern der historisch-demographischen Forschung gehören, liegen zur Zusammensetzung und zur Herkunft der städtischen Migranten nur spärliche und lückenhafte Ergebnisse vor. Diese deuten in ihrer Mehrzahl darauf hin, dass die in die Städte Zuwandernden vornehmlich aus dem näheren Umkreis der aufnehmenden Kommune stammten. Die prominenten weil vergleichsweise gut erforschten Fälle von konfessionsbedingter Fernmigration in der Frühen Neuzeit, wie etwa der Zuzug der französischen Hugenotten nach Berlin im Gefolge der 1685 erfolgten Aufhebung des Toleranzedikts

Migration vorwiegend als Nahmigration

II. Städtewesen und urbane Demographie

von Nantes (siehe auch Kapitel II.3.e), waren eher die Ausnahme. Als typisch kann hingegen die Zuwanderung nach Braunschweig in der Mitte des 18. Jahrhunderts gelten: Die überwiegende Mehrheit der Migranten entstammte dem näheren oder allenfalls dem weiteren Umland der Stadt. Ende des 18. Jahrhunderts kam in einem Umkreis von sechs Kilometern um Braunschweig ein Zuwanderer auf 48 Landbewohner, während diese Relation in einer 20-Kilometerzone bereits bei eins zu 101 lag. Aus Gegenden jenseits dieser Grenze war schließlich keine quantitativ nennenswerte Land-Stadtmigration mehr zu verzeichnen.

Politische und konfessionelle Grenzen der Migration

Mitunter reichte die Anziehungskraft einer Kommune aber auch deutlich über ihren Nahbereich hinaus. Zwar stammte ein erklecklicher Anteil der Zuwanderung in die Stadt Gießen im 18. Jahrhundert aus einem Gebiet, das maximal acht Kilometer von der Stadt entfernt lag, hinzu kam aber ein weiterer, quantitativ ebenfalls bedeutsamer Zustrom aus einer 50-Kilometerzone rund um die Stadt. Erst jenseits davon erlosch die Anziehungskraft Gießens. Beim Blick auf das Einzugsgebiet einer frühneuzeitlichen deutschen Stadt müssen neben jenen Mobilitätsrestriktionen, die sich für die Landbevölkerung aus der gutsherrschaftlichen Agrarverfassung ergaben, freilich stets die politischen und mehr noch die konfessionellen Grenzen jener Epoche berücksichtigt werden. Vor allem letztere avancierten mit der allmählichen Verfestigung der konfessionellen Besitzstände mehr und mehr zu einer kaum noch übersteigbaren Hürde. Nicht zuletzt aufgrund dieser Rahmenbedingungen finden sich immer wieder Beispiele, die zeigen, dass das übliche Gravitationsmodell, in welchem die Anziehungskraft einer Kommune als Funktion der Entfernung betrachtet wird, für das frühneuzeitliche Deutschland nur eingeschränkte Gültigkeit beanspruchen kann. Zwar stammten fast 40 Prozent aller Zuwanderer in die katholische kurtrierische Residenz Koblenz im 18. Jahrhundert aus Orten, die in einem Umkreis von 25 Kilometern rund um die Stadt lagen, die Bevölkerung der lutherischen oder reformierten Territorien im nahe gelegenen Hunsrück war daran aber so gut wie nicht beteiligt. Aus jedem Dorf an der Mosel zwischen Koblenz und Cochem war in diesem Zeitraum mindestens ein Zuwanderer oder eine Zuwanderin nach Koblenz zu verzeichnen, aus dem lediglich sieben Kilometer von der Stadt entfernten Dorf Winningen, dessen Bevölkerung rein lutherisch war, zog indessen niemand dorthin. Ganz ähnlich lagen die Verhältnisse im rechtsrheinischen Einzugsgebiet der Stadt Koblenz: Aus den teils mehrheitlich teils ausschließlich protestantischen Fürstentümern Nassau-Weilburg, Nassau-Üsingen und Nassau-Dillenburg fand kaum ein Bewohner den Weg nach Koblenz, aus den vergleichbar weit entfernten rechtsrheinischen Ämtern des Kurfürstentums Trier oder dem katholischen Fürstentum Nassau-Hadamar kamen dagegen Zuwanderer in nennenswerter Anzahl. Bemerkenswerte Unterschiede im Hinblick auf die Herkunft der städtischen Migranten ergeben sich auch, wenn diese nach Geschlechtern getrennt betrachtet werden. Nach Koblenz zogen mehr Männer als Frauen, auch stammten die Zuwanderinnen in stärkerem Maße aus dem nahen städtischen Einzugsgebiet, während die Männer einen größeren Aktionsradius aufwiesen. Gleichzeitig differierte dieses Bild je nach Herkunftsregion: Aus dem Moseltal kamen Männer und Frauen in etwa zu gleichen Teilen nach Koblenz, bezogen auf die Ortschaften zwischen Cochem und Koblenz lag der weibliche Anteil sogar bei 60 Prozent. Aus den übrigen Zuwandererregionen zogen hingegen im Schnitt mehr Männer als Frauen in die kurtrierische Residenz. Noch merkwürdiger stellte sich die Lage in Mainz dar: Die männlichen Zuwanderer, die dort eine Ehe eingingen, stellten die herkömmliche Vorstellung von der Abnahme der Zuwanderungshäufigkeit bei Zunahme der Entfernung geradezu auf den Kopf, indem ihre Anzahl wuchs, je weiter ihr Herkunftsort von Mainz entfernt lag. Lediglich 19 Prozent stammten aus dem näheren Umfeld, über 60 Prozent dagegen aus Ortschaften, die mehr als 50 km entfernt waren, und sogar 21 Prozent aus mehr als 250 km Entfernung. In Anbetracht der bereits erwähnten unzureichenden Forschungssituation zu Fragen der städtischen Migration muss es allerdings offen bleiben, ob sich dieser Befund generalisieren lässt oder einen Sonderfall darstellt.

d) Demographische Krisen

Wie bereits in den beiden Schaubildern über die vitalstatistischen Bewegungen in Esslingen und Dresden deutlich wurde, gehörten demographische Krisen zu den typischen Erscheinungen in den Städten der Frühen Neuzeit, wobei sich zwei grundlegende Krisenformen unterscheiden lassen. Zum einen der Typ der epidemischen Krise, dessen Merkmal darin bestand, dass ein steiler Anstieg der Mortalität einherging mit einem weitgehend normalen Verlauf bei den Geburten und Heiraten und zum anderen die Subsistenzkrise, in der die Übersterblichkeit gepaart war mit einem Rückgang der Geburtenziffern und der Heiraten. Wie es die Bezeichnung bereits andeutet, trat die erste Form für gewöhnlich in Verbindung mit Seuchenzügen auf, wohingegen die zweite Form meist als Hungerkrise in Erscheinung trat. Sowohl die epidemische Krise als auch die Subsistenzkrise sind als Idealtypen zu verstehen, die in der historischen Realität nicht selten auch in Kombination auftraten und sich dadurch verstärkten. Eine von einer schweren Infektionskrankheit heimgesuchte städtische Bevölkerung reagierte empfindlicher auf Schwankungen in der Lebensmittelversorgung und umgekehrt war eine durch Hunger geschwächte Einwohnerschaft anfälliger für gefährliche Krankheiten. In den beiden Diagrammen über die demographischen Entwicklungen in Esslingen und Dresden finden sich unter den dort verzeichneten schwarzen Spitzen einer stark erhöhten Sterblichkeit Beispiele für beide Krisenformen. Als typische Subsistenzkrise kann das Geschehen in Dresden in den Jahren 1771/72 identifiziert werden, als es aufgrund aufeinanderfolgender Missernten zu einer schweren Hungerkrise und einer extremen Verteuerung der Lebensmittel kam. Da weite Teile Mitteleuropas von diesem Phänomen betroffen waren, entfiel zudem die Möglichkeit, Lebensmittel in ausreichender Menge einzuführen. Nachdem die Sterblichkeit bereits zum Ende des Jahres 1771 zugenommen hatte, zeigten sich die Folgen dieser extrem ungünstigen Konstellation vor allem im Jahr 1772, in dessen Verlauf mit mehr als 3000 Toten fast das Doppelte der ansonsten üblichen Todesfälle zu verzeichnen war. Aufgrund der schlechten Ernährungslage wurden beabsichtigte Eheschließungen unterlassen oder aufgeschoben, zugleich führte die dauerhafte Unter- und Mangelernährung bei Frauen zu

Typologie demographischer Krisen

Subsistenzkrise

zeitweiser Unfruchtbarkeit, der sogenannten Hungeramenorrhöe, so dass die Zahlen der Geburten und der Hochzeiten parallel zur Zunahme der Sterblichkeit erheblich absanken und sich erst in den Jahren nach der Krise allmählich wieder erholten. Hingegen zeigt der Verlauf der demographischen Kurven in Esslingen in den 1630er Jahren eher die Merkmale einer *Epidemische Krise* epidemischen Krise. Tatsächlich waren die Pestzüge, die im Gefolge des Dreißigjährigen Krieges in diesen Jahren weite Teile Deutschlands heimsuchten, die Hauptursache der Übersterblichkeit.

Kriege und Seuchen Mit dem Krieg ist denn auch das Tryptichon der apokalyptischen Plagen einer frühneuzeitlichen Stadtbevölkerung komplettiert, das ansonsten noch durch die Pest – hier verstanden als Chiffre für jedwede Infektionskrankheit mit hoher Todesrate – und den Hunger formiert wurde. Auch wenn die weitaus meisten Menschen, die ihr Leben in einer der Sterblichkeitskrisen verloren, Opfer einer Krankheit wurden, waren es dennoch sehr oft die Kriege oder genauer: die Begleiterscheinungen der Kriege, die den Ausbruch und die Verbreitung solcher Epidemien ermöglichten und begünstigten. Als Beispiel für diesen Konnex kann die Pestepidemie angeführt werden, die 1627/28 in Augsburg wütete. Obwohl das militärische Geschehen des Dreißigjährigen Krieges in Deutschland in diesen Jahren weitgehend zum Erliegen gekommen war, standen am Beginn der Epidemie in Augsburg die in der Stadt einquartierten Soldaten, unter denen im Herbst 1627 die ersten Erkrankten beobachtet wurden. Von den Quartieren des Militärs ausgehend breitete sich die Erkrankung den Winter über rasch in den ärmeren Stadtvierteln aus, flaute im Februar und März 1628 etwas ab, um dann ab April um so heftiger zuzuschlagen. Insgesamt fielen ihr rund 9000 Menschen zum Opfer, was ungefähr einem Fünftel der Vorkriegsbevölkerung der Reichsstadt entsprach. Der Verlauf und die Auswirkungen dieses Seuchenzuges demonstrieren zudem die Abhängigkeit des Sterberisikos von der gesellschaftlichen Lage der Betroffenen. Besonders in Mitleidenschaft wurden die armen und ärmsten Stadtviertel Augsburgs gezogen, in denen überproportional viele alte Menschen und alleinstehende Frauen, zumeist Witwen, wohnten. Diese soziale Ungleichheit vor dem Tod gehörte zu den charakteristischen Merkmalen frühneuzeitlicher Seuchen in den Städten und spiegelte sich in den je nach Stadtviertel oder Stadtteil sehr unterschiedlichen Todesraten wider. Hinzu kam – je nach Art der grassierenden Krankheit – nicht selten ein altersspezifisch differierendes Sterblichkeitsrisiko. Während die Pest gemeinhin wenig Rücksicht auf das Alter der an ihr Erkrankten nahm, sah dies bei den Pocken oder dem Flecktyphus deutlich anders aus. Erstere rafften vor allem Kleinkinder dahin und verunstalteten die Überlebenden mit hässlichen Narben im Gesicht und am ganzen Körper, Letzterer befiel zwar alle Altersgruppen, nahm aber bei Erwachsenen signifikant häufiger einen tödlichen Verlauf als bei Kindern. Sofern ein Seuchenzug in einer städtischen Gesellschaft vornehmlich die erwachsene Bevölkerung getroffen hatte, machte sich dies in den Jahren nach Abflauen der Epidemie oftmals in weit überdurchschnittlichen Heiratsquoten bemerkbar. In den obigen Schaubildern 1 und 2 bietet das Geschehen in Esslingen in den Jahren 1635 und 1636 das eindrücklichste Beispiel für diesen Zusammenhang. Nachdem 1635 mit 1985 Toten rund ein Drittel der Bevölkerung der Pest zum Opfer gefallen war, wurde im darauf folgenden Jahr die Rekordzahl von 237 Hochzeiten verzeichnet. Dies entsprach in etwa der vierfachen Anzahl an Eheschließungen in einem gewöhnlichen Jahr des 17. Jahrhunderts in Esslingen. Der massenhafte Tod in den erwerbsfähigen und erwerbstätigen Altersgruppen eröffnete den Überlebenden ökonomische und soziale Chancen, die ihnen in der ansonsten stark reglementierten und durch starre Beschränkungen charakterisierten vormodernen Gesellschaft verwehrt geblieben wären. Zugleich verweist diese Erscheinung auf die hohe Bedeutung, die der Lebensform Ehe in der frühneuzeitlichen städtischen Gesellschaft zukam. Die rechtlich wie religiös abgesicherte Paarbeziehung bot die besten Voraussetzungen zur Bewältigung der materiellen wie immateriellen Herausforderungen des Lebens. Demgegenüber war allein lebenden Frauen, ledigen Müttern und auch Witwen in aller Regel ein wenig beneidenswertes Dasein beschieden und auch das männliche Junggesellentum erfreute sich keines sonderlichen Ansehens.

3. Städtetypen

Die Strukturen der frühneuzeitlichen deutschen Städtelandschaft entstammten in ihren Grundzügen der mittelalterlichen Stadtgründungsphase, was in Verbindung mit dem mediävistischen Schwerpunkt der älteren Stadtgeschichtsforschung dazu geführt hat, dass sich die im Laufe der stadtgeschichtlichen Forschung entwickelten Typologisierungsversuche im Wesentlichen auf die mittelalterlichen Verhältnisse beziehen. Dabei orientieren sich diese Kategorisierungssysteme vorrangig an wirtschaftlichen und verfassungsrechtlichen Kriterien, ergänzt und flankiert durch die Differenzierung nach den spezifischen Funktionen von Städten – etwa als Universitätsstadt – oder besonderen Eigenschaften ihrer Sozialstruktur. Als Beispiele für die sozioökonomischen Typenbildung seien die Gruppen der Ackerbürgerstädte beziehungsweise der Gewerbe- und Handelsstädte genannt. Erstere umfasst die Vielzahl jener kleinstädtischen Kommunen, deren Wirtschaftsleben von der Landwirtschaft geprägt wurde und deren Sozialstruktur nur eine geringe Differenzierung aufwies, Letztere hingegen meist größere Städte mit einem facettenreichen und spezialisierten Handwerk sowie einem bedeutenden Fernhandel, der in manchen prominenten Fällen des Hoch- und Spätmittelalters – zu denken ist in diesem Zusammenhang etwa an Köln oder Lübeck – europäische Dimensionen erreichte. Für die Einteilung anhand rechtlicher Kriterien wurde hingegen das Ausmaß der inneren und äußeren Autonomie der Städte entscheidend. Kommunen, die das Recht erlangt hatten ihre Angelegenheiten selbständig zu regeln firmierten als freie Städte, Gemeinwesen, die einem geistlichen oder weltlichen Fürsten untertan waren, als Landstädte. Hinzu kam noch die Gruppe der grundherrlichen Städte, das heißt solche Kommunen, die einem Grundherren unterworfen waren, der seinerseits wiederum einen Landesherren über sich hatte.

Trotz des Fortwirkens der mittelalterlichen Strukturen in der Frühen Neuzeit verbietet sich jedoch die Übertragung der mediävistisch angelegten

Stadttypologien

Stadttypologisierungen. Zum einen waren die Um- und Überformungen der aus dem Mittelalter übernommenen Städtelandschaft in der Epoche zwischen 1500 und 1800 zu gravierend und zum anderen veränderten sich die Strukturen des deutschen Städtewesens auch während der Frühen Neuzeit derart, dass die Entwicklung einer für die ganzen drei Jahrhunderte gültigen Typologie mehr Probleme aufwirft als sie löst. Der Aufstieg des frühmodernen Staates beschnitt die städtischen Autonomierechte immer weiter, bis schließlich die Mehrzahl der deutschen Städte, die im Mittelalter noch ein vergleichsweise ausgeprägtes Maß an Freiheiten genossen hatten, in die staatliche Administration des jeweiligen Territoriums integriert war. Ausgenommen hiervon waren nur die Reichsstädte, denen es – von einigen Ausnahmen abgesehen – zumindest formal gelang, ihre Rechte zu behaupten, wenngleich nicht wenige unter ihnen ebenfalls unter Druck von Seiten der militärisch, verwaltungstechnisch und ökonomisch erstarkten Landesfürsten gerieten. Im Gefolge der Verlagerung der europäischen Handelsströme weg von den ‚Binnenmeeren' der Ostsee und des Mittelmeers hin zu den atlantischen Küsten und damit zum weltweiten Handel und den überseeischen Kolonien, veränderte sich zudem die wirtschaftliche Bedeutung vieler Städte. Symptomatisch hierfür waren der allmähliche Niedergang Lübecks sowie die Auflösung des Städtenetzes der Hanse und der parallel hierzu verlaufende Aufstieg Hamburgs zur wichtigsten deutschen Hafen- und Seehandelsmetropole. Obwohl diese Fundamentalprozesse für die gesamte Frühe Neuzeit charakteristisch waren, markierte der Dreißigjährige Krieg in beiden Fällen die aus der Sicht der frühneuzeitlichen Stadtgeschichtsforschung entscheidende Schwelle, da die demographischen und wirtschaftlichen Auswirkungen des Krieges ihren Verlauf begünstigten und beschleunigten. Wollte man diese Entwicklung lediglich anhand der traditionellen Typologisierungen beschreiben, käme man ebenfalls zu der in der älteren Stadtgeschichtsforschung dominanten Einschätzung, dass die Frühe Neuzeit eine Epoche des Niedergangs und des Verfalls für die deutschen Städte gewesen sei. Hierbei bleibt allerdings unberücksichtigt, dass den Verlusten an der einen, Gewinne und Neuentwicklungen an anderer Stelle gegenüberstanden. Abgesehen von den Residenzstädten, deren Aufstieg das wichtigste Beispiel für den Strukturwandel in der Städtelandschaft darstellte, galt dies auch für andere Städtetypen, wie die Berg-, Universitäts-, Exulanten-, Festungs- oder Plan- und Idealstädte sowie die Kurorte, die ihren je spezifischen Teil zur Charakteristik der frühneuzeitlichen Städtelandschaft beitrugen.

a) Reichsstädte und Autonomiestädte

Aus politischer und verfassungsrechtlicher Sicht bildeten die Reichsstädte die wichtigste Gruppe unter den frühneuzeitlichen deutschen Kommunen. Sie allein waren reichsunmittelbar, was bedeutete, dass sie keinen anderen Herrn über sich hatten als den Kaiser und sie sich somit formal auf der gleichen staatsrechtlichen Ebene befanden wie die reichsständischen Territorien. Sinnfälligen Ausdruck fand diese besondere Stellung in der Vertretung der Reichsstädte auf den Reichstagen, wo sie eine eigene, die dritte Kurie bildeten. Dass deren Abstimmungsrecht über die Beschlüsse des

Städtetypen

Reichstags von den Territorialfürsten lange bestritten wurde und den Reichsstädten erst mit dem Westfälischen Frieden 1648 ein vollgültiges Stimmrecht zugestanden wurde, zeigt freilich, dass sie sich ihre Position im politischen Gefüge des Alten Reiches, das neben dem Kaiser wesentlich von den Kurfürsten und den übrigen Territorialherren geprägt wurde, erst erkämpfen mussten.

Realiter beruhte der Einfluss gerade der größeren Reichsstädte ohnehin weniger auf ihren Rechten beim Reichstag, sondern mehr auf ihrer ökonomischen und fiskalischen Potenz. Zum einen trugen sie einen erheblichen Teil zu den in der Reichsmatrikel festgelegten Reichssteuern bei. Im Schwäbischen Reichskreis standen beispielsweise Ulm und Augsburg gemessen an ihren Matrikularbeiträgen auf den Plätzen zwei und drei, übertroffen wurden sie nur noch vom Herzog von Württemberg. Zum anderen fungierten Frankfurt, Regensburg und Augsburg – ergänzt um das nicht reichsunmittelbare Leipzig – als sogenannte Legstädte des Reiches. Dies bedeutete, dass diese Kommunen die zumeist nur schleppend eingehenden Reichssteuern vorfinanzierten und somit die Funktionsfähigkeit des Reichsfiskalsystems aufrechterhielten. Darüber hinaus gaben die Reichsstädte auch direkt Kredite an den Kaiser – so beispielsweise Augsburg allein in den Jahren zwischen 1604 und 1608 insgesamt knapp über 70000 Gulden – und sicherten sich auf diese Weise Mitsprache in den sie interessierenden Fragen. Infolge der wirtschaftlichen Probleme, mit denen in der Zeit nach dem Dreißigjährigen Krieg und mehr noch im 18. Jahrhundert viele der alten Reichsstädte zu kämpfen hatten, nahm diese Möglichkeit der Einflussnahme allerdings ab.

Politische und fiskalische Bedeutung der Reichsstädte

Umgekehrt war der Kaiser keineswegs nur ein symbolisches Stadtoberhaupt, sondern nahm durchaus gezielt Einfluss auf die inneren Belange der Reichsstädte. Besonders stark zeigte sich dies nach dem Schmalkaldischen Krieg (siehe auch Kapitel IV.1.b), als Karl V. (1500–1558) nicht zuletzt aus konfessionspolitischen Gründen in mehr als zwei Dutzend oberdeutschen Reichsstädten die Räte neu besetzen und die Ratsverfassungen verändern ließ. Aber auch im 17. und 18. Jahrhundert griffen die Reichsoberhäupter des Öfteren in die Binnenverhältnisse von Reichsstädten ein. Anlass und Ursache hierzu waren häufig innere Konflikte, wie etwa in Frankfurt am Main, wo es in der ersten Hälfte des 18. Jahrhunderts erst kaiserlichen Kommissionen gelang, eine mehr als drei Jahrzehnte lang andauernde innerstädtische Auseinandersetzung über das Finanzgebaren des Rates durch die Einführung neuer Kontrollinstanzen für den kommunalen Haushalt zu lösen.

Neben ihrer Rolle im politischen und fiskalischen System des Reiches übernahmen vor allem die größeren Reichsstädte weitere Funktionen im Dienste des Reichs. Frankfurt am Main war die Stadt der Königs- beziehungsweise Kaiserwahlen, Nürnberg verwahrte die Reichskleinodien und Speyer (bis 1689) beziehungsweise Wetzlar (ab 1689) beherbergten das Reichskammergericht. Im 16. und in der ersten Hälfte des 17. Jahrhunderts fanden zudem die Reichstage vornehmlich in den bedeutenden süd- und südwestdeutschen Reichsstädten wie Worms, Speyer, Nürnberg, Regensburg oder Augsburg statt, ehe diese Versammlung der Reichsstände seit 1663 als sogenannter immerwährender Reichstag dauerhaft in Regensburg tagte.

In geographischer Hinsicht waren die Reichsstädte sehr ungleich über das Gebiet des Reiches verteilt. Die Mehrheit lag im Südwesten, hier befand

II. Städtewesen und urbane Demographie

Geographische Verteilung der Reichsstädte

sich neben den großen reichsunmittelbaren Städten wie Straßburg (bis 1681), Augsburg, Nürnberg und Ulm auch die Mehrzahl der mittleren und kleinen Reichsstädte. Allein im oberschwäbischen Bodenseegebiet und im angrenzenden Allgäu ballten sich mit Pfullendorf, Ravensburg, Wangen, Leutkirch, Isny, Lindau, Buchhorn und Überlingen acht kleine bis mittelgroße reichsunmittelbare Kommunen. Auch entlang des Rheins lagen relativ viele Reichsstädte, wobei insbesondere der Oberrheingraben bis zum Übergang des Elsaß an Frankreich eine dichte Reichsstadtlandschaft aufwies. Demgegenüber lagen in Nord- und Mitteldeutschland nur wenige Reichsstädte und östlich einer Linie von Lübeck nach Regensburg befand sich überhaupt keine derartige Kommune mehr. Dieser Befund spiegelt die mittelalterliche Entstehungsphase der Reichsstädte wider, die ihren rechtlichen Status – mit Ausnahme Hamburgs, dessen lange umstrittene Reichsstandschaft erst im späten 18. Jahrhundert offiziell festgeschrieben wurde – alle vor Beginn der Frühen Neuzeit erlangt hatten. Insofern stellten die Reichsstädte keinen für diese Epoche spezifischen Stadttyp dar, dennoch waren es erst die Bestrebungen zur Reichsreform im ausgehenden 15. und beginnenden 16. Jahrhundert und die damit verbundene Formalisierung der Reichsinstitutionen, die im Ergebnis zur Präzisierung des Begriffs der Reichsstadt und zu ihrer Verankerung im Reichssystem führten. Eine wichtige Etappe auf diesem Weg bildete die Reichsmatrikel von 1521, die – ursprünglich als Verzeichnis der von den einzelnen Reichsständen zu leistenden Beiträge zum Reichsheer angelegt – in der Folgezeit zum entscheidenden Kriterium für die Entscheidung über die Reichsunmittelbarkeit eines Standes und damit auch der Reichsstädte wurde. Mit Ausnahme Bremens gelang es keiner Kommune, die dort nicht aufgeführt war, diese Statusentscheidung später noch zu korrigieren. 1521 war die Hansestadt noch unter dem Erzbistum Bremen verzeichnet worden und wurde nach einer langwierigen Auseinandersetzung erst ab 1640 regelmäßig zu den Reichstagen eingeladen.

Anzahl der Reichsstädte

Im Übrigen nahm die Zahl der Reichsstädte im Laufe der Frühen Neuzeit ab. Hatte die Matrikel von 1521 noch 85 Städte enthalten, so gab es im späten 18. Jahrhundert nur noch 51 reichsunmittelbare Kommunen (siehe auch Tabelle 4 auf S. 29). Ein nicht unbeträchtlicher Teil der Abgänge entfiel freilich auf solche Städte, deren Reichsstandschaft bereits 1521 mehr theoretischer Natur war und in der Folgezeit keine praktische Wirksamkeit erlangte – zu nennen wären hier beispielsweise Soest, Düren, Lemgo oder Duisburg. Hinzu kamen solche Kommunen, die wie Basel, Schaffhausen oder St. Gallen schon vor 1521 Teil der Eidgenossenschaft geworden waren und sich selber als nicht mehr zum Reich gehörig definierten, sowie die im Gefolge des Westfälischen Friedens an Frankreich gefallenen elsässischen Reichsstädte. Von diesen drei Gruppen einmal abgesehen, konnten sich die reichsunmittelbaren Kommunen trotz des im Laufe der Frühen Neuzeit zunehmenden Drucks vonseiten der Territorialherren weitgehend behaupten. In ihrem Bestreben sich die Städte untertan zu machen, zeigten sich die Landesherren durchaus erfinderisch. So bot der pfälzische Kurfürst in der Mitte des 17. Jahrhunderts Worms die Einrichtung einer Universität im Tausch gegen die Aufgabe der Reichsstandschaft an. In anderen Fällen wurden alte Vogteirechte reaktiviert und zu Gunsten der Landesfürsten ausgelegt und angewandt. Trotzdem verloren nur drei Reichsstädte ihre Reichsunmittel-

Städtetypen

barkeit an einen der fürstlichen Reichsstände. Bei Konstanz, das 1548 an Österreich fiel, und Donauwörth, das 1608 vom bayerischen Herzog Maximilian I. erst besetzt und schließlich mediatisiert wurde, boten jeweils konfessionelle Konflikte den Anlass, die Stadt im Wege einer Exekution der Reichsacht zu unterwerfen. Im Fall von Herford lagen die Dinge komplizierter: Die Kommune hatte 1631 einen lange währenden Prozess über die Frage ihrer Reichsstandschaft vor dem Reichskammergericht gewonnen, war aber dennoch von Kurbrandenburg, das ebenfalls Ansprüche auf den Besitz der Stadt geltend machte, 1647 und erneut 1652 besetzt und schließlich dauerhaft unterworfen worden.

Mit der Stellung als Reichsstadt korrespondierte ein Ensemble besonderer Autonomierechte. Eine reichsunmittelbare Kommune konnte Steuern erheben, sie besaß die Gerichts- und die Wehrhoheit, sie konnte Bündnisse eingehen und sich zur Regelung der eigenen inneren Angelegenheiten Gesetze geben. Hinzu kam bei den protestantischen Reichsstädten die Verfügungsgewalt über das städtische Kirchenwesen.

Tabelle 4: Reichsstädte in der Frühen Neuzeit (in alphabetischer Reihenfolge) 1) nach 1648 an Frankreich, 2) 1608 an Bayern, 3) siehe Ausführungen im Text, 4) 1548 österreichisch, 5) 1681 an Frankreich.

Nr.	Stadt	Nr.	Stadt
(1)	Aachen	(34)	Mühlhausen
(2)	Aalen	(35)	Münster im Gregorienthal (Munster)[1]
(3)	Augsburg	(36)	Nördlingen
(4)	Biberach	(37)	Nordhausen
(5)	Bopfingen	(38)	Nürnberg
(6)	Bremen	(39)	Oberehnheim (Obernai)[1]
(7)	Buchau am Federsee	(40)	Offenburg
(8)	Buchhorn (Friedrichshafen)	(41)	Pfullendorf
(9)	Colmar[1]	(42)	Ravensburg
(10)	Dinkelsbühl	(43)	Regensburg
(11)	Donauwörth[2]	(44)	Reutlingen
(12)	Dortmund	(45)	Rosheim[1]
(13)	Esslingen	(46)	Rothenburg ob der Tauber
(14)	Frankfurt am Main	(47)	Rottweil
(15)	Friedberg	(48)	Schlettstadt (Sélestat)[1]
(16)	Gengenbach	(49)	Schwäbisch Gmünd
(17)	Giengen	(50)	Schwäbisch Hall
(18)	Goslar	(51)	Schweinfurt
(19)	Hagenau (Haguenau)[1]	(52)	Speyer
(20)	Hamburg	(53)	Straßburg (Strasbourg)[5]

Städtewesen und urbane Demographie

Nr.	Stadt	Nr.	Stadt
(21)	Heilbronn	(54)	Türkheim (Turckheim)[1]
(22)	Herford[3]	(55)	Überlingen
(23)	Isny	(56)	Ulm
(24)	Kaisersberg[1]	(57)	Wangen
(25)	Kaufbeuren	(58)	Weil
(26)	Kempten	(59)	Weißenburg (Elsaß) (Wissembourg)[1]
(27)	Köln	(60)	Weißenburg am Nordgau
(28)	Konstanz[4]	(61)	Wetzlar
(29)	Landau[1]	(62)	Wimpfen
(30)	Leutkirch	(63)	Windsheim
(31)	Lindau	(64)	Worms
(32)	Lübeck	(65)	Zell am Harmersbach
(33)	Memmingen		

(Angaben nach: Oestreich, Gerhard: Verfassungsgeschichte vom Ende des Mittelalters bis zum Ende des alten Reiches, 6. Aufl., München 1986, S. 148–151, 155)

Autonomiestädte

Neben den offiziellen Reichsstädten existierte zu Beginn der Frühen Neuzeit eine nicht unbeträchtliche Zahl von Kommunen, die über ähnliche Rechte und ein vergleichbares Niveau der Unabhängigkeit verfügten, obwohl sie de jure einem Landesherrn unterstanden. Viele dieser Autonomiestädte lagen entlang der Ostseeküste sowie im nord- und mitteldeutschen Raum. Als wichtigste Vertreter sind Rostock, Braunschweig, Magdeburg und Erfurt zu nennen, hinzu kam eine ganze Reihe mittlerer Städte wie Münster, Lüneburg oder Göttingen. Die im Vergleich zu den Reichsstädten annähernd komplementäre geographische Verteilung lässt sich auch in diesem Fall durch den Rückgriff auf die Verhältnisse während des Hoch- und Spätmittelalters erklären, als die Gebiete, in denen die autonomen aber nicht-reichsstädtischen Kommunen lagen, zu den königs- und damit reichsfernen Landschaften gehörten. Die Chancen offiziell zur Reichsstadt erhoben zu werden, waren daher gering, auch war eine solche Statusänderung aus der Sicht der dafür in Frage kommenden Kommunen nicht wirklich erforderlich, da sie sich in ihren bisherigen Verhältnissen sehr gut eingerichtet hatten. Dokumentiert wird dies durch den Umstand, dass gerade die größeren Autonomiestädte zu Beginn der Frühen Neuzeit viele Reichsstädte an Einwohnerzahl sowie an politischer und ökonomischer Potenz zum Teil weit überragten. Neben Braunschweig und Magdeburg, die um 1500 mit jeweils rund 18 000 Einwohnern zu den zehn bevölkerungsreichsten Kommunen im Reich gehörten, galt dies auch für Erfurt, dass, obwohl formal dem Erzbischof und Kurfürsten von Mainz untertan, de facto unabhängig war und darüber hinaus ein eigenes Territorium im Umland unter seine Kontrolle gebracht hatte. In Regionen, in denen wie in der Oberlausitz keine wirksame zentrale landesherrliche Politik- und Verwaltungsinstanz existierte, übernahmen die weitgehend autonomen und in einem Bund zusammengeschlossenen sechs Städte Bautzen, Görlitz, Zittau, Kamenz, Lauban und Löbau sogar eine entscheidende Rolle bei der dauerhaften Sicherung des Landfriedens und übten somit eine eigentlich genuin landesherrliche Funktion aus.

Im Zuge des fortschreitenden Auf- und Ausbaus der frühneuzeitlichen Territorialstaaten gerieten die Autonomiestädte allerdings mehr und mehr in Bedrängnis. Nachdem der Anspruch des frühmodernen Staates auf Ein- und Unterordnung der autonomen Kommunen im 16. Jahrhundert noch im Bereich der staatsrechtlichen Theorie verblieben war, führte vor allem der Dreißigjährige Krieg zu einer dauerhaften Schwächung der städtischen Position. Der Krieg hatte die ökonomischen und finanziellen Möglichkeiten der meisten Autonomiestädte nachhaltig beschädigt, gleichzeitig hatten viele Landesherrn mittlerweile ihre fiskalischen und militärischen Fähigkeiten so weit ausgebaut, dass sie ihren theoretisch schon länger erhobenen Anspruch nun auch tatsächlich durchsetzen konnten. Um dem zu begegnen unternahmen während der Verhandlungen des Westfälischen Friedenskongresses einige Autonomiestädte, darunter Erfurt, Rostock, Stralsund, Magdeburg und der Verhandlungsort Münster, den Versuch, doch noch in den Kreis der Reichsstädte aufgenommen zu werden, der aber nicht zum gewünschten Ergebnis führte. Statt dessen ging in der zweiten Hälfte des 17. Jahrhunderts die Selbständigkeit zahlreicher Autonomiestädte verloren, wobei die teilweise unter Anwendung militärischer Gewalt erfolgten Unterwerfungen Münsters (1660/61), Erfurts (1664) und Braunschweigs (1671) zu den spektakulärsten Fällen gehörten. Einigen wenigen Autonomiestädten gelang es allerdings, ihren Status bis weit ins 18. Jahrhundert hinein zu behaupten. Prominente Vertreter dieser Gruppe waren Emden, das erst 1744 mit dem Übergang an Preußen seine Selbständigkeit einbüßte oder Rostock, das zwar 1788 die Landeshoheit des mecklenburgischen Herzogs anerkennen und der Stationierung einer Garnison zustimmen musste, im Gegenzug aber eine vertragliche Garantie des freien Stadtregiments in inneren Angelegenheiten erreichen konnte.

b) Residenzstädte

Die Residenzstädte waren die eindeutigen Gewinner des Strukturwandels in der frühneuzeitlichen deutschen Städtelandschaft. Während sie um 1500 noch keine nennenswerte Rolle spielten, markierten sie um 1800 die Spitze der Städtehierarchie. Grundlage für ihre Entstehung war, dass die landesfürstlichen Höfe sesshaft wurden, ein Prozess, der sich in Verbindung mit der Entwicklung des frühmodernen Territorialstaats vollzog. Die ersten Ansätze zum dauerhaften Verbleib eines Hofes in einer Stadt datieren zwar schon aus dem Hoch- und Spätmittelalter – bereits 1255 wurde München Hauptstadt des Teilherzogtums Oberbayern, die mecklenburgischen Herzöge residierten seit 1358 in Schwerin, 1482 wurde Stuttgart württembergische Residenz und 1485 machten die albertinischen Wettiner Dresden zu ihrer Hauptstadt – zu einer flächendeckenden Erscheinung wurde dies aber erst seit Beginn des 16. Jahrhunderts. Durch den verstärkten Ausbau der Hofhaltungen und der landesherrlichen Verwaltungen wuchs die Einwohnerzahl der Residenzen, außerdem konzentrierte sich in ihnen ein erhebliches ökonomisches Nachfragepotential. Das hatte die Herausbildung einer besonderen Sozialstruktur in den Residenzstädten zur Folge, die sich in vielem von den Verhältnissen in anderen Kommunen unterschied. Vor allem galt dies für den Hof selber, dessen Angehörige zwar in der Stadt lebten, in aller Regel aber nicht Teil der Stadtgemeinde waren, sondern einen eigenen davon abgegrenzten Rechtsbezirk bildeten. Dazu kam die Vielzahl der Beamten und Dienstboten, die am Hof und für den Hof sowie die Verwaltungen arbeiteten, nicht zu vergessen die Künstler, die für die Repräsentation, die Opern, Theater und höfischen Feste, unentbehrlich waren. In den Residenzen der geistlichen Fürstentümer fiel zusätzlich der Anteil der Kleriker ins Gewicht.

Sozial- und Wirtschaftsstruktur der Residenzen

In der fränkischen Residenzstadt Ansbach machten beispielsweise die Haushalte der Angehörigen des Hofstaats und der Beamtenschaft 1734 mehr als 30 Prozent aller Haushaltungen in der Stadt aus. Für die Kommune war dies nicht unproblematisch, da die adeligen und bürgerlichen Inhaber der Stellen bei Hof und in den zentralen Behörden außerhalb der städtischen Rechtsordnung standen und nur ein Drittel der ansonsten fälligen Steuer an die Stadt entrichten mussten. Die Exemtion der Hofangehörigen und der Beamten von den städtischen Rechten und Pflichten war eine typische Erscheinung in den Residenzstädten und korrespondierte damit, dass diese Kommunen häufig nur über eingeschränkte Selbstverwaltungsrechte verfügten und manchmal nicht einmal über diese. In Wien, wo der Anteil der direkt vom Hof oder vom Staat abhängigen Bevölkerung um 1730 bei etwa 60 Prozent lag, war die kommunale Verwaltung schon seit geraumer Zeit nahezu bedeutungslos geworden, ehe die Josephinische Magistratsordnung von 1783 diesem Umstand dadurch Rechnung trug, dass der de jure fortbestehende Wiener Magistrat de facto in eine Unterbehörde der Staatsverwaltung umgewandelt wurde.

Das in einer Residenzstadt ansässige Handwerk wies eine an die höfischen Bedürfnisse angepasste Struktur auf, was sich durch die Existenz zahlreicher Berufe für Luxusartikel bemerkbar machte, die es in anderen Kommunen nicht oder nicht in vergleichbarer Anzahl gab. Das Spektrum reichte hier von den Goldschmieden über das hochwertige Textilgewerbe bis hin zu den Perückenmachern. Ähnliches galt für die Kaufleute, deren Handel auf die Befriedigung der höfischen Bedürfnisse hin ausgerichtet war. Häufig handelte es sich um eigens durch den Landesherren privilegierte Unternehmer, die für die Versorgung mit all jenen Artikeln und Produkten verantwortlich waren, die als unverzichtbar für eine standesgemäße Hofhaltung galten, im eigenen Territorium aber nicht hergestellt wurden oder werden konnten.

Wie entscheidend sich die Residenzfunktion auf die Entwicklung einer Stadt auswirkte, wird an den Fällen deutlich, in denen ein Landesherr seine Hauptstadt verlegte. Die prominentesten Beispiele hierfür bietet die Geschichte der pfälzischen Wittelsbacher, die einen solchen Wechsel im 18. Jahrhundert gleich zweimal vornahmen. Einmal 1720 mit der Verlegung der Residenz von Heidelberg nach Mannheim und ein zweites Mal 1778/79 als Kurfürst Karl Theodor das Erbe der im Mannesstamm ausgestorbenen bayerischen Linie der Wittelsbacher antrat und seinen Hof nach München transferiert. Bei beiden Wechseln verlor die jeweils aufgegebene Residenz an ökonomischer Potenz und demographischer Dynamik.

Begünstigt wurden die Residenzen allerdings nicht nur durch den Auf- und Ausbau der dafür erforderlichen fiskalischen und administrativen Grundlagen, sondern auch durch die absolutistische Staatsauffassung, als deren angemessene städtebauliche Verkörperung sie gelten sollten. Dem auf die Person des Fürsten hin orientierten Staatsgebilde entsprach die herausgehobene Bedeutung der Stadt, in der er mitsamt seinem Hof und seinen zentralen Behörden dauerhaft ansässig war. Besonders deutlich kam dieses Konzept in der Anlage von Karlsruhe zum Ausdruck, der 1715 begonnenen und 1717 bezogenen neuen Residenz der Markgrafen von Baden-Durlach. Im Mittelpunkt der kreisförmigen Stadtanlage stand das Schloss, von dem aus 32 Radialstraßen gleichmäßig in alle Richtungen führten, wobei das Areal zusätzlich durch eine Ringstraße umschlossen war, was den zentralen Charakter der Palastanlage noch zusätzlich betonte. Entlang des südlichen Teils dieser Kreislinie befanden sich die sogenannten Zirkelbauten, die der Unterbringung der Hofbeamten dienten, und auch die daran anschließenden Quartiere wurden konsequent in das streng radiale geometrische Raster eingefügt. Noch prägnanter ließ sich der absolutistische Anspruch eines Landesherrn städtebaulich kaum versinnbildlichen.

Städtebau in den Residenzen

Zwar ließ sich ein derart radikales Konzept nur im Fall einer Neugründung wirklich umsetzen, allerdings wurden auch viele gewachsene Residenzstädte im Laufe der Frühen Neuzeit architektonisch und städtebaulich angepasst und überformt. Dies galt insbesondere für das späte 17. und das 18. Jahrhundert als nach der Überwindung der Folgen des Dreißigjährigen Krieges wieder genügend Mittel bereitstanden, um den fürstlichen Ehrgeiz in Sachen Um- und Ausbau der Residenzen zu befriedigen. Dies begann mit Maßnahmen zur Stadterneuerung, mit denen die Bewohner mit Hilfe einer Mischung aus obrigkeitlichem Zwang und finanziellen Anreizen dazu veranlasst wurden, Holzhäuser durch Steinbauten zu ersetzen, wobei für die neu zu errichtenden Gebäude nicht selten stilistische Vorgaben gemacht wurden. Außerdem wurden Straßen neu gepflastert, Schlösser renoviert und erweitert, repräsentative Gartenanlagen geschaffen und neue Stadtviertel angelegt, die den geometrischen Mustern barocker Stadtplanung folgten. Typisch hierfür waren die mehrfachen Erweiterungen des seit der zweiten Hälfte des 17. Jahrhunderts rasch wachsenden Berlins (Friedrichswerder, Dorotheenstadt, Friedrichstadt, Charlottenburg) oder die Anlage der Dresdner Neustadt. Nachdem der ursprünglich als Altendresden bezeichnete rechtselbische Teil der sächsischen Residenz 1685 nahezu vollständig abgebrannt war, erfolgte der Wiederaufbau unter bewusster Missachtung der gewachsenen Straßenführungen und der bestehenden Grundstücksgrenzen im barocken Stil mit einer auf das Residenzschloss ausgerichteten zentralen Allee. Seit der Mitte des 18. Jahrhunderts kamen in den Residenzen dann zunehmend klassizistische Städtebaukonzepte zum Einsatz, die gut mit dem aufgeklärten Absolutismus der Epoche korrespondierten. Dies galt in besonderem Maße für Kassel, das unter dem Landgrafen Friedrich II. von Hessen-Kassel (1720–1785) nach 1763 zur Musterresidenz eines aufgeklärt-absoluten Fürsten um- und ausgebaut wurde. Dazu wurden die Befestigungen geschleift und auf dem ehemals davor befindlichen Gebiet ein großzügig angelegter neuer Stadtteil mit einem schachbrettartigen Straßenmuster, zwei zentralen Plätzen und öffentlichen Gebäuden wie der Oper und dem Museum Fridericianum angelegt. Gleichzeitig wurden die Verkehrswege und das Abwassersystem verbessert sowie eine geregelte Müllabfuhr eingeführt, alles Maßnahmen, die Zeugnis von der guten Regierung des Landgrafen ablegen sollten.

Typen von Residenzen

Aufgrund seiner eigentümlichen politischen Struktur bildete sich im Alten Reich keine zentrale Haupt- und Residenzstadt heraus, wenngleich die habsburgische Residenz Wien seit dem frühen 17. Jahrhundert – mit Ausnahme der Jahre zwischen 1740 und 1745 – zugleich Sitz der Kaiser war und die Stadt spätestens seit der erfolgreichen Abwehr der Türken 1683 unbestritten die größte und wichtigste Kommune im Reich darstellte. Dennoch waren Vielzahl und Vielfalt die grundlegenden Kennzeichen der deutschen Residenzenlandschaft. Vor allem dort, wo die politische Gliederung besonders kleinteilig war, entwickelten sich viele fürstliche Residenzen auf engem Raum. Typisch hierfür waren die Verhältnisse in Thüringen, wo die ernestinischen Wettiner (unter anderem Weimar, Eisenach, Altenburg, Gotha, Hildburghausen), die Grafen von Schwarzburg (Arnstadt, Rudolstadt, Sondershausen), die Grafen von Reuss (Greiz, Gera) und die Henneberger Grafen (Schleusingen) mitsamt ihren Nebenlinien und Verzweigungen eine überaus dichte Residenzenlandschaft hervorbrachten.

Der in Thüringen dominierende Typ des kleinen beziehungsweise mittleren Fürstensitzes war durchaus charakteristisch für den Großteil der deutschen Residenzen, auch wenn diese anderswo meist nicht in vergleichbar gedrängter Form vorkamen. Europäische Dimensionen erreichten im ausgehenden 17. und 18. Jahrhundert dauerhaft lediglich Wien und Berlin, gefolgt von einer kleinen Gruppe von Residenzen, die zumindest nach den Maßstäben der deutschen Städtelandschaft als groß gelten durften. Zuvörderst galt dies für Dresden, das zumindest in der Zeit der sächsisch-polnischen Union (1697–1763) mit zeitweise knapp über 63 000 Einwohnern eine Residenz von europäischer Bedeutung war, gefolgt von den Hauptstädten einiger anderer wichtiger Territorialstaaten des Alten Reiches: München (Kurbayern) brachte es in der Mitte des 18. Jahrhunderts auf ca. 32 000 Einwohner, Mainz (Kurmainz) auf rund 24 000 und Mannheim (Kurpfalz) auf ca. 20 000. Demgegenüber erreichten weder Kassel (Hessen-Kassel, 1750: ca. 19 000 Einwohner), noch Stuttgart (Württemberg, 1750: ca. 17 000 Einwohner) oder Würzburg (Fürstbistum Würzburg, 1750: ca. 15 000 Einwohner) die Schallgrenze von 20 000 Bewohnern. Ganz zu schweigen von den Residenzen der im politischen Gefüge des Alten Reiches bedeutsamen geistlichen Kurfürsten von Köln und Trier, Bonn (1750: ca. 8000 Einwohner) und Koblenz (1744: ca. 6900 Einwohner), die gemessen an ihrer Bevölkerungsgröße selbst unter den deutschen Kommunen bestenfalls als größere Mittelstädte gelten konnten.

Seit dem ausgehenden 17. Jahrhundert war in einigen Fällen eine räumliche Differenzierung zwischen der Hauptstadt als dem Sitz der zentralen Regierungsbehörden und dem Aufenthaltsort des Fürsten und des Hofes im engeren Sinne zu beobachten. Als Vorbild wirkte hier das Frankreich Ludwigs XIV., wo Paris weiterhin die Kapitale des Landes blieb, der Hof aber seinen Aufenthalt in Versailles nahm. Eine ähnliche Funktionsteilung zwischen Hauptstadt und Residenzschloss pflegten die Habsburger seit Beginn

Städtetypen

des 18. Jahrhunderts mit dem zwischen 1695 und 1713 erbauten Schloss Schönbrunn bei Wien, das allerdings überwiegend als Sommerresidenz benutzt wurde, während der Hof im Winter wieder die in der Stadt gelegene Hofburg bezog. Im Fall Berlins war Potsdam sogar mehr als nur eine Sommerresidenz der preußischen Könige. Vor allem in der Regierungszeit Friedrichs II. avancierte das zwischen 1745 und 1747 errichtete Schloss Sanssouci zum wichtigsten Aufenthaltsort des Monarchen. Parallel dazu wurde die Stadt Potsdam bereits seit Beginn des 18. Jahrhunderts planmäßig zu einer vom Militär und dessen Bedürfnissen geprägten Garnisonsstadt ausgebaut. Im Jahr 1786 kamen zu den 18 503 Einwohnern der Stadt noch einmal 6539 Soldaten, die somit mehr als ein Viertel der gesamten Bevölkerung ausmachten. In einigen Territorien des Reiches entwickelten sich regelrechte Wechselresidenzen, wobei es stets von den Wünschen und Vorstellungen des jeweiligen Landesherrn abhing, wo er sich aufhielt. So siedelte der württembergische Hof in der Regierungszeit des Herzogs Eberhard Ludwig 1724 nach Ludwigsburg über, das, nachdem 1727 auch die Behörden aus Stuttgart gefolgt waren, bis zum Tod des Herrschers 1733 als Residenz diente. Ähnliches vollzog sich in Brandenburg-Bayreuth, als Markgraf Christian Ernst 1704 in das zuvor neu erbaute Schloss nach Erlangen zog und dort bis zu seinem Tod 1712 residierte. Im Unterschied zum württembergischen Fall verblieben die markgräflichen Zentralbehörden aber in Bayreuth.

Im kulturellen Leben ihrer Zeit spielten die deutschen Residenzstädte gerade wegen ihrer Vielzahl eine entscheidende Rolle. Das Repräsentationsbedürfnis der Landesfürsten führte zur Einrichtung von Opern und Theatern, hinzu kamen Bibliotheken, Kunstmuseen sowie naturwissenschaftliche Sammlungen. Zugleich bildeten die Angehörigen der Höfe ein Publikum, das unterhalten werden wollte. „Spectacle müssen seyn, ohnedem kan man nicht hier in einer solchen großen Residenz bleiben", diese von Kaiserin Maria Theresia (1717–1780) 1759 auf Wien gemünzte Aussage galt auch für andere Haupt- und Residenzstädte, wenngleich Ausmaß und Intensität des kulturellen Lebens und der Unterhaltungsmöglichkeiten in den kleineren Fürstensitzen nicht mit dem breiten Angebot in Wien Schritt halten konnten. Dennoch zeichneten sich gerade die kleinen und mittleren Residenzstädte oftmals durch ein kulturelles Leben aus, dessen Reichtum weit über dasjenige deutlich größerer Kommunen ohne Residenz- oder Hauptstadtfunktion hinausging. Wolfenbüttel im 17. und Weimar im 18. Jahrhundert seien hier stellvertretend genannt.

Kulturelle Bedeutung der Residenzen

c) Bergstädte

Genau wie die Reichsstädte repräsentierten auch die Bergstädte keinen ausschließlich frühneuzeitlichen Stadttyp. Gemeinden, die ihre Existenz oder doch zumindest ihr Wachstum und ihr ökonomisches Wohlergehen dem Bergbau verdankten, kannte schon das Mittelalter. Die ersten Silbererzfunde im Rammelsberg bei Goslar datierten aus dem Jahr 968 und das sächsische Freiberg erlebte seine erste Blütezeit als Bergbaustadt zwischen dem frühen 13. und der ersten Hälfte des 14. Jahrhunderts, um nur zwei der wichtigsten Beispiele zu nennen. Durch die Entdeckung und Erschließung neuer Erzvor-

II. Städtewesen und urbane Demographie

kommen kam es im Laufe der Frühen Neuzeit allerdings immer wieder zu Gründungen von Bergstädten, die damit zu den wenigen Stadttypen gehörten, die in der an neu entstehenden Kommunen insgesamt armen Epoche zwischen 1500 und 1800 eine Zunahme verzeichnen konnten. Hierzu trugen auch technische Fortschritte beim Untertagebau und bei der Verhüttung von Erzen bei, welche die Erschließung neuer Lagerstätten ermöglichten beziehungsweise rentabel machten. Die vom Bergbau bestimmten Kommunen entstanden vorrangig dort, wo Edel- oder Buntmetalle gefunden wurden, während Eisenerz- oder Kohlelagerstätten in der Regel keine Stadtgründungen evozierten. Dies lag zum einen daran, dass die wichtigsten Edelmetallvorkommen im Harz und mehr noch im Erzgebirge häufig in zuvor weitgehend unerschlossenen Regionen lagen, was die Schaffung einer Infrastruktur zur Unterbringung und Versorgung der Bergleute zwingend erforderlich machte. Zum anderen war der ökonomische Anreiz bei der Silber- oder Goldförderung besonders groß und die Entdeckung neuer Vorkommen zog binnen kurzer Zeit viele Menschen in die betreffende Region, die dort ihr Glück zu machen hofften.

Beispiel Annaberg (Sachsen)

Als exemplarisch für die Geschichte einer frühneuzeitlichen Bergstadt kann die Entwicklung von Annaberg im Erzgebirge gelten. 1491 wurden am Schreckenberg im zentralen Erzgebirge neue und sehr ergiebige Silbererzvorkommen entdeckt. Das daraufhin einsetzende „Berggeschrey", so der zeitgenössische Begriff für die schnelle Verbreitung der Nachrichten über neue Edelmetallfunde, veranlasste Herzog Georg von Sachsen (1471–1539), zu dessen Territorium der Fundort gehörte, zur Gründung einer Stadt. Auf diese Weise sollte der Zustrom der Bergleute kanalisiert und die Ausbeutung der Silbervorkommen in geordnete Bahnen gelenkt werden. Die neue Kommune wurde planvoll angelegt. Am 21. September 1496 wurde ein kreisrunder Grundriss mit einem Umfang von 2500 Metern ausgemessen, der mit einem an die Hanglage angepassten gitterförmigen Straßennetz versehen war. In zentraler Lage entstand ein rechteckiger Markplatz, an dem das Rathaus erbaut wurde. Ursprünglich als „Neustadt am Schreckenberg" bezeichnet, wurde die Neugründung mit dem Stadtprivileg von 1497 in Sankt Annaberg umbenannt. Die Stadtbevölkerung nahm innerhalb weniger Jahre erheblich zu: Um 1500 zählte man etwas mehr als 3000 Einwohner, fünf Jahre später hatte sich die Einwohnerschaft Annabergs bereits verdoppelt und in der Hochphase der Bergbaukonjunktur in der ersten Hälfte des 16. Jahrhunderts lebten zeitweise rund 12 000 Menschen in der Stadt. Parallel zum demographischen Wachstum vollzog sich der administrative Ausbau: Schon 1497 wurde eine Lateinschule gegründet, 1505 konstituierte sich der Stadtrat und 1509 erhielt Annaberg die volle Gerichtshoheit. Den immensen wirtschaftlichen Aufschwung, den die Stadt in den ersten Jahrzehnten nach ihrer Gründung nahm, dokumentiert noch heute die Annenkirche, eine von den Bürgern der Stadt finanzierte prächtige spätgotische Hallenkirche. In der zweiten Hälfte des 16. Jahrhunderts gingen die Erträge des Silberbergbaus allerdings immer weiter zurück, was sich in sinkenden Einwohnerzahlen und abnehmendem Wohlstand bemerkbar machte. Solche oft unvermittelten und raschen Wechsel zwischen einer Phase stürmischen Wachstums und wirtschaftlicher Prosperität und einer Zeit des Niedergangs und des Verfalls, beides jeweils bedingt und verursacht durch die Konjunktur des Bergbaus, war charakteristisch für das Schicksal der Bergstädte. Das auf der böhmischen Seite des Erzgebirges gelegene Joachimsthal besaß in seinen besten Zeiten um 1533 rund 18 000 Einwohner, während es 1601 nur noch 2177 waren. Annaberg blieb ein derart radikaler Abschwung aufgrund eines rechtzeitig einsetzenden wirtschaftlichen Strukturwandels allerdings erspart. Ab 1560 führte man das Spitzenklöppeln ein, später folgten weitere Zweige eines auf den Export ausgerichteten Textilgewerbes wie die Bortenwirkerei und Posamentenmacherei, die bis weit ins 19. Jahrhundert hinein das ökonomische Rückgrat der Stadt bildeten.

d) Universitätsstädte

Ähnlich wie die Reichs- und Bergstädte waren auch die Universitätsstädte keine originär frühneuzeitliche Erscheinung, denn die ersten Universitäten im Heiligen Römischen Reich deutscher Nation entstanden bereits im Spätmittelalter. 1348 rief Kaiser Karl IV. in Prag die erste Hochschule im Reich ins Leben, ein Auftakt, dem in der zweiten Hälfte des 14. Jahrhunderts weitere Gründungen in Wien (1365), Heidelberg (1385), Köln (1388) und Erfurt (1392) folgten. Nach einer ganzen Reihe von Universitätsgründungen im Laufe des 15. Jahrhunderts und den beiden unmittelbar nach 1500 entstandenen Hochschulen in Wittenberg (1502) und Frankfurt an der Oder (1506) gab es zu Beginn der Frühen Neuzeit schließlich 16 Universitäten im deutschsprachigen Raum. Um 1800 waren es hingegen über 40 (siehe Tabelle 5), wobei sich aufgrund unterschiedlich streng interpretierbarer Kriterien, was als Universität und was als Gymnasium zu gelten hat, in der einschlägigen Forschungsliteratur Angaben finden, die zwischen 42 und 50 Hochschulen schwanken. In jedem Fall aber handelte es sich um die mit Abstand dichteste Universitätslandschaft in Europa, denn den über 40 Hochschulen im deutschsprachigen Raum standen beispielsweise 22 Universitäten in Frankreich und lediglich zwei in England gegenüber. Auch zeigt der Vergleich der Situation im deutschsprachigen Raum um 1500 mit jener, wie sie um 1800 bestand, dass im Laufe der Frühen Neuzeit deutlich mehr Universitäten entstanden als zuvor. Insofern können die Universitätsstädte durchaus mit Recht als ein für diese Epoche charakteristischer Stadttyp begriffen werden.

<small>Anzahl der Universitätsstädte</small>

Die Zunahme der Zahl der Universitäten während der Frühen Neuzeit beruhte im Wesentlichen auf zwei Ursachen. Zum einen lag die Gründung neuer Hochschulen im Interesse der Landesherren. Neben dem Gewinn an Prestige, den eine Universität für Herrscher, Dynastie und Land zweifelsohne mit sich brachte, ging es vor allem um die Rekrutierung qualifizierter Fachkräfte, in aller Regel Juristen, für die expandierenden Behördenapparate der territorialstaatlichen Verwaltungen. Zum anderen wurde die Entstehung neuer Hochschulen durch die konfessionellen Konflikte nach 1517 merklich befördert. Die neu entstandenen protestantischen Landeskirchen benötigten Geistliche, die im Sinne der reformatorischen Lehren ausgebildet waren. Dies führte dazu, dass neben den im Laufe der ersten Hälfte des 16. Jahrhunderts evangelisch gewordenen älteren Universitäten in Basel, Frankfurt an der Oder, Rostock, Greifswald, Leipzig, Heidelberg und Tübin-

Städtewesen und urbane Demographie

Tabelle 5: Universitätsstädte im deutschsprachigen Raum um 1800.

Nr.	Stadt	Jahr der Universitätsgründung	Nr.	Stadt	Jahr der Universitätsgründung
(1)	Altdorf (bei Nürnberg)	1578	(23)	Kiel	1665
(2)	Bamberg	1648	(24)	Köln	1388
(3)	Bonn	1784/86	(25)	Königsberg	1544
(4)	Breslau	1702	(26)	Leipzig	1409
(5)	Dillingen	1549	(27)	Mainz	1476
(6)	Duisburg	1655	(28)	Marburg	1527
(7)	Erfurt	1392	(29)	Münster	1780
(8)	Erlangen	1743	(30)	Olmütz*	1573
(9)	Frankfurt/Oder	1506	(31)	Osnabrück	1630
(10)	Freiburg/Br.	1456	(32)	Paderborn	1615
(11)	Fulda	1734	(33)	Prag	1348
(12)	Gießen	1607	(34)	Rinteln	1620
(13)	Göttingen	1734	(35)	Rostock	1419
(14)	Graz*	1685**	(36)	Salzburg	1623
(15)	Greifswald	1456	(37)	Straßburg***	1621
(16)	Halle/Saale	1694	(38)	Stuttgart	1781
(17)	Heidelberg	1385	(39)	Trier	1454
(18)	Helmstedt	1574	(40)	Tübingen	1477
(19)	Herborn	1584	(41)	Wien	1365
(20)	Ingolstadt	1472	(42)	Wittenberg	1502
(21)	Innsbruck	1675	(43)	Würzburg	1582
(22)	Jena	1558			

(* 1782 zum Lyzeum herabgestuft, ** freundliche Mitteilung von Frau Professor Dr. Haug-Moritz (Graz), *** seit 1681 französisch)
(Angaben nach: Müller, Rainer A.: Geschichte der Universität. Von der mittelalterlichen Universität zur deutschen Hochschule, Hamburg 1996, S. 39–65)

gen mit den Hochschulen in Marburg, Königsberg, Jena, Helmstedt, Altdorf bei Nürnberg, Herborn, Gießen, Rinteln, Straßburg, Duisburg und Kiel zwischen 1527 und 1665 elf neue protestantische Universitäten entstanden. Umgekehrt mündete die vor allem vom Jesuitenorden betriebene Re- und Neuorganisation des katholischen Bildungswesens zwischen 1548 und 1702 in die Gründung von acht neuen Universitäten in Dillingen, Würzburg, Graz, Paderborn, Osnabrück, Bamberg, Innsbruck und Breslau. Hinzu kam die 1623 entstandene Hochschule in Salzburg, die in den Händen des Benediktinerordens lag.

Städtetypen

Unabhängig jedoch, ob der Landesherr oder die jeweiligen konfessionellen Beweggründe ausschlaggebend gewesen waren, in einer Hinsicht ähnelten sich die meisten frühneuzeitlichen Universitätsgründungen: Ganz überwiegend handelte es sich um eine Maßnahme, die von außen an die betreffende Stadt herangetragen worden war, und die daher nur bedingt ihren Interessen entsprach. Denn Sitz einer Universität zu werden, bedeutete für eine Kommune, die Existenz einer rechtlich autonomen Korporation innerhalb der eigenen Stadtmauern dulden zu müssen. Die Studenten und Professoren bildeten einen juristisch eigenständigen Personenverband, der auf die Einhaltung seiner Privilegien bedacht war. Im Ergebnis führte dies in den Universitätsstädten zu zahlreichen Konflikten zwischen Stadt und Universität, wozu nicht zuletzt das Verhalten der Studenten einiges beitrug. Trinkgelage, Raufereien und Duelle untereinander sowie manchmal auch mit Waffengewalt ausgetragene Streitigkeiten mit Stadtbürgern beeinträchtigten und belasteten das Verhältnis zwischen den Universitäten und den sie beherbergenden Kommunen.

Verhältnis zwischen Stadt und Universität

Von solchen Schwierigkeiten blieben freilich auch jene beiden in der Frühen Neuzeit gegründeten Hochschulen nicht verschont, mit denen an die spätmittelalterliche Tradition der Universitäten in kommunaler Trägerschaft wie Köln, Rostock oder Trier angeknüpft wurde. Die beiden reichsstädtischen Universitäten in Straßburg und Altdorf bei Nürnberg hatten sich aus städtischen Gymnasien heraus entwickelt und spiegelten das Bemühen dieser bedeutenden evangelischen Kommunen wider, den Erziehungsimpetus der Reformation und die Bildungsideale des Humanismus durch eine Institutionalisierung in der städtischen Gesellschaft zu verankern. Vor allem in den Oberschichten der Reichsstädte trugen diese Anstrengungen wahrnehmbare Früchte. Neben Besitz und Herkunft wurde im Laufe des 16. und 17. Jahrhunderts eine universitäre Ausbildung immer öfter zur Voraussetzung für die Bekleidung kommunaler Führungspositionen. Im Zusammenspiel mit den in anderen reichsunmittelbaren oder vergleichbar autonomen Kommunen seit dem 16. Jahrhundert entstandenen oder ausgebauten Lateinschulen und Gymnasien dokumentieren die zwei in der Frühen Neuzeit geschaffenen reichsstädtischen Universitäten zugleich in besonderem Maße, dass diese Städte ihrem Anspruch auf Eigenständigkeit auch auf dem Sektor der höheren Bildung Ausdruck verliehen.

Städtische Universitäten

e) Exulantenstädte

Im Unterschied zu den Reichs-, Berg- oder Universitätsstädten gehörten die Exulantenstädte zu den genuin frühneuzeitlichen Stadtformen. Erst die konfessionellen Auseinandersetzungen, die im Gefolge der Reformation Europa und insbesondere das Alte Reich erschütterten, brachten jene religiös induzierten Wanderungsbewegungen hervor, die in manchen Fällen in die Gründung neuer Städte beziehungsweise in die Anlage neuer Viertel in bereits existierenden Kommunen mündeten. Im Gesamtkontext der konfessionellen Migration im frühneuzeitlichen Deutschland war beides allerdings eher eine Ausnahme, die zudem auf zwei der drei großen Glaubensrichtungen beschränkt blieb: Exulantenstädte oder Exulantenviertel wurden für Cal-

Exulantenstädte als epochentypische Erscheinung

vinisten, seltener für Lutheraner und niemals für Katholiken oder Angehörige einer der vielen minoritären reformatorischen Bewegungen wie der Mennoniten, der Täufer oder der Schwenckfelder angelegt. Verfolgungen oder Vertreibungen von Katholiken kamen – abgesehen von der manchmal zwangsweise vollzogenen Auflösung von Klöstern in der frühen Reformation – in nennenswerter Form nicht vor, und die heterodoxen Strömungen innerhalb der Reformation hatten nirgendwo im Reich einen offiziellen oder auch nur geduldeten Status erlangen können, was die dauerhafte Niederlassung in einer Stadt unmöglich machte.

Darüber hinaus waren im Wesentlichen zwei Gründe ausschlaggebend für den Status der Exulantenstädte als zwar epochentypische aber quantitativ nicht übermäßig bedeutsame Erscheinung: Zum einen siedelten sich die Konfessionsmigranten oftmals in bereits bestehenden Städten an, ohne dort eigene Stadtviertel oder geschlossene Wohnquartiere zu bilden. Typisch hierfür war die Emigration der böhmischen Protestanten im und nach dem Dreißigjährigen Krieg. Obwohl es sich um die quantitativ größte religiös verursachte Binnenwanderung im frühneuzeitlichen Deutschland handelte, entstand in ihrem Gefolge mit Johanngeorgenstadt lediglich eine einzige Exulantenstadt. 1654 gewährte der sächsische Kurfürst Johann Georg I. (1585–1656) 39 evangelischen Familien aus dem böhmischen Ort Platten das Recht, sich auf der sächsischen Seite der Grenze im Westerzgebirge anzusiedeln und dort eine Stadt zu gründen, die seinen Namen trug. Zum anderen gingen die Wanderungsbewegungen nicht selten in ländliche Räume. Die 1731/32 aus dem Fürsterzbistum Salzburg vertriebenen Protestanten fanden im Zuge der vom preußischen König betriebenen Peuplierungspolitik eine neue Heimat in Ostpreußen, wo sie wüst gefallene Bauernstellen besetzten, nicht aber eine Stadt gründeten.

Die im Vergleich zu den anderen konfessionellen Gruppierungen hervorgehobene Rolle der Reformierten bei der Entstehung von Exulantenstädten liegt in der besonderen Entwicklung dieser Glaubensrichtung in Deutschland begründet. Sie fand erst ab der zweiten Hälfte des 16. Jahrhunderts vermehrt Anhänger und gehörte bis zum Westfälischen Frieden 1648 nicht zu den offiziell im Reich zugelassenen Konfessionen. Hieraus ergaben sich vielfältige Spannungen mit der katholischen und fast mehr noch der lutherischen Seite, die zu Wanderungsbewegungen und Städtegründungen führten. Charakteristisch hierfür ist die Entwicklung von Hanau. In der zweiten Hälfte des 16. Jahrhunderts hatten Calvinistische Glaubensflüchtlinge aus Flandern und der Wallonie zunächst Zuflucht in Frankfurt am Main gefunden, wo ihnen trotz der lutherischen Ausrichtung von Rat und Bevölkerung anfänglich die Abhaltung reformierter Gottesdienste gewährt wurde. Nachdem 1594 erst der flämischen und 1596 auch der wallonischen Calvinistischen Gemeinde selbst der private Gottesdienst vom Frankfurter Rat verboten wurde, verständigten sich die davon betroffenen Reformierten mit dem Grafen Philipp-Ludwig II. von Hanau-Münzenberg über einen Wechsel in dessen Residenz. Der Graf, der mit einer Tochter Wilhelm von Oraniens verheiratet war und dem Kalvinismus aufgeschlossen gegenüberstand, schloss am 1. Juni 1597 mit den Vertretern der Frankfurter Reformierten einen förmlichen Vertrag ab, der die Modalitäten der Umsiedlung regelte. Unmittelbar neben der unbedeutenden und kleinen Altstadt von Hanau wurde eine großzügige neue Stadtanlage errichtet, die mit einem schachbrettartigen Straßenmuster, einem zentralen Platz und einer modernen Bastionsbefestigung versehen wurde. Hanau-Neustadt entwickelte sich rasch positiv, wozu die ökonomischen und handwerklichen Fähigkeiten der neuen Bewohner erheblich beitrugen. Die Exulanten führten neue Gewerbezweige wie die Seidenverarbeitung, die Bortenwirkerei und die Spitzenklöppelei ein, hinzu kam die Produktion von Teppichen und Gobelins.

Die Entwicklung von Hanau-Neustadt nahm im Kleinen vieles von dem vorweg, was sich am Ende des 17. Jahrhunderts im Großen in Berlin ereignete. Nach der Aufhebung des **Edikt von Nantes** 1685 durch den französischen König Ludwig XIV. hatte der brandenburgische Kurfürst Friedrich Wilhelm den von dieser Entscheidung betroffenen französischen Protestanten, die Möglichkeit zur Niederlassung in seinem Herrschaftsbereich angeboten.

Hugenotten in Berlin

> **Edikt von Nantes (1598) / Revokationsedikt von Fontainebleau (1685)**
> Mit dem am 13. April 1598 in Nantes erlassenen Edikt bestätigte der französische König Heinrich IV. einerseits den Katholizismus als Staatsreligion, gewährte aber gleichzeitig den Protestanten in Frankreich (Hugenotten) das Recht der freien Religionsausübung und räumte ihnen eine politische Sonderstellung innerhalb des Königreichs ein. Alle diesbezüglichen Bestimmungen wurden durch das am 18. Oktober 1685 von König Ludwig XIV. erlassene Edikt von Fontainebleau widerrufen.

Neben der Unterstützung für bedrängte Glaubensbrüder – der Kurfürst war selber Calvinist – war der Wunsch nach einer Vergrößerung der durch den Dreißigjährigen Krieg erheblich dezimierten Bevölkerung Brandenburgs das Hauptmotiv für diesen Schritt. Von diesem Angebot machten in den folgenden Jahren insgesamt etwa 20 000 Hugenotten Gebrauch, allein in Berlin lebten gegen Ende des 17. Jahrhunderts etwa 6000, die zumeist in den neu angelegten Stadtvierteln Friedrichstadt und Charlottenburg ansässig waren. Genau wie im Hanauer Fall brachten auch die aus Frankreich stammenden Neuberliner arbeitsorganisatorische und produktionstechnische Kenntnisse mit, die vor allem dem Textilgewerbe zugute kamen.

Angesichts der Erfolgsgeschichten von Hanau und Berlin muss jedoch betont werden, dass keineswegs jede Exulantenstadt die in sie gesetzten Hoffnungen erfüllte. Oft florierten die Neugründungen nur für kurze Zeit, ehe ihre Entwicklung dauerhaft stagnierte. Das 1616 vom dänischen König Christian IV. (1577–1648) an der Elbe erbaute Glückstadt zog anfangs portugiesische Juden und niederländische Reformierte an, die das Wirtschaftsleben und vor allem die Schifffahrt der Kommune belebten. Die Blütezeit war freilich nur kurz und endete 1644 mit der Niederlage Dänemarks im schwedisch-dänischen Krieg und dem Frieden von Brömsebro. Im Jahr des Friedensschlusses war Glückstadt mit 960 ansässigen Familien noch eine der größten Städte im Herrschaftsbereich des dänischen Königs, aber schon 1652 hatte sich die Zahl der Haushaltungen auf 655 vermindert. Seit dieser Zeit stagnierte auch der Stadtausbau, die damals erreichten Stadtgrenzen wurden erst in der Mitte des 19. Jahrhunderts überschritten.

Gescheiterte Exulantenstädte

Eine ähnliche Entwicklung war in Freudenstadt zu verzeichnen. Auf Initiative Herzog Friedrichs I. von Württemberg (1557–1608), ging der Baumeister Heinrich Schickhardt seit 1599 daran, einen von ihm selbst entworfenen Plan für eine neue Stadt im Schwarzwald zu verwirklichen. Vorge-

II. Städtewesen und urbane Demographie

sehen war eine streng geometrische Anlage mit einem zentralen Platz, umgeben von konzentrisch-quadratischen Straßenzügen nach der Art eines Mühlespiels und ein Schlossneubau als Residenz für den Herzog. Als Einwohner sollten evangelische Glaubensflüchtlinge aus der Steiermark, Kärnten und Krain gewonnen werden, was anfangs auch gelang. 1603 lebten bereits etwa 1000 Menschen in der neuen Stadt, 1609 sollen es sogar 2000 gewesen sein. Damit war der Höhepunkt der Entwicklung allerdings bereits erreicht. 1608 starb Herzog Friedrich I., was die Einstellung der Arbeiten zur Folge hatte, und 1610 raffte die Pest mehr als 700 Bewohner hinweg. In der Folgezeit stagnierte Freudenstadt auf niedrigem Niveau.

Ein besonders eindrückliches Beispiel für das Scheitern hochfliegender Pläne stellt das Schicksal der Exulantenstadt Karlshafen in Hessen dar. 1699 hatte Landgraf Karl von Hessen-Kassel (1654–1730) den Ort Sieburg an der Mündung der Diemel in die Weser als Ansiedlungsstadt für die von ihm angeworbenen Hugenotten bestimmt. Durch den Bau eines Kanals sollten der Weserzoll und der Stapel im zu Hannover gehörenden Hannoversch Münden umgangen und die neue Exulantenstadt zur Hafen- und Manufakturmetropole Hessen-Kassels ausgebaut werden. Zu diesem Zweck wurde die Kommune in den ersten beiden Jahrzehnten des 18. Jahrhunderts nach einem zentralen Plan errichtet, mit einer Hafenanlage versehen, 1710 förmlich zur Stadt erhoben und 1715 zu Ehren ihres Gründers in Karlshafen umbenannt. Der für das Gelingen des Projekts entscheidende Kanal geriet allerdings zum Fehlschlag, gleiches galt für die angesiedelten Manufakturen. Erst die Entdeckung von Solquellen im Jahr 1730 verhalf der Stadt zu einer wirtschaftlichen Existenzgrundlage als Heilbad.

f) Festungsstädte

Einem weiteren frühneuzeitlichen Stadttyp begegnet man mit den Festungsstädten. Zwar gehörte es generell zu den Charakteristika einer vormodernen Stadt, dass sie über Befestigungsanlagen verfügte, aber erst in der Frühen Neuzeit entstanden Kommunen, deren Hauptzweck darin bestand, als Festung zu dienen. Wie die anderen spezifisch frühneuzeitlichen Stadtneugründungen verdankten auch sie ihre Entstehung den Erfordernissen des frühmodernen Staates. Es ging nicht mehr darum, dass sich die Bewohner einer bestehenden Stadt durch den Bau einer Befestigung schützten, vielmehr waren die Festungsstädte Teil der militärischen Sicherungsmaßnahmen eines Staates gegenüber seinen Nachbarn und potentiellen Feinden. Hinzu kam das Repräsentationsbedürfnis der Landesfürsten, die durch die Verfügung über eine moderne Festungsanlage militärische und politische Stärke demonstrieren wollten.

Abgesehen davon verlangten auch die waffentechnischen Verbesserungen bei der Artillerie nach neuartigen Befestigungssystemen. Eben diese Problematik beschäftigte im 16. Jahrhundert die Phantasie vieler Architekten, Künstler und Ingenieure, die ihre Ideen schriftlich niederlegten und mit Hilfe des Buchdrucks in ganz Europa verbreiteten. So schlug Albrecht Dürer (1471–1528) vor, die Türme in Basteien umzuwandeln und die dazwischen

Städtetypen

befindlichen Räume durch Mauern schottartig zu unterteilen, was aber aus Kostengründen nirgendwo in dieser Form verwirklicht wurde. Die entscheidenden Ansätze kamen allerdings aus Italien, wo ein neuartiges System von Bastionsbefestigungen auf polygonalem Grundriss entwickelt und erfolgreich angewendet wurde. 1589 schließlich erschien mit Daniel Speckles „Architectura von Vestungen" der Klassiker der deutschsprachigen theoretischen Festungsbauliteratur, der in der Folgezeit zahlreiche Befestigungsneubauten beeinflusste.

Die ersten Festungsstädte in Deutschland entstanden aber bereits vorher: Schon in der Mitte des 16. Jahrhunderts hatte Herzog Wilhelm V. von Jülich-Kleve-Berg (1516–1592) als Konsequenz seiner Niederlage im geldrischen Erbfolgekrieg damit begonnen, seine 1547 weitgehend abgebrannte Residenz Jülich durch den italienischen Architekten Alessandro Pasqualini (1493–1559) zu einer Festung im Stil der Renaissance aus- und umbauen zu lassen. Anstelle der militärisch unbrauchbar gewordenen mittelalterlichen Rundmauern, wurde eine moderne Zitadelle errichtet, in deren Schutz das Residenzschloss entstand. Die Stadt Jülich wurde mit einer fünfeckigen Bastionsbefestigung umgeben und im Inneren planvoll neu gestaltet und nach militärischen Bedürfnissen ausgerichtet. Die Straßenzüge waren als Sichtachsen und Schussschneisen angelegt, zugleich verzichtete man auf Erker oder ähnlichen Bauschmuck, um keine Deckungsmöglichkeiten für einen eindringenden Feind zu bieten. Ähnliche Umbaumaßnahmen erfolgten auch in anderen landesfürstlichen Residenzen: Ab 1546 wurde Dresden mit einem neuen Befestigungssystem versehen und 1575 begannen die Arbeiten, die Wolfenbüttel auf Geheiß Herzog Julius von Braunschweig-Wolfenbüttel (1565–1613) in eine befestigte Renaissanceplanstadt verwandeln sollten. Das ehrgeizige Vorhaben wurde allerdings nur zu einem kleinen Teil umgesetzt und nach dem Tod des Herzogs 1589 stockten die Bauarbeiten vollends.

Beispiel Jülich

Weitere Festungsstädte entstanden im späten 17. Jahrhundert im Gefolge der kriegerischen Auseinandersetzungen in der Ära Ludwigs XIV. (1638–1715) Zum Schutz und zur Sicherung der im Frieden von Nimwegen erworbenen Gebiete ließ der französische König zwischen 1680 und 1686 die Festungsstadt Saarlouis nach Plänen von **Vauban** erbauen.

Beispiel Saarlouis

> **Sebastian Le Prestre (auch: Prêtre), Seigneur, später Marquis de Vauban** (1633–1707).
> Französischer General, Marschall von Frankreich und berühmtester Festungsbaumeister seiner Zeit.

Der Grundriss entsprach einem sechseckigen Stern, lediglich am Übergang über die Saar wurde dieses strenge geometrische Prinzip zugunsten eines zusätzlichen Forts modifiziert. Im Inneren war die Stadt von militärischen Bauten wie Kasernen und Magazinen geprägt, hinzu kamen Gebäude für Versorgungseinrichtungen und die Militärverwaltung. All dies bot Platz für 1000 Mann zu Pferd, 3500 Mann zu Fuß, Artillerie und die dazugehörigen militärischen Stäbe. Eine vergleichbare Anlage wurde ab 1699 in Neubreisach errichtet und auch der nach 1678 erfolgte Ausbau Freiburgs im Breisgau zu einer modernen Festung vollzog sich im Kontext der expansiven Außenpolitik Ludwigs XIV.

II. Städtewesen und urbane Demographie

Aufgrund der dominierenden militärischen Funktion blieben die meisten Festungsstädte in ihren Entwicklungsmöglichkeiten eingeschränkt. Stadterweiterungen waren nicht möglich, da das Vorfeld der Befestigungen, der sogenannte Rayon, frei bleiben musste, damit etwaige Angreifer dort keine Deckung fanden. Diese Einschränkungen wirkten sich negativ auf die ökonomischen Verhältnisse der betroffenen Kommune aus. So verlor die ehemals nicht unbedeutende Handelsstadt Wesel am Niederrhein, die bereits im 17. Jahrhundert ökonomische Einbußen hatte hinnehmen müssen, ihre frühere wirtschaftliche Basis vollends, nachdem sie in den Jahren nach 1687 zu einer brandenburgisch-preußischen Festungsstadt umgebaut wurde.

g) Idealstädte

Idealstädte und Stadtutopien

Die frühneuzeitlichen Plan- oder Idealstädte repräsentieren einen Typ von Stadt, der im Spannungsfeld zwischen theoretischem Anspruch und praktischer Verwirklichung angesiedelt war. Dies deutet bereits die Terminologie an: Planstädte, das heißt Kommunen, deren städtebauliche Gestalt vor ihrer Errichtung am Schreib- beziehungsweise Zeichentisch entstanden war, waren viele, um nicht zu sagen fast alle frühneuzeitliche Stadtneugründungen. Ob Karlsruhe, Annaberg, Freudenstadt, Hanau-Neustadt oder Saarlouis, stets lag der Entstehung der neuen Kommune ein mehr oder minder ausgefeilter Entwurf zugrunde. Ähnliches galt im Übrigen für die meisten Stadtumbauten oder Stadterweiterungen in der Frühen Neuzeit. Demgegenüber besaßen die Idealstädte einen philosophischen, ja utopischen Anspruch. In der Frühen Neuzeit erschien diese Verknüpfung zwischen der Idee der idealen Stadt und der Vorstellung der vollkommenen Gesellschaft erstmals in der Utopia des Thomas Morus (1477, nach anderen Angaben 1478–1535). Das dort stellvertretend für die 54 anderen gleich gestalteten Städte der Insel Utopia vorgestellte Amaurotum war eine nach rationalen Nützlichkeitskriterien entworfene Kommune. Gelegen an einem Berghang – zur Erleichterung der Wasserversorgung – wandte sie eine Stadtseite komplett einem Fluss zu, um dessen Vorzüge als Transportweg nutzen zu können. Die Stadt gliederte sich in regelmäßige Viertel, von denen jedes einen eigenen Marktplatz besaß, und die Häuser waren in Blöcken errichtet und gleichförmig. Die erwünschte ideale und harmonische Ordnung der Welt sollte durch eine ebensolche Stadtgestalt symbolisiert werden. Dies galt in ähnlicher Weise auch für die anderen philosophischen Idealstadtentwürfe des 16. und 17. Jahrhunderts, wie etwa der *civitatis solis* des Tommaso Campanella (1568–1639), Francis Bacons (1561–1626) neuem Atlantis oder dem Christianopolis des Johann Valentin Andreae (1586–1654). In Verbindung mit der Wiederentdeckung antiker Architekturvorstellungen in der Renaissance mündeten die utopischen Ordnungs- und Harmoniegedanken in streng geometrische Stadtentwürfe mit quadratischen, kreisförmigen oder polygonalen Grundrissen. Die Straßenzüge waren häufig im Schachbrettmuster angelegt, mitunter aber auch radial oder konzentrisch. An der Beschreibung dieser wesentlichen städtebaulichen Grundmerkmale der Idealstädte wird deutlich, dass die planvollen Stadtneugründungen der Frühen Neuzeit, das heißt viele der bisher behandelten Residenzen sowie alle Bergstädte, Festungsstädte oder Exulantenstädte, diejenigen Entwürfe repräsentieren, die zumindest teilweise in die Wirklichkeit umgesetzt wurden. Ihres utopischen Gehalts wurden sie dabei in der Regel entkleidet, allein die absolutistischen Residenzstädte wie Mannheim, Erlangen, Ludwigsburg oder Karlsruhe verfügten als städtebauliche Inszenierung des herrscherlichen Machtanspruchs über einen symbolischen Mehrwert. Bei den Berg- und Exulantenstädten und mehr noch bei den Festungsstädten dominierte hingegen die Zweckrationalität.

h) Kurorte

Bei den Kurorten handelte es sich um einen Typus von Ansiedlung, der insofern zur Städtelandschaft in der Frühen Neuzeit zu rechnen ist, als an diesem Beispiel der für die Epoche spezifische Prozess der allmählichen Ablösung einer durch verfassungsrechtliche Kriterien definierten Stadtbürgerlichkeit als Ausweis der Zugehörigkeit zur Sphäre des Städtischen durch eine weder juristisch noch räumlich festgelegte Form der Urbanität, verstanden als ein Ensemble bestimmter, typisch städtischer kultureller Praktiken, besonders klar hervortritt. Denn gemessen an der auch in der Frühen Neuzeit gebräuchlichen rechtlichen Stadtdefinition waren viele Kurorte überhaupt keine Städte. Zwar gab es Ausnahmen wie beispielsweise Aachen, das als Groß- und Reichsstadt gleichzeitig über ein berühmtes Thermalbad verfügte, sowie einige andere Badeorte, wie etwa Wiesbaden, Baden-Baden oder das württembergische Wildbad im Nordschwarzwald, die ebenfalls das Stadtrecht besaßen. Typisch war das jedoch nicht, vielmehr waren die meisten Kurorte nicht nur im rechtlichen Sinne keine Städte, sondern entsprachen auch mit ihrer geringen Zahl dauerhafter Einwohner und ihrer Lage auf dem Land nicht den Vorstellungen, die man gemeinhin mit der Bezeichnung Stadt verbindet. Im Zuge der Natur- und Landschaftsbegeisterung des 18. Jahrhunderts wurde die abgeschiedene, ruhige und idyllische Lage schließlich sogar zu einer der wesentlichen Voraussetzungen für den Erfolg eines Kurorts.

Dennoch war das soziale und kulturelle Leben in den Badeorten nicht etwa dörflich, sondern städtisch geprägt. Dies ergab sich schon aus der Herkunft der Kurgäste, die in ihrer überwiegenden Mehrheit den urbanen Mittel- und Oberschichten entstammten. Zwar kamen mit Hilfe der Institution des Armenbades – kostenlosen oder stark verbilligten Kuren für mittellose Kranke – auch Arme und Bedürftige in die Kurorte. Ebenso gab es in vielen Regionen kleine und kleinste Bäder, die auch von Landbewohnern frequentiert wurden. Dennoch war in den Badeorten insgesamt – und verstärkt in den etwa sechzig Kurorten, die sich längerfristig etablieren konnten und von überregionaler Bedeutung waren – ein Publikum vorherrschend, das sich aus Angehörigen gehobener bürgerlicher Kreise und – vor allem in den berühmten und besonders prestigeträchtigen Bädern wie Karlsbad, Marienbad, Teplitz oder Pyrmont – aus Adligen zusammensetzte. Dementsprechend urban gestaltete sich das Leben in den Kurorten: Theater, Tanzsäle und Lesebibliotheken sorgten ebenso für die Unterhaltung der Kurgäste wie Spielgelegenheiten im Freien – beispielsweise Karussells oder Kegel-

„Urbanität auf dem Lande"

bahnen – sowie die vor allem in den besonders mondänen Badeorten verbreiteten Glücksspiele. Neben einem reichhaltigen und auf die Bedürfnisse eines originär städtischen Publikums zugeschnittenen Unterhaltungsangebot wurde jene für die Kurorte typische „Urbanität auf dem Lande", als die sie von Reinhold P. Kuhnert bezeichnet wurde, auch durch die vor allem im 18. Jahrhundert stark ausgebauten Gelegenheiten zum Spazieren und Promenieren unterstrichen. Bei schönem Wetter scheinbar zwanglos in frischer Luft spazieren zu gehen und dabei gegebenenfalls etwas Konversation zu betreiben, war eine kulturelle Praxis, wie sie städtischer kaum sein konnte.

Im Zeitalter der Aufklärung avancierten schließlich insbesondere die überregional bedeutsamen Kurorte zu Stätten, an denen neue, über die Schranken der ständischen Gesellschaft hinausweisende soziale Umgangsformen entwickelt und erprobt wurden. Vielfach finden sich zeitgenössische Berichte, in denen hervorgehoben wird, dass der gesellschaftliche Verkehr zwischen den bürgerlichen und adligen Badegästen zwanglos sei und die ansonsten streng zu beachtenden Etikette und Regeln für die Kommunikation zwischen den Angehörigen verschiedener Stände in der Sondersituation des gemeinsamen Kuraufenthalts nicht oder doch nur in abgeschwächter Form zur Anwendung kämen. Wie weit solche egalisierenden Tendenzen tatsächlich reichten, kann auf der Grundlage der in Deutschland noch weitgehend in den Kinderschuhen steckenden Forschung über die frühneuzeitlichen Kurorte nicht mit hinreichender Sicherheit bewertet werden. Die bisher gewonnenen Erkenntnisse deuten allerdings darauf hin, dass die temporäre und partielle Überwindung der Standesgrenzen in den Badeorten des späten 18. Jahrhunderts durchaus als eigenständiger Beitrag im Prozess des allmählichen Übergangs von der ständischen zur modernen Gesellschaft zu verstehen ist.

III. Wirtschaft – Gesellschaft – Politik

1. Wirtschaftliche Strukturen

a) Handel

Der Handel gehörte zu den genuin städtischen Formen des Wirtschaftens. Handel zu treiben, war unauflöslich mit der Existenz von Städten verknüpft und die Kaufleute, zumal die größeren und ökonomisch erfolgreichen unter ihnen, bildeten eine für das städtische Gesellschaftsgefüge charakteristische soziale Gruppe. Diesen allgemeinen Befund gilt es im Hinblick auf die deutschen Städte in der Frühen Neuzeit jedoch sowohl räumlich als auch zeitlich zu differenzieren. Zum einen war die Bedeutung des Handels für die städtische Wirtschaft je nach Kommune unterschiedlich. In kleinen und mittelgroßen Städten waren auch das ökonomische Potential und der Aktionsradius der Kaufleute begrenzt. Der besonders gewinnträchtige, aber auch risikoreiche Fernhandel konzentrierte sich hingegen in aller Regel in den größeren urbanen Zentren. Hierzu gehörten Städte wie Köln, Lübeck, Hamburg, Augsburg, Nürnberg, Braunschweig, Magdeburg, Breslau oder Danzig, um nur einige Beispiele zu nennen. Zum anderen und vor allem aber gilt es die Auswirkungen der grundlegenden weltwirtschaftlichen Veränderungsprozesse in der Frühen Neuzeit zu berücksichtigen, in deren Gefolge sich im Laufe der Epoche die Handelsströme im deutschsprachigen Raum verlagerten. Durch die Entdeckung der neuen Welt und den Ausbau des Handels mit Amerika, Afrika und Asien verlagerte sich der Schwerpunkt des weltweiten Handels seit dem 16. Jahrhundert allmählich in den atlantischen Raum. Hiervon profitierten in ganz Europa die entlang der atlantischen Küsten gelegenen Seehandels- und Hafenstädte mitsamt den in ihrem Hinterland befindlichen urbanen Zentren. Im deutschsprachigen Raum galt dies insbesondere für Hamburg und für Bremen sowie mit Abstrichen für Emden. Demgegenüber verloren die auf den Handel mit dem Mittelmeerraum konzentrierten Städte wie Augsburg, Memmingen oder Kempten ebenso im Laufe der Frühen Neuzeit relativ an Bedeutung wie die im Ostseehandel engagierten Hansestädte Lübeck, Wismar oder Rostock.

Diese Verlagerung der weltweiten Handelsströme war mit einer der Gründe für den langsamen Abstieg der Hanse im 16. und 17. Jahrhundert. Hinzu kam, dass der innere Zusammenhalt des aus dem Mittelalter stammenden Städtebundes im Laufe der Frühen Neuzeit abbröckelte. Symptomatisch für diese Entwicklung war der in der zweiten Hälfte des 16. Jahrhunderts stattfindende Streit um die Zulassung englischer Kaufleute in den Hansestädten. Nach einer längeren Phase wechselvoll verlaufender Auseinandersetzungen zwischen der Hanse und der britischen Krone, die 1553 mit einer ersten, später wieder zurückgenommenen Aberkennung der tradierten hansischen Privilegien in London durch König Edward VI. (1537–1553) begonnen hatte, eskalierte der Streit schließlich am Ende des 16. Jahrhunderts. Als Reaktion auf die Übergriffe englischer Kaperfahrer auf Handelsschiffe der Hanse wurde 1597 auf Betreiben des Städtebundes durch den Kaiser ein Aufnahme- und

Niedergang der Hanse

III. Wirtschaft – Gesellschaft – Politik

Handelsverbot für englische Kaufleute im Reich erlassen. Im Gegenzug widerrief die englische Königin Elisabeth I. (1533–1603) 1598 erneut die Privilegien der Hanse und ließ deren Niederlassung in London schließen. Um den dadurch zum Erliegen gekommenen eigenen Englandhandel wieder zu beleben, unterlief jedoch die Hansestadt Hamburg ab 1611 den reichsweiten Boykott gegen die englischen Kaufleute. Anders als in der zweiten Hälfte des 16. Jahrhunderts, als Hamburg bereits ein erstes Mal aus der gesamthansischen Politik gegenüber England ausgeschert war, vermochte es die Hanse zu Beginn des 17. Jahrhunderts nicht mehr, die Stadt auf die gemeinsame Linie zurückzuzwingen.

Neben den Zentrifugalkräften innerhalb der Hanse war es jedoch vor allem das Erstarken der frühneuzeitlichen Territorialstaaten, das dem Städtebund in wachsendem Ausmaß Schwierigkeiten bereitete. Der Aufstieg der Territorien beschnitt den Handlungsspielraum der überwiegend landsässigen Kommunen innerhalb der Hanse zunehmend. Zugleich geriet dieser grenzübergreifend operierende Bund autonomer und semi-autonomer Städte zunehmend in Konflikt mit den wirtschaftspolitischen Zielen und Interessen der Landesfürsten. Die Konsequenz all dieser Entwicklungen war, dass die Hanse gegen Ende des 16. Jahrhunderts mehr und mehr ihren inneren Zusammenhalt und ihre bisherige wirtschaftspolitische Rolle einbüßte. 1629 wurde die Vertretung der verbliebenen Gesamthanse an die drei Städte Hamburg, Lübeck und Bremen delegiert und 1669 fand der letzte Hansetag in Lübeck statt. Obwohl die Hanse nie formell aufgelöst wurde, markiert diese Versammlung, auf der nur noch neun von ehemals weitaus mehr Städten vertreten waren, das Ende des Städtebundes.

Der langsame Zerfall der Hanse im 16. und 17. Jahrhundert bedeutete jedoch nicht, dass auch die kaufmännischen Aktivitäten in den Hansestädten zurückgingen. Vielmehr erreichte das Handelsvolumen der Hanse im 16. Jahrhundert den größten Umfang in ihrer Geschichte und auch nach dem Ende der Städtehanse stellten viele ihrer ehemaligen Mitglieder weiterhin wichtige Handelsplätze dar. Dies galt insbesondere für Kommunen wie Hamburg oder Bremen, die vom Aufschwung der atlantischen Wirtschaft profitierten, aber auch in den überwiegend im Ostseehandel engagierten Städte wie Lübeck, Wismar, Rostock oder Stralsund, blieb der Fernhandel bis zum Ende der Frühen Neuzeit ein bedeutender Sektor der städtischen Wirtschaft. Insofern handelt es sich bei der Auflösung der Hanse um einen Prozess, der differenziert zu bewerten ist: Als Städtebund, der über die Grenzen von Territorien hinweg eine korporative Form der Handelspolitik organisierte, war die Hanse im Zeitalter des sich entwickelnden und aufstrebenden frühneuzeitlichen Staates nicht mehr zeitgemäß. Es wäre jedoch verfehlt, aus dem politischen Zerfallsprozess der Hanse auch einen wirtschaftlichen Niedergang ableiten zu wollen.

Handelsstädte in Süddeutschland

Neben den im norddeutschen Raum gelegenen Hansestädten bildeten im 16. und beginnenden 17. Jahrhundert die süddeutschen Reichsstädte einen, wenn nicht zeitweise sogar den wichtigsten Schwerpunkt des Handels im deutschsprachigen Raum. Hier waren es nicht nur die großen Städte wie Augsburg, Straßburg, Nürnberg oder Ulm, sondern auch mittelgroße Kommunen wie Memmingen, Ravensburg oder Kempten, die ein vielfältig miteinander verflochtenes wirtschaftliches Beziehungsnetz bildeten, das von den großen Kaufmannsfamilien der urbanen Zentren getragen und organisiert wurde. Dieses süddeutsche Handelsnetz war auf den Warenaustausch mit Italien und hier vor allem auf den Handel mit Venedig hin orientiert. Sein unbestrittenes Zentrum war Augsburg, das bis zum Beginn des Dreißigjährigen Krieges so etwas wie die ökonomische Hauptstadt des Alten Reiches darstellte. Die großen Augsburger Handelshäuser – allen voran die Fugger, aber auch die Welser oder die Höchstetter – standen zeitweise in der ersten Reihe des europäischen Handels. Charakteristisch für ihre Tätigkeit war, dass sie sich nicht allein auf kaufmännische Aktivitäten im engeren Sinne beschränkten, sondern ebenso im Geld- und Kreditgeschäft aktiv waren. Die Blütezeit des Handels in den süddeutschen Städten endete allerdings im Laufe des 17. Jahrhunderts. Durch die Verlagerung der Handelsströme in den atlantischen Raum verlor der Italienhandel, die traditionelle Domäne der süddeutschen Kaufleute, an Bedeutung. Erschwerend hinzu kam der Dreißigjährige Krieg, von dessen ökonomischen und demographischen Folgen sich die großen süddeutschen Reichsstädte bis zum Ende des Alten Reiches nie wieder vollständig erholten. Stattdessen traten seit der Mitte des 17. Jahrhunderts zunehmend die Handelsaktivitäten und Kaufleute anderer Kommunen in den Vordergrund. Hierzu zählten zum einen die großen Messestädte Frankfurt am Main und Leipzig, die beide von ihrer günstigen verkehrsgeographischen Lage an den Schnittstellen wichtiger Ost-West- und Nord-Süd-Verbindungen profitierten. Zum anderen entstanden in den rasch wachsenden Residenzen der großen Territorialstaaten neue Handelsgesellschaften, die gezielt den Luxusbedarf der Höfe bedienten.

b) Handwerk

Ebenso wie der Handel gehörte auch das Handwerk zu den charakteristischen und prägenden Erscheinungen im Wirtschaftsleben der frühneuzeitlichen Städte. Nach einer Schätzung des Wirtschaftshistorikers Friedrich-Wilhelm Henning entfielen auf 1000 Stadtbewohner durchschnittlich 100 bis 120 Handwerker. Zwar war die Schwankungsbreite dieser städtischen Handwerkerdichte groß: Für die zwölf größten bayerischen Städte wurden im späten 18. Jahrhundert beispielsweise Handwerkerdichten ermittelt, die von 43,49 Promille in der Residenzstadt München bis zu 115,45 Promille in Donauwörth reichten. Hinzu kommen die generellen methodischen Schwierigkeiten bei der Ermittlung und Bewertung statistischer Größen auf der Grundlage frühneuzeitlicher Quellen. Dennoch illustrieren solche Zahlen, dass die Handwerker in allen Städten immer eine nennenswert große Teilgruppe der städtischen Gesellschaft ausmachten. Dieses Bild wird noch plastischer, wenn man den Anteil der Handwerker an den Haushaltungen und den rechtlichen Vollbürgern betrachtet. Im sächsischen Aue lag beispielsweise der Anteil der von Handwerkern geführten Haushalte im 18. Jahrhundert zwischen 27,2 und 31 Prozent, und eine 1699 für ganz Kursachsen durchgeführte Zählung ergab, dass im Durchschnitt von 95 Städten der Anteil der Handwerker an den Inhabern des Bürgerrechts bei etwas mehr als der Hälfte lag (52 Prozent).

Handwerkerdichte

III. Wirtschaft – Gesellschaft – Politik

Ausdifferenzierung der Handwerksberufe

Ein Charakteristikum des städtischen Handwerks in der Frühen Neuzeit war eine Tendenz zur wachsenden Ausdifferenzierung der Berufszweige. Auf der Grundlage der bereits genannten sächsischen Erhebung aus dem Jahre 1699 lässt sich für die Städte dieses Landes eine durchschnittliche Anzahl von 26 verschiedenen Handwerksberufen pro Stadt ermitteln, ein Wert, der im Laufe des 18. Jahrhunderts auf über 30 anstieg. Diese Zunahme der Zahl der Handwerksberufe, die sich nicht nur in Sachsen, sondern auch in anderen Territorien des Reiches vollzog, war das Ergebnis einer wachsenden Spezialisierung der handwerklichen Produktion. Dies betraf zum einen bereits bestehende Berufe: So gliederten sich beispielsweise die Bäcker in vielen Städten im Laufe der Frühen Neuzeit allmählich in verschiedene Untergruppen auf, die sich auf einzelne Produkte oder Produktgruppen spezialisiert hatten. Neben den traditionellen Brotbäckern gab es in den frühneuzeitlichen Kommunen daher mehr und mehr auch Kuchenbäcker, Zuckerbäcker, Oblatenbäcker oder Pastetenbäcker. Ähnlich weitreichende Ausdifferenzierungsprozesse waren auch in anderen Handwerken wie etwa bei den Schmieden zu beobachten. Diese Profession gliederte sich im Laufe der Frühen Neuzeit in Nagel-, Huf-, Messer und Kupferschmiede auf. Zum anderen entwickelten sich neue spezialisierte Berufe, darunter vornehmlich solche, die für den gehobenen bis luxuriösen Bedarf arbeiteten: Perückenmacher, Instrumentenbauer, Taschenuhrmacher, Edelsteinschleifer oder Silberpolierer stellen in diesem Zusammenhang nur einige von vielen möglichen Beispielen dar.

Trotz dieses die gesamte Frühe Neuzeit durchziehenden Trends zur wachsenden Spezialisierung und Differenzierung der Handwerksberufe lassen sich dennoch einige, wenn auch recht grob typisierende Aussagen über die in den Kommunen der Epoche häufig vorkommenden Berufe beziehungsweise Berufsgruppen machen. Zu den in den Städten im Allgemeinen stark vertretenen Handwerkszweigen gehörten zum einen die Nahrungsmittelhandwerke und zum anderen die Bekleidungsberufe. Ersteres umfasste neben den Bäckern in ihren verschiedenen Spielarten ebenso die Metzger – hier verstanden als Oberbegriff für alle Handwerke, die mit der Fleischgewinnung und -verarbeitung befasst waren. Letzteres meint hingegen vor allem die Schneider und Schuhmacher, mithin also jene Berufe, die für die Versorgung breiter Bevölkerungsschichten mit Bekleidung und Schuhwerk unerlässlich waren. Im letzten Drittel des 18. Jahrhunderts machten beispielsweise in München die Angehörigen von Berufen aus den Bereichen der Nahrungs- und Genussmittelherstellung 37,58 Prozent aller Handwerker aus. Sie bildeten damit die mit Abstand größte Gruppe innerhalb der städtischen Handwerkerschaft, gefolgt von den Bekleidungsberufen, die einen Anteil von 10,4 Prozent besaßen. Neben und nach den Nahrungsmittel- und Bekleidungshandwerken gehörten auch die textilproduzierenden Berufe zu jenen Handwerkszweigen, die in vielen frühneuzeitlichen Städten nennenswert stark vertreten waren. In manchen Kommunen stellte dieser Sektor phasenweise sogar den dominierenden Zweig der gewerblichen Produktion dar. Ein typisches Beispiel hierfür war Augsburg, das im 16. und frühen 17. Jahrhundert eines der Zentren der handwerklichen Textilproduktion im Alten Reich darstellte. Allein die Weberzunft umfasste hier zeitweise mehr als 2000 Meister. Vergleichbare Ballungen bestimmter Berufsgruppen – wenn auch nicht immer in der gleichen absoluten Größe – kamen auch in anderen frühneuzeitlichen Kommunen vor. Dies war häufig auf bestimmte regionale oder lokale Rohstoffvorkommen oder Energiegewinnungsmöglichkeiten zurückzuführen. Im westfälischen Ochtrup führten reichhaltige Tonvorkommen zu einer Blüte der Töpferei, in der Region rund um Lüdenscheid, Altena und Iserlohn waren es die zahlreichen Fließgewässer mit ihren Möglichkeiten zur Gewinnung von Wasserkraft, welche die Ansiedlung von Drahtziehern begünstigten, und im Fall Nürnbergs bildeten die Erzgewinnung und die Hammerwerke der Oberpfalz eine wichtige Voraussetzung für die herausgehobene Stellung der metallverarbeitenden Handwerkszweige in der Wirtschaftsstruktur der fränkischen Reichsstadt.

Charakteristisch für das städtische Handwerk der Frühen Neuzeit war seine Selbstorganisation in Gestalt von Zünften oder Innungen. Solche Zusammenschlüsse der Handwerker gab es – Ausnahmen bestätigen auch in diesem Fall die Regel – in fast allen Kommunen der Epoche. Häufig waren die Zünfte berufsspezifisch organisiert, allerdings gab es auch Städte, wo sich mehrere Berufsgruppen in einer Handwerkerkorporation zusammengefunden hatten. Letzteres war besonders in solchen Kommunen der Fall, wo die Zünfte eine wichtige politische Rolle innerhalb der Stadt spielten. In diesen Fällen – prominente Beispiele hierfür waren Köln und Straßburg – diente die Zunft in erster Linie als politische Gliederung der Bürgerschaft und erst danach auch als Selbstorganisation eines Handwerks.

Zünfte

Typisch für die Zünfte und Innungen war ihr weitreichender Regelungs- und Ordnungsanspruch: Zum einen bestimmten sie über die wirtschaftlichen Aspekte der handwerklichen Tätigkeit, das heißt über die Produktionsformen, die Arbeitsorganisation, die Preise, die Ausbildungswege und ähnliches mehr. Zum anderen ordneten die Zünfte ebenso das gesellschaftliche, religiöse und gesellige Leben ihrer Angehörigen – hierzu zählten die Meister mitsamt ihren Familien, die Gesellen und die Lehrlinge – indem sie verbindliche Verhaltensmaßregeln festsetzten. Diese Sozialkontrolle begann bereits bei der Aufnahme als Lehrling, denn wer ein zünftig organisiertes Handwerk erlernen wollte, musste seine eheliche und ehrliche Abkunft nachweisen. Unehelich geborene Jugendliche oder solche, deren Eltern **unehrlichen Berufen** nachgegangen waren, blieben ausgeschlossen.

Unehrlichkeit (unehrliche Berufe)
Unehrlichkeit bezeichnete in der frühneuzeitlichen Ständegesellschaft einen gesellschaftlich randständigen juristischen Status, der entweder durch die Ausübung eines bestimmten Berufs oder aufgrund persönlichen Fehlverhaltens erworben wurde. Zu den unehrlichen Berufe gehörten beispielsweise Abdecker, Henker, Straßenkehrer, Totengräber, Kloakenreiniger, um nur einige wichtige Beispiele zu nennen. Die Einstufung, ob ein Beruf als unehrlich galt, war nicht einheitlich, sondern unterschied sich je nach Region. Neben der berufsbedingten Unehrlichkeit konnte auch die Verurteilung zu einer Schandstrafe (Pranger und Ähnliches) oder ein unmoralischer Lebenswandel sowie eine uneheliche Geburt zu diesem Status führen.

E

Einmal aufgenommen, hatte man sich als ehrlicher Handwerker eines christlichen Lebenswandels zu befleißigen und die Regeln der Zunft zu beachten, damit das soziale Prestige der Korporation nicht beschädigt und nach Möglichkeit noch vergrößert wurde. Gleichsam komplementär zu diesem umfassenden Anspruch auf Sozialkontrolle war die Unterstützungs- und Versorgungsfunktion der Zünfte für in Not geratene Mitglieder und insbesondere für Witwen und Waisen. Zu diesem Zweck existierten Unterstützungskassen, die durch Beiträge der Zunftangehörigen gespeist wurden. In Gestalt von eigenen Zunfthäusern verfügten die Zusammenschlüsse der Handwerker zudem vielfach über besondere Orte und Räumlichkeiten, wo sie sich versammeln und ihre Angelegenheiten beraten und entscheiden konnten. Darüber hinaus waren die Zunfthäuser auch als Stätten der zunftinternen Feste von Bedeutung.

Wirtschaftsethik der Zünfte
Die frühneuzeitlichen Handwerkerzünfte waren die Träger einer spezifischen Wirtschaftsethik, deren zentraler Bezugspunkt der Begriff der Nahrung war. Damit war gemeint, dass der wesentliche Zweck der in und von den Zünften organisierten handwerklichen Tätigkeit nicht in der individuellen Gewinnmaximierung bestand, sondern vielmehr in einer Verteilung der zur Verfügung stehenden Arbeit und der damit verbundenen Erwerbschancen auf alle Angehörigen einer Zunft, damit jeder sein Auskommen hatte. Um das dazu erforderliche annähernde Gleichgewicht zwischen der Produktion und dem Absatz zu gewährleisten, griffen die Zünfte im Laufe der Frühen Neuzeit immer stärker und restriktiver auf ihre Regelungskompetenzen in wirtschaftlichen Fragen zurück. Sie beschränkten die Anzahl der Meisterrechte und ihren Erwerb immer mehr, was in nicht wenigen Städten und Handwerksberufen dazu führte, dass Meisterstellen nur noch durch Erbe oder Heirat zu erreichen waren. Auch wurden die Zahlen der Gesellen und Lehrlinge, die ein Meister beschäftigen durfte, vielfach auf einen oder zwei begrenzt. Gleichzeitig führten die Zünfte einen erbitterten Kampf gegen jede Form von außerzünftiger Konkurrenz. Die Menge der in den Archiven überlieferten Beschwerden und Klagen über die sogenannten Pfuscher oder Störer, das heißt solchen Gewerbetreibenden, die entweder keiner oder einer anderen Zunft angehörten und dennoch auf den gleichen Tätigkeitsfeldern wie die zünftig organisierten Handwerker aktiv waren, ist Legion. Diese dezidiert un- beziehungsweise vormoderne Wirtschaftsauffassung und die oft rigorosen Mittel ihrer Durchsetzung haben den Zünften der Frühen Neuzeit sowohl in der populärwissenschaftlich unterfütterten Erinnerung als auch – wiewohl in nuancierter Form – in der geschichtswissenschaftlichen Forschung bis heute den nicht unbedingt sympathischen Ruf von in erster Linie auf Besitzstandswahrung und Ausgrenzung setzenden Traditionskompanien eingetragen. An diesem Bild wird sich auch in Zukunft aller Voraussicht nach nichts entscheidendes ändern, wenngleich betont werden muss, dass die frühneuzeitliche Handwerksgeschichte zu jenen Feldern der Stadt- und Wirtschaftsgeschichte der Frühen Neuzeit gehört, die noch viel Raum für zukünftige Untersuchungen bietet.

c) Neue Gewerbezweige

Neben solchen Formen wirtschaftlicher Betätigung, die wie Handel und Handwerk schon seit dem Mittelalter zu den typischen und prägenden Komponenten des ökonomischen Lebens in den Städten gehört hatten, ent-

Wirtschaftliche Strukturen

wickelten sich im Laufe der Frühen Neuzeit ebenso neue, spezifisch städtische Gewerbezweige. Eine wichtige Rolle spielten in diesem Zusammenhang jene Berufe und Erwerbsmöglichkeiten, die im Zuge der Expansion des frühneuzeitlichen Mediensystems entstanden. Drucker, Verleger, Buchhändler, Buchbinder, Zeitungs- und Zeitschriftenmacher schufen und repräsentierten gleichermaßen die Knotenpunktfunktion, welche die Städte in de Medienlandschaft der Frühen Neuzeit besaßen. In den urbanen Zentren liefen die Nachrichten und Informationen ein, wurden medial aufbereitet und in vervielfältigter Form erneut verbreitet. Dabei erwiesen sich die frühneuzeitlichen Autoren, Herausgeber, Drucker und Verleger des deutschsprachigen Raums als innovative Vertreter ihrer Professionen: In Köln entstand im späten 16. Jahrhundert mit den sogenannten Messrelationen – dies waren geordnete Sammlungen aktueller politischer Nachrichten, die jeweils anlässlich der Buchmessen in Frankfurt am Main und in Leipzig erschienen – das erste regelmäßig und periodisch publizierte Informationsmedium der Welt, die weltweit erste gedruckte Wochenzeitung kam 1605 in Straßburg heraus und in Leipzig erschien 1650 die erste Tageszeitung der Welt. Ermöglicht und getragen wurde dies alles von der Entwicklung leistungsfähiger öffentlicher Post- und Botendienste, allen voran die nach ihren Anfängen im späten 15. Jahrhundert sukzessive ausgebaute Reichspost.

Druckwesen

Es gehörte zu den Kennzeichen des frühneuzeitlichen Druck- und Verlagswesens im deutschsprachigen Raum, dass es nicht auf die großen urbanen Zentren beschränkt war, sondern Druckereien und Verlage – beides war in der Frühen Neuzeit noch vielfach in einer Hand vereint – ebenso in zahlreichen Mittel- und Kleinstädten existierten. Unter den Druck- und Verlagszentren von überregionaler Bedeutung ragten Köln, Augsburg, Nürnberg, Frankfurt am Main und Leipzig heraus. Die beiden letztgenannten Städte waren zudem als Orte der Buchmessen von zentraler Bedeutung für die frühneuzeitliche Medienlandschaft.

Zu den Neuerungen im städtischen Wirtschaftsleben der Frühen Neuzeit gehörte auch das Entstehen und der Ausbau von gewerblichen Produktionsformen jenseits des in Zünften organisierten Handwerks. In diesem Kontext sind zunächst jene Betriebe zu nennen, für die sich in der wissenschaftlichen Literatur der Begriff der Manufaktur eingebürgert hat. Wenngleich die inhaltliche Ausgestaltung dieses Terminus in der Forschung nicht völlig übereinstimmend gehandhabt wird, lassen sich dennoch zwei idealtypische Merkmale festhalten: Eine Manufaktur zeichnete sich in aller Regel durch eine arbeitsteilige Methode der Produktion aus und übertraf gewöhnliche Handwerksbetriebe gemeinhin deutlich an Größe und Kapazität. 1782 verfügten die größten Textilmanufakturen in Berlin beispielsweise über 400 bis 600 Webstühle. Demgegenüber kamen selbst besser gestellte Webermeister kaum über einstellige Zahlen hinaus, ganz abgesehen davon, dass die Zünfte keine derartige Konzentration von Produktionsmitteln in einer Hand wünschten und deshalb den Besitz von Webstühlen pro Meister in aller Regel limitiert hatten.

Manufakturen

Manufakturen entstanden nicht nur im Textilgewerbe, sondern auch in anderen Gewerbezweigen. Häufig handelte es sich um Betriebe für Konsumgüter des gehobenen oder des Luxusbedarfs wie Tapeten, Porzellan, Gobelins oder Spiegel. Hinzu kamen Manufakturen für Genussmittel wie

III. Wirtschaft – Gesellschaft – Politik

Zucker oder Tabak sowie Betriebe zur Produktion von Waffen und sonstigem Heeresbedarf. Die frühneuzeitlichen Territorialstaaten förderten die Errichtung von Manufakturen im Zeichen der merkantilistischen Wirtschaftspolitik des späten 17. und 18. Jahrhunderts. Dennoch wäre es unzutreffend die Entwicklung dieser neuen gewerblichen Produktionsform vorwiegend oder gar ausschließlich staatlichem Handeln zuzuschreiben. Vielmehr waren es überwiegend Privatleute, darunter zahlreiche Stadtbürger sowie nach der Vertreibung der französischen Protestanten (siehe Kapitel II.3.e) überproportional viele Hugenotten, von denen die Initiative für die Errichtung von Manufakturen ausging.

Verlagswesen Eine andere Neuerung im städtischen Wirtschaftsleben der Frühen Neuzeit war das Verlagswesen. Dies war ein dezentralisiertes Produktionssystem, bei dem ein Verleger und Kaufmann eine in aller Regel große Anzahl von Handwerkern oder Heimgewerbetreibenden für seine Zwecke arbeiten ließ. Der Verleger stellte die erforderlichen Rohstoffe zur Verfügung und übernahm den Absatz der gefertigten Waren. Besonders häufig kam das Verlagssystem in der Textilproduktion zum Einsatz. Da die Herstellung beispielsweise von Wolltuchen und die Leineweberei nicht nur innerhalb der Städte erfolgte, sondern auch die umliegenden Gegenden mit einbezog, schuf das Verlagssystem zudem neue wirtschaftliche Beziehungen zwischen den Kommunen und ihrem Umland.

2. Soziale Strukturen

a) Bürger und Einwohner

Ihrer verfassungsrechtlichen Natur nach handelte es sich bei den frühneuzeitlichen Kommunen um Rechts- und Friedensverbände von Bürgern, die sich zur Erfüllung dieser grundlegenden Zwecke zu einer Schwureinung zusammengeschlossen hatten. Das bedeutete, dass die Bürgerschaft eine durch einen wechselseitigen Eid miteinander verbundene Gemeinschaft rechtlich formal gleichgestellter Personen darstellte. Der Eintritt in diese Gemeinschaft war an Voraussetzungen und Bedingungen geknüpft, die sich je nach Stadt vor allem in den Details vielfach voneinander unterschieden.

Bürgerrecht Ganz allgemein galt jedoch, dass, wer das Bürgerrecht einer Stadt erwerben und den Bürgereid schwören wollte, seine eheliche Abkunft nachweisen musste. Außerdem sollte der Bewerber ein Gewerbe ausüben, welches ihn und seine Familie ernährte, über Grundbesitz in der betreffenden Kommune verfügen und einen selbständigen Haushalt führen. Wichtig war ebenso, dass der Anwärter in der Lage war, die für den Erwerb des Bürgerrechts erforderlichen Gebühren zu bezahlen. Mit dem erfolgreichen Erwerb des städtischen Bürgerrechts waren sowohl Rechte als auch Pflichten verbunden. Auf der einen Seite eröffnete das Bürgerrecht die Möglichkeit nach Maßgabe und innerhalb der Grenzen der kommunalen Verfassungsordnung an der politischen Willensbildung in der Stadt zu partizipieren. Hinzu kamen das Recht auf die Ausübung eines Handwerks, verbesserte Möglichkeiten zum Erwerb von Immobilien sowie der Zugang zu den städtischen Wohlfahrts- und Versorgungseinrichtungen. Auf der anderen Seite war mit dem Bürgerrecht die Anerkennung der städtischen Verfassungsordnung und damit die Unterwerfung unter die städtische Gerichtsbarkeit verbunden. Komplettiert wurden die bürgerlichen Lasten durch die Steuer- und Wehrpflicht.

Während der Erwerb des Bürgerrechts für Männer – sofern sie nur die dafür erforderlichen Voraussetzungen erfüllten – unproblematisch war, ergibt sich hinsichtlich des Bürgerrechts für Frauen kein einheitliches Bild. In einigen Städten war es, wie beispielsweise in Köln, auch für unverheiratete Frauen möglich, gegen Zahlung des Aufnahmegeldes und Leistung des Bürgereids das Bürgerrecht zu erwerben. Die häufiger vorkommende Variante war jedoch, dass sich das Bürgerrecht von Frauen aus dem Bürgerrecht ihrer Ehemänner ableitete. Dies konnte entweder in Form eines eigenständigen Rechtsstatus geschehen, was bedeutete, dass die Ehefrau oder Witwe eines Bürgers automatisch und ohne weiteres Aufnahmeverfahren ebenfalls das Bürgerrecht erhielt, oder in Gestalt eines ausschließlich abgeleiteten Rechts. In diesem Fall sah die städtische Verfassungsordnung kein eigenes Bürgerrecht für Frauen vor, sondern behielt diesen Status dem Ehemann vor. Unabhängig von der Frage jedoch, ob, und wenn ja, in welcher Form Frauen Zugang zum städtischen Bürgerrecht hatten, blieben sie in jedem Fall von der politischen Partizipation ausgeschlossen. Dies bedeutete insbesondere, dass sie weder passiv noch gar aktiv an den Ratswahlen teilnehmen konnten. Daher kannten die frühneuzeitlichen Städte keine Ratsfrauen.

Bürgerrecht für Frauen

Unter den Einwohnern einer frühneuzeitlichen Stadt bildeten die Inhaber des vollen Bürgerrechts stets nur eine Teilgruppe, meistens waren sie sogar nur eine Minderheit. Für die übrige Bevölkerung sahen die städtischen Verfassungsordnungen andere Rechtskategorien vor, die sich durch eine abgestufte Teilhabe an den bürgerlichen Rechten und Pflichten voneinander unterschieden. Unterhalb des vollen Bürgerrechts gab es die Gruppen der sogenannten Schutzverwandten, Inwohner oder Beisassen. Hierzu zählten beispielsweise Gesellen, Lehrlinge oder Dienstpersonal und auch die Angehörigen religiöser Minderheiten befanden sich häufig in diesen Kategorien. Diese unterhalb des Bürgerrechts angesiedelten Rechtsverhältnisse ermöglichten die Niederlassung und die Berufsausübung in einer Stadt. Zugleich mussten die Schutzverwandten, Beisassen oder Inwohner Steuern und Abgaben leisten, wobei die Höhe dieser Zahlungen an die Stadt durchaus jenen Umfang erreichen konnte, der auch von den Vollbürgern aufzubringen war. Hingegen entfiel die Wehrpflicht ebenso wie die politische Mitbestimmung.

Schutzverwandte, Beisassen, Inwohner

Neben den Vollbürgern und solchen Einwohnern einer Stadt, die über einen im Vergleich zum Bürgerrecht geringeren Rechtsstatus verfügten, gab es in den frühneuzeitlichen Kommunen noch die Gruppe der sogenannten Eximierten. Dies waren Menschen, die zwar in einer Stadt lebten, jedoch nicht der Stadtgemeinde, sondern einem anderen Rechtsverband angehörten. Dazu gehörten beispielsweise Soldaten oder auch Adelige, die ihren Wohnsitz in einer Stadt hatten. In Universitätsstädten galt dieser Sonderstatus für die Studenten und Professoren, in den katholischen Städten waren die Geistlichen von allen allgemeinen Lasten befreit und in den frühneuzeit-

Eximierte

lichen Residenzen bildeten der Hof und das Hofpersonal ebenfalls einen von der Stadt getrennten autonomen Rechtskreis. Ein solches Nebeneinander von verschiedenen rechtlich gefassten Personenverbänden war typisch für die soziale Ordnung in den frühneuzeitlichen Kommunen.

Ständische Abstufung in der Einwohnerschaft

Neben der rechtlichen Gliederung entlang der abgestuften Teilhabe am Bürgerrecht sowie der Zugehörigkeit zu unterschiedlichen Rechtskreisen differenzierten sich die frühneuzeitlichen Stadtgesellschaften zusätzlich nach Ständen aus. Diese innerstädtische ständische Ordnung, die unter anderem in den kommunalen Kleider- und Luxusordnungen zum Ausdruck kam (siehe Kapitel VI.2.c) lehnte sich weitgehend an die juristischen Strukturen an. Die oberen Ränge dieser Hierarchie waren für Patrizier, das heißt die Angehörigen jener stadtbürgerlichen Familien, die schon seit dem Mittelalter zu den politisch und ökonomisch führenden Geschlechtern in den Städten gehört hatten, reiche Kaufleute, Akademiker und – zumindest in Residenzen – höhere landesfürstliche Beamte reserviert. In den mittleren Ständen befanden sich die weniger wohlhabenden Kaufleute und Krämer, Handwerker, städtische Bedienstete in mittleren Rängen und Angehörige vergleichbarer Berufe. Am Fuße der ständischen Pyramide befanden sich schließlich die Gesellen, Lehrlinge, Knechte, Mägde und Tagelöhner, mithin als jene Personengruppen, die auch in Sachen Bürgerrecht mit minderen Rechtspositionen vorlieb nehmen mussten. Hinzu kamen die Angehörigen städtischer Minderheiten sowie diejenigen, die in einem als unehrlich eingestuften Beruf arbeiteten.

b) Reichtum und Armut

Große sozioökonomische Spannweite

Die ökonomischen Unterschiede innerhalb der frühneuzeitlichen Stadtgesellschaften waren beträchtlich. Es gehörte zu den Kennzeichen der Städte, dass sich in ihnen eine große sozioökonomische Spannweite auf vergleichsweise engem Raum konzentrierte. Für Trier beispielsweise, eine Stadt von mittlerer Größe und ökonomischer Bedeutung, lässt sich aufgrund von Steuerlisten und Vermögensschätzungen für das Jahr 1624 ein Überblick über die Sozialstruktur gewinnen. Demnach war ein knappes Viertel (23 Prozent) aller Haushalte in Trier zu den Armen zu rechnen, die breite, vorwiegend handwerkliche Mittelschicht machte mit 62,4 Prozent fast zwei Drittel aus, während die wohlhabende bis reiche Oberschicht rund ein Siebtel (14,3 Prozent) aller Trierer Haushaltungen umfasste. Wie groß jedoch die ökonomische Kluft zwischen Reichtum und Armut war, verdeutlicht der Blick auf den Anteil der armen Haushaltungen am Gesamtvermögen der städtischen Haushaltungen. Die 23 Prozent der armen Haushalte in Trier besaßen zusammen lediglich 1,3 Prozent aller Vermögenswerte in der Stadt. Demgegenüber lag der Anteil der rund ein Siebtel aller Haushalte umfassenden Oberschicht am bürgerlichen Gesamtvermögen bei gut zwei Drittel (67,7 Prozent). In einer Stadt wie Augsburg, die über eine wirtschaftlich erfolgreich im lukrativen Fernhandel tätige Oberschicht verfügte, waren die Unterschiede zwischen arm und reich noch deutlicher ausgeprägt. Nimmt man die Steuerliste des Jahres 1618 als Datengrundlage und teilt diese in **Dezilen** ein, dann zeigt sich eine beeindruckende Vermögenskonzentration:

Soziale Strukturen

III.

Die zehn Prozent der größten und damit auch wohlhabendsten Steuerzahler entrichteten mehr als 90 Prozent (genau 91,9 Prozent) aller Steuern in Augsburg.

> **Dezilen**
> Statistische Methode zur Berechnung des Ausmaßes ökonomischer Ungleichheit. Die einzelnen Personen oder Haushalten zurechenbaren Vermögen werden der Größe nach geordnet und die Anzahl der gezählten Vermögen danach in zehn gleich große Teile zerlegt. Bei einer vollkommenen Gleichverteilung des Gesamtvermögens, würden auf jede dieser zehn Klassen genau zehn Prozent der Summe aller Vermögen entfallen. Die Abweichung von dieser theoretischen Gleichverteilung ergibt das Maß für die ökonomische Ungleichheit.

Die anhand der Beispiele Trier und Augsburg gemachte Beobachtung lässt sich als Faustregel verallgemeinern: Je größer eine Stadt war und je mehr ihre wirtschaftliche Struktur ausdifferenziert war, desto ausgeprägter waren in der Regel auch die ökonomischen Unterschiede innerhalb der Stadtgesellschaft.

Eine genaue Quantifizierung des Anteils der verschiedenen Schichten fällt allerdings meist schwer. Neben der generellen Schwierigkeit, auch nur annähernd korrekte Einwohnerzahlen für die frühneuzeitlichen Kommunen zu bestimmen, sind auch jene Quellen, die statistisch verwertbare Aussagen über die Vermögensverhältnisse der Stadtbewohner erlauben, erstens selten und zweitens mit nicht unbeträchtlichen interpretatorischen Problemen behaftet. Dies illustriert das bereits genannte Beispiel der Augsburger Steuertabelle des Jahres 1618. Ihr lag eine Steuer zugrunde, die sich auf ein halbes Prozent des Wertes für Vermögen in Bargeld und ein viertel Prozent für Vermögen in Grundbesitz belief. Da in den überlieferten Steuerlisten aber lediglich die absolute Höhe der insgesamt zu entrichtenden Abgabe verzeichnet wurde, ohne nach einer Zahlung auf Barvermögen beziehungsweise Immobilien zu differenzieren, erlaubt diese Quelle nur grobe Rückschlüsse auf die Vermögensverteilung innerhalb der steuerpflichtigen Augsburger Bevölkerung. Denn im Extremfall könnte sich das für die Steuer herangezogene Vermögen um bis zu 100 Prozent im Wert unterscheiden, je nachdem, ob Bargeld oder Grundbesitz versteuert wurde. Dass es sich bei den Augsburger Steuerlisten, verglichen mit den einschlägigen Überlieferungen anderer Kommunen, dennoch um eine der besten seriellen Quellen zur Bestimmung der Sozialstruktur in einer frühneuzeitlichen Großstadt handelt, zeigt die Größe des statistischen und methodischen Problems in hinreichender Schärfe.

Methodische Probleme bei der Erstellung von Schichtenmodellen

Die Spitze der Vermögenshierarchie in den frühneuzeitlichen Städten wurde von einer Gruppe gebildet, die sich im Wesentlichen aus den städtischen Groß- und Fernhandelskaufleuten rekrutierte und gemeinhin weitgehend identisch mit der politischen und sozialen Führungsschicht der Kommune war. Große Schnittmengen gab es zudem mit den städtischen Patriziern. Im Laufe der Frühen Neuzeit wurde diese traditionelle ökonomische, politische und soziale Oberschicht immer wieder durch Aufsteiger ergänzt, darunter zunehmend mehr universitär ausgebildete Juristen, die Karriere in städtischen Führungsämtern gemacht hatten. Zur wirtschaftlichen Elite in den frühneuzeitlichen Städten sind jedoch auch solche Personen bezie-

Oberschicht

hungsweise Personengruppen zu zählen, deren herausgehobener finanzieller Status nicht im Einklang mit ihrer nachgeordneten Stellung innerhalb der ständischen Ordnung stand. Prominente Beispiele hierfür bieten jüdische Kaufleute und Bankiers – als Beispiel sei die seit der Mitte des 18. Jahrhunderts in Frankfurt am Main ansässige Familie Rothschild genannt – die aufgrund ihrer Religionszugehörigkeit vom Bürgerrecht oder gar politischen Führungspositionen ausgeschlossen waren, obwohl sie in wirtschaftlicher Hinsicht zweifellos zur Oberschicht gehörten.

Mittelschichten   Dieses Phänomen einer Inkongruenz zwischen der politisch-sozialen und der ökonomischen Position fand sich ebenso in den mittleren Schichten der städtischen Vermögenshierarchie. Denn zur Mittelschicht im ökonomischen Sinne gehörten zum eine jene Personengruppen, die wie die Handwerker oder Krämer auch im Hinblick auf ihre Position in der ständischen Hierarchie der Kommunen zu den mittleren Kategorien gezählt wurden (siehe Kapitel III.2.a). Zum anderen aber fanden sich hier ebenso finanziell leidlich gut gestellte Angehörige religiöser Minderheiten oder vergleichsweise wohlhabende Vertreter unehrlicher Gewerbe, die in ständischer Hinsicht zur Unterschicht gerechnet wurden. Darüber hinaus gilt es zu beachten, dass sich die nach ökonomischen Kriterien definierte städtische Mittelschicht durch ein hohes Maß an wirtschaftlicher Binnendifferenzierung auszeichnete.

Unterschichten   Auch die ökonomische Unterschicht der frühneuzeitlichen Kommunen umfasste ein weites Spektrum. Handwerksgesellen, Dienstpersonal oder einfache städtische Bedienstete gehörten ebenso dazu wie Tagelöhner oder verarmte Handwerksmeister, deren Gewerbe nicht genügend abwarf oder die infolge von Krankheiten nicht mehr arbeiten konnten. Ein besonderes Armutsrisiko trugen zudem die Frauenhaushalte. Aufgrund ihrer eingeschränkten Erwerbsmöglichkeiten waren Witwen und alleinstehende Frauen unter den städtischen Armen stets überproportional vertreten.

Typisch für die frühneuzeitlichen Städte war die Hierarchisierung der Armen auf der Grundlage sittlich-moralischer Kriterien und des Grades der Zugehörigkeit zur städtischen Gemeinschaft. Unterstützung für die Armen war schon aufgrund des Selbstverständnisses der Kommunen als christliche Gemeinschaften eine unabweisbare Pflicht. Genau deswegen jedoch, galt es die tatsächlich Hilfebedürftigen von jenen zu unterscheiden, die entweder aus Faulheit, Trunksucht oder aufgrund anderer verwerflicher Ursachen selbstverschuldet in Not geraten waren oder die nicht zur eigenen Gemeinde gehörten. Ganz oben auf der Rangliste der eigenen ehrbaren Armen befanden sich jene, die als ohne eigenes Verschulden in Not geraten klassifiziert wurden. Hierzu gehörten beispielsweise die Witwen von Vollbürgern oder verarmte Handwerker und deren Angehörige. Sofern sie nachweisbar einen christlichen Lebenswandel führten, wurden sie durch die städtischen Armen- oder Almosenkassen unterstützt. Darüber hinaus kannten die frühneuzeitlichen Kommunen vielfach die Institution des offiziell anerkannten Bettlers. Dies waren Einheimische, die vom Rat ihrer Stadt eine Erlaubnis zum öffentlichen Betteln erhalten hatten. Häufig wurde diese Konzession durch ein spezielles Zeichen – beispielsweise ein Blechschild mit aufgeprägtem Stadtwappen – visuell verdeutlicht, das von den Betreffenden getragen werden musste. Einerseits diente das Bettelschild als offizieller Ausweis einer Notlage und Berechtigungsnachweis für das Nachsuchen um Almosen, andererseits war die Nähe zu stigmatisierenden Symbolen wie etwa dem Judenhut zu offensichtlich, um nicht aufzufallen. Aufgrund dieser ambivalenten Wirkung verzichteten jedoch viele Arme in den frühneuzeitlichen Städten auf diese Forme der offiziellen Anerkennung und bettelten stattdessen heimlich. Die Hierarchie der städtischen Armut, die bei den unterstützungsberechtigten Bürgern und ihren Angehörigen begann und sich über die öffentlich zertifizierten einheimischen Bettler bis hin zur verschämten und heimlichen Bettelei erstreckte, besaß als unterste Stufe die Kategorie der fremden Bettler. Wer weder ehrbar noch einheimisch, sondern lediglich arm und fremd war, der durfte sich in den meisten Kommunen allenfalls einige Tage aufhalten und musste die Stadt danach wieder verlassen.

Die im Verlauf der Frühen Neuzeit immer restriktiver werdende Politik gegenüber Vaganten und fremden Bettlern war Ausdruck eines allgemeinen Mentalitätswandels im Umgang mit der Armut. Nachdem Arme lange Zeit als Objekt tätiger Nächstenliebe und christlicher Barmherzigkeit gegolten hatten, wurden sie allmählich in zunehmendem Maße als soziales Ordnungsproblem empfunden, dem mit administrativen Maßnahmen zu Leibe gerückt wurde. Neben der Austreibung fremder Bettler und schärferen Kontrollmaßnahmen gegenüber den Beziehern städtischer Almosenunterstützung gehörte hierzu insbesondere die Gründung von kommunalen Arbeits- und Zuchthäusern. In diesen Einrichtungen sollten arme und verwahrloste Menschen diszipliniert und durch die Verrichtung nützlicher Arbeiten gebessert werden. Die ersten Einrichtungen dieser Art in Städten des deutschsprachigen Raumes entstanden in der ersten Hälfte des 17. Jahrhunderts in Bremen (1609) und Lübeck (1613).

Wandel im Umgang mit der Armut

c) Randgruppen und Minderheiten

Das Spektrum der gesellschaftlichen Randgruppen und Minderheiten in den frühneuzeitlichen Städten lässt sich bei aller Vielfalt im Detail auf drei idealtypische Grundformen reduzieren: die religiösen Minderheiten, die Angehörigen fremder Nationalitäten und solche Personen beziehungsweise Personengruppen, die wie die Hexen aufgrund besonderer sozialer Konstruktionen und Wahrnehmungsmuster einen randständigen Platz in der städtischen Gesellschaft einnahmen oder besser: einnehmen mussten. Bei den religiösen Minoritäten reichte die Spannweite von konfessionellen Minderheiten der großen christlichen Kirchen – Katholiken, Lutheraner, Calvinisten – über die Angehörigen kleiner heterodoxer Strömungen wie beispielsweise den Täufern (siehe auch Kapitel IV.1) bis hin zu den Juden als der einzigen nicht-christlichen religiösen Minderheit in den deutschen Städten der Frühen Neuzeit. Da die christlichen Minderheiten im Zusammenhang mit dem Thema ‚Stadt und Religion' noch eigens erörtert werden (vor allem in Kapitel IV.2), geht es an dieser Stelle vorrangig um die jüdische Bevölkerung.

Allerdings besaßen viele Städte im Alten Reich zu Beginn des 16. Jahrhunderts gar keine jüdische Minderheit mehr in ihren Mauern. Nach der großen europäischen Pest von 1347–50, für deren Ausbruch und Verbreitung man die Juden verantwortlich gemacht hatte, verbreitete sich ein zu-

Juden

III. Wirtschaft – Gesellschaft – Politik

nehmend radikaler werdender religiöser Antijudaismus, der im Verlauf des 15., spätestens aber zu Beginn des 16. Jahrhunderts vielfach in der dauerhaften Vertreibung der Juden aus den Städten gipfelte. Die letzte Aktion dieser Art in einer der großen Kommunen des Reiches fand 1519 in Regensburg statt. In manchen Fällen gelang es jedoch den aus den Städten vertriebenen Juden, sich in unmittelbarer Nähe ihrer ehemaligen Kommunen an solchen Plätzen erneut anzusiedeln, die außerhalb des Herrschaftsbereichs jener Stadt lagen, die sie hatten verlassen müssen. So konnten sich die Kölner Juden beispielsweise auf der rechten Rheinseite in Deutz niederlassen und die Nürnberger Juden fanden in Fürth eine neue Heimat. Innerhalb der Stadtmauern hatten sich jüdische Gemeinden nur in einigen wenigen größeren Städten behaupten können, darunter in Frankfurt am Main und in Worms. Allerdings blieb ihre Lage auch dort prekär, wie ein Blick auf den 1612 ausgebrochenen Frankfurter Fettmilch-Aufstand und die nur ein Jahr später einsetzenden Unruhen in Worms zeigt (siehe auch Kapitel III.3.b, Tabelle 6, Nr. 15 und 17). In beiden Fällen gehörte die Forderung nach der Ausweisung der Juden aus der Stadt zu den zentralen politischen Anliegen der unzufriedenen Bürgerschaft. Im Laufe des 17. und 18. Jahrhunderts kam es in einigen Städten zu Entwicklung neuer jüdischer Gemeinden. Hierzu zählten zum Beispiel Stadtgründungen wie die der neuen kurpfälzischen Hauptstadt Mannheim, wo den Juden von Beginn an ein Niederlassungsrecht eingeräumt wurde. In anderen Residenzen wie beispielsweise in Dresden waren es hingegen die jüdischen Hofbankiers, die zum Kristallisationspunkt für die Wiederentstehung von Judengemeinden avancierten. Die Tatsache jedoch, dass es sich bei den Beispielen Mannheim und Dresden um Residenzstädte handelte, war kein Zufall, sondern illustriert, dass es der unmittelbaren Präsenz eines Landesfürsten bedurfte, um die Duldung von Juden gegenüber einer nach wie vor überwiegend antijüdisch eingestellten städtischen Mehrheitsbevölkerung durchzusetzen. Obwohl sich die Lage der jüdischen Minderheit im 18. Jahrhundert auch in den Reichsstädten durch den verstärkten Schutz von Seiten des Reichsoberhaupts und der Reichsgerichtsbarkeit stabilisierte, blieben die Rahmenbedingungen des jüdischen Lebens in den frühneuzeitlichen Städten bis zum Ende der Epoche im Wesentlichen konstant. Hieran änderten auch Maßnahmen wie die zwischen 1781 und 1789 für die österreichischen Erblande erlassenen Toleranzpatente Kaiser Josephs II. (1741–1790, Kaiser seit 1765 zunächst als Mitregent seiner Mutter Maria Theresia, Alleinregierung seit 1780) nichts Grundlegendes. Zwar wurden viele diskriminierende Maßnahmen wie beispielsweise das Tragen von Judenzeichen abgeschafft, ohne dass es jedoch zu einer vollen rechtlichen Emanzipation der Juden kam.

Ausländer   Unter den Angehörigen fremder Nationalitäten, die in den frühneuzeitlichen Städten eine Rolle spielten, sind in erster Linie die Italiener hervorzuheben. Italienische Kaufleute, Musiker, Künstler und (Kunst-)Handwerker gehörten vor allem in den großen urbanen Zentren zu den vertrauten Erscheinungen. Allerdings war ihr Aufenthalt häufig temporär und mündete nur in einer Minderheit der Fälle in eine dauerhafte Niederlassung. Daher steht das Beispiel des aus dem Piemont stammenden Giovanni Maria Farina (1685–1766), der zusammen mit seinem Bruder im frühen 18. Jahrhundert in Köln die Herstellung von Kölnisch Wasser sowie eine bis heute in der

Stadt ansässige Unternehmerfamilie begründete, nur für einen Teil der Italiener in den frühneuzeitlichen deutschen Städten. Neben Menschen aus den italienischen Staaten spielten dort ansonsten noch Franzosen eine wichtige Rolle. Außer den aus Frankreich stammenden Religionsflüchtlingen (siehe auch Kapitel II.3.e), die dauerhaft eine neue Heimat in Territorien und Städten des Alten Reichs fanden, waren es ebenfalls häufig Künstler, Architekten, Schauspieler oder Musiker, die – ähnlich wie die Italiener meistens nur für eine bestimmte Phase ihres Lebens – in einer deutschen Stadt ansässig wurden. Ganz zu schweigen von den englischen Komödianten und Schauspielern die im ausgehenden 16. und 17. Jahrhundert oftmals in den deutschen Städten auftraten und die schon aufgrund ihres Berufs zum fahrenden Volk zählten (siehe auch Kapitel VI.3.c).

Während sich der Minderheitenstatus der bisher betrachteten sozialen Formationen an bestimmten objektivierbaren Merkmalen wie der Zugehörigkeit zu einer Religion oder Nation festmachen ließ, gehörten Hexen und Magiere zu jenen Randgruppen, die sich in der subjektiven Wahrnehmung des Betrachters festsetzten. Dies ermöglichte namentlich in Zeiten sozialer, religiöser und wirtschaftlicher Krisen einen flexiblen Zugriff auf diese nicht zuletzt als Blitzableiter und Sündenböcke dienenden Randgruppen. Daher machten die großen Hexenverfolgungswellen in der Frühen Neuzeit auch um die Städte im deutschsprachigen Raum keinen Bogen. In einigen Kommunen kam es sogar zu besonders intensiven Hexenverfolgungen, so – ein berühmt-berüchtigtes Beispiel – im westfälischen Lemgo, wo unter der Ägide des sogenannten Hexenbürgermeisters Hermann Cothmann (1629–1683) zwischen 1665 und 1681 mehr als 100 Menschen als Hexen beziehungsweise Hexer hingerichtet wurden.

Hexen

3. Politik

a) Institutionen und politische Verfahren

Die zentrale Institution städtischer Politik in der Frühen Neuzeit war der Stadtrat. Er übte jene Rechte aus, über die eine Stadt als Ganzes verfügte und er vertrat als oberstes politisches und administratives Organ die jeweilige Kommune nach innen wie nach außen. Der Rat wählte den oder die Bürgermeister, er übte die der Stadt gehörende Gerichtsbarkeit aus und besetzte die dazu eingerichteten Gerichte. Außerdem bestimmte er über die Organisation und das Personal der kommunalen Verwaltung und in den evangelischen Kommunen führte er häufig auch die Aufsicht über das städtische Kirchenwesen. Stadträte gab es in so gut wie allen frühneuzeitlichen Städten, nur in einigen wenigen Sonderfällen fehlte diese Einrichtung. Dabei handelte es sich entweder um städtische Sonderformen wie Festungsstädte, die aufgrund ihrer speziellen Funktion nicht von einem Rat verwaltet wurden, sondern einen in die militärische Hierarchie eingebundenen Kommandanten besaßen, oder Residenzen, in denen der vor Ort ansässige Landesfürst die Administration seiner Hauptstadt an sich gezogen hatte. Dies

Stadtrat

aber waren Ausnahmen, die gegenüber der Masse jener Kommunen, die einen Stadtrat besaßen, zahlenmäßig nicht ins Gewicht fielen.

Der Umfang und die Organisation dieser Räte wies verschiedene Spielarten auf. Als Faustregel gilt: Je größer eine Stadtgemeinde war, desto komplexer waren auch die Organisationsformen des Stadtrates. Daher gab es in den frühneuzeitlichen Großstädten oftmals mehrere Ratsgremien, die sich durch ihre Größe, ihre Kompetenzen sowie die Art und Weise ihrer Zusammensetzung unterschieden. Hinsichtlich der Verteilung der politischen Rechte zwischen solchen gestuften Ratsgremien kann man als grobe Richtschnur festhalten, dass sich der zahlenmäßige Umfang eines Ratsgremiums umgekehrt proportional zum Ausmaß seiner Entscheidungskompetenzen verhielt. Oder anders formuliert: Falls es in einer frühneuzeitlichen Kommune einen großen und einen kleinen Rat gab, dann wurden die wirklich wichtigen politischen Entscheidungen stets im kleineren der beiden Gremien getroffen. Der große Rat diente hingegen der Information über die gefassten Beschlüsse. Trotz der fehlenden Entscheidungsbefugnisse waren jedoch auch die größeren Ratsgremien nicht funktionslos. Indem sie die zumindest passive politische Teilhabe einer vergleichsweise großen Zahl von Bürgern ermöglichten, erfüllten sie vielmehr wichtige integrative Aufgaben.

Aufgrund der zentralen Stellung der Stadträte bildeten die Verfahren, mit denen sie gebildet wurden, einen Kernbestandteil der politischen Ordnung der frühneuzeitlichen Städte. Entstanden waren die entsprechenden Mechanismen allerdings bereits im Laufe des Mittelalters, als sich die Verfassungsordnungen der Städte und die Formen der politischen Mitbestimmung der Bürger und der Korporationen innerhalb der städtischen Gesellschaften in langen und nicht selten heftig ausgetragenen inneren Auseinandersetzungen entwickelt hatten. Im Ergebnis dieser Vorgänge lassen sich bei aller Vielfalt im Detail grob zwei Idealtypen unterscheiden: Dies waren erstens solche Städte, in denen der Rat von einer – meist patrizischen – Ratsoligarchie dominiert wurde und zweitens jene Kommunen, in denen die in den Zünften organisierten städtischen Handwerker ganz oder doch überwiegend das politische Regiment an sich gebracht hatten.

Patrizisch dominierte Stadträte

Im ersten Fall lag das Recht, dem Rat anzugehören und die städtischen Führungsämter zu besetzen, in den Händen einer quantitativ begrenzten Anzahl von Familienverbänden, die manchmal de jure, häufiger aber noch de facto sozial abgeschlossen waren. Typisch hierfür waren die Verhältnisse in den großen süddeutschen Reichsstädten wie Nürnberg, Ulm oder Augsburg. In der letztgenannten Kommune galt seit der von Kaiser Karl V. 1548/49 verordneten Ratsreform eine Ratsverfassung, welche die Macht in die Hände des Stadtpatriziats legte. Von den 48 Mitgliedern des kleinen Rats – dem wichtigsten Organ – gehörten 31 zum Patriziat, weitere sieben kamen aus dem Kreis der sogenannten Mehrer, einer Gruppe, die verwandtschaftlich eng mit den patrizischen Familien verbunden war. Dazu kamen noch drei Vertreter der Kaufleute und lediglich sieben Repräsentanten der Zünfte. Selbst im 300 Mitglieder umfassenden äußeren oder größeren Rat, der keine Entscheidungsbefugnisse hatte, waren die Zünfte mit 140 Vertretern gegenüber den Repräsentanten der Patrizier, der Mehrer und der Kaufleute in der Minderheit. Typisch für die von Ratsoligarchien beherrschten Städte war zudem, dass die Ratsherren nicht gewählt wurden, sondern die amtierenden

Stadträte das Recht zur Selbstergänzung besaßen. Frei werdende Stellen wurden daher durch den Rat selber wieder besetzt. In Verbindung mit der in aller Regel lebenslangen Dauer der Ratsherrenstellen garantierte diese Regelung zuverlässig, dass die oligarchischen Familien im Rat und in den entscheidenden städtischen Führungspositionen unter sich blieben.

In jenen Städten hingegen, deren Verfassungsordnung dem zweiten Typ zuzurechnen war und in denen daher die Korporationen der städtischen Handwerkerschaft entscheidenden politischen Einfluss besaßen, war der Zugang zum Stadtrat anders geregelt. Dort amtierten die Ratsherren nicht auf Lebenszeit, sondern wurden für eine zeitlich begrenzte Amtszeit gewählt. Im Wahlverfahren selbst spielten die Zünfte eine wichtige Rolle, die zumeist darin in ihren Ausdruck fand, dass die Wahl der Ratsherren in diesen Korporationen stattfand. Charakteristisch hierfür waren die Verhältnisse in Köln, wo die Organisationen der Handwerker, die sogenannten Gaffeln, schon im Spätmittelalter das politische Übergewicht erlangt hatten. Dementsprechend wurden die Mitglieder des Kölner Stadtrates durch Wahlen innerhalb der insgesamt 22 Gaffeln bestimmt. Die Wahlperiode eines Ratsherren belief sich auf ein Jahr, anschließend musste er zwei Jahre aussetzen, ehe er erneut antreten konnte. Im Laufe der Frühen Neuzeit mutierte diese Bestimmung allerdings zum Brauch, einen gewesenen Ratsherren nach Ablauf der zweijährigen Wartefrist gleichsam automatisch wiederum in den Rat zu wählen, so dass die Ratsherrenfunktion seither de facto auf Lebenszeit galt. In Verbindung mit den nicht unbeträchtlichen Kosten, die für einen Aufstieg in der Zunfthierarchie erforderlich waren, was die Voraussetzung für den Einstieg in den Rat darstellte, führte dies dazu, dass sich auch in Köln in zunehmendem Maße eine Ratsoligarchie herausbildete, die sich aus den ökonomisch und sozial führenden Geschlechtern der Stadt rekrutierte. Im 18. Jahrhundert waren in der rund 42 000 Einwohner zählenden Kommune zwar insgesamt 403 Familien mit mindestens einem Angehörigen im Rat vertreten, die 194 Bürgermeister, die zwischen 1700 und 1796 in Köln amtierten, kamen aber aus lediglich 25 Familien.

Städte mit Zunftverfassung

Die Kölner Entwicklung war exemplarisch für einen allgemein in den Städten der Frühen Neuzeit zu beobachtenden mehr oder minder starken Trend zur Oligarchisierung der politischen Führung. Dieser ging einher mit dem Anspruch der Stadträte, den Einwohnern nicht mehr als Vertreter eines der Organisation des städtischen Gemeinwesens dienenden Gremiums, sondern als Gehorsam beanspruchende Obrigkeit nach dem Vorbild der Landesfürsten gegenüber zu treten. Verstärkt wurde diese Entwicklung durch die Zunahme der akademisch geschulten Juristen unter den Stadträten, welche die in den Territorien seit Beginn der Frühen Neuzeit in wachsendem Maße zur Anwendung kommenden staatsrechtlichen Maximen des Römischen Rechts und die Souveränitätslehre des französischen Philosophen und Staatstheoretikers Jean Bodin (1529, nach anderen Angaben 1530–1596) auf die kommunalen Verhältnisse zu übertragen suchten. Dieser neue Anspruch blieb allerdings nicht unwidersprochen. Neben den sozialen und religiösen Spannungen der Zeit motivierte seine Ablehnung manch einen der zahlreichen innerstädtischen Konflikte der Frühen Neuzeit. Typisch hierfür waren die Streitigkeiten, die 1620 in Ulm zwischen dem Rat und der Bürgerschaft wegen der Finanzierung des Baus der neuen

Oligarchisierung der Stadträte

Stadtbefestigung entstanden. Die Bürger seien „keine Fürstenuntertanen noch Bauern sondern Reichsbürger, darum sie nicht wie Untertanen sich unterdrücken lassen wollte; wären entschlossen ehe Leib und Seele zu lassen, als sich unter Joch sich zwingen zu lassen", hatte der Ulmer Superintendent Konrad Dieterich (1575–1639) dazu in einer Predigt angemerkt und den Standpunkt der Bürgerschaft damit auf den Punkt gebracht. Trotz solcher Widerstände erreichte die Verobrigkeitlichung der Stadträte in der Praxis der städtischen Administrationen im Laufe der Frühen Neuzeit einen weit fortgeschrittenen Stand.

Bürgerausschüsse

Neben den Stadträten sind als weiteres Element der kommunalen Politik in der Frühen Neuzeit die Bürgerausschüsse zu nennen. Sie entstanden zumeist in Zeiten innerstädtischer Krisen und waren ein bereits seit dem Mittelalter erprobtes Instrument von Bewegungen innerhalb der Bürgerschaft, die gegen den jeweils amtierenden Rat und dessen Politik opponierten. Dementsprechend häufig findet man Bürgerausschüsse im Kontext der städtischen Unruhen in der Frühen Neuzeit (siehe Kapitel III.3.b) oder in der frühen städtischen Reformationszeit in der ersten Hälfte des 16. Jahrhunderts (siehe hierzu Kapitel IV.1). Die Ausschüsse dienten dem Zweck, der Kritik am Rat als der offiziellen Vertretung der Stadtgemeinde und den Forderungen der dissentierenden Bürger eine institutionelle und politisch handlungsfähige Form zu geben. Für das Zustandekommen solcher Bürgerausschüsse gab es zwar keine festgelegten Regeln, wohl aber lassen sich einige häufiger auftretende Handlungsmuster identifizieren. Dazu gehörte vor allem die Wahl durch eine Versammlung derjenigen Bürger, die ihre Interessen im Rat nicht mehr berücksichtigt sahen. Daneben aber waren es nicht selten auch Korporationen wie Zünfte, Gilden oder Bruderschaften innerhalb der städtischen Gesellschaft, aus deren Reihen sich die Mitglieder solcher Bürgerausschüsse rekrutierten.

Die Aufgabe der Ausschüsse bestand in der Regel darin, in Verhandlungen mit dem jeweiligen Stadtrat eine allgemein akzeptierte Lösung für jene Probleme und innerstädtischen Konflikte zu finden, die zu ihrer Gründung geführt hatten. Daher waren die Bürgerausschüsse ihrer Natur nach ursprünglich auf eine zeitlich begrenzte Existenz angelegt. Nicht selten jedoch etablierten sie sich als dauerhafte bürgerliche Partizipations- und Kontrollgremien neben dem Stadtrat. Ein typisches Beispiel für eine solche Entwicklung war der Verlauf der innerstädtischen Auseinandersetzungen in Frankfurt am Main in der ersten Hälfte des 18. Jahrhunderts. Nachdem aus der Bürgerschaft wiederholt Klagen über die Vettern- und Misswirtschaft des Stadtrates laut geworden waren, wurde nach langwierigen Verhandlungen schließlich neue Repräsentationsorgane geschaffen, darunter ein Bürgerausschuss, die in Zukunft die Tätigkeit des Rates kontrollieren sollten.

Kommunalismus

Die am Beispiel Frankfurt am Main knapp skizzierte Entwicklung war Ausdruck einer nicht nur, aber auch für die Städte in der Frühen Neuzeit typischen politischen Vorstellung, für die sich in der historischen Forschung der Begriff des Kommunalismus eingebürgert hat. Dies bedeutete, dass innerhalb der jeweiligen Gemeinde eine wechselseitige Verbindung zwischen den Rechten und Pflichten bestand, die von den Bürgern im vollen Rechtssinne wahrgenommen werden konnten beziehungsweise getragen werden mussten. Die Möglichkeiten zur Partizipation an politischen Entscheidungen korrespondierten mit der Übernahme von Lasten wie Steuern oder Wehrdienst, und beides – politische Teilhabe einerseits und Wahrnehmung von Pflichten und Aufgaben zugunsten der Stadt andererseits – sollte sich nach Möglichkeit in einem Gleichgewicht befinden. War dies nach Ansicht einer nennenswert großen Zahl von Bürgern nicht der Fall, mündete die daraus resultierende Unzufriedenheit in eine der zahlreichen innerstädtischen Auseinandersetzungen der Epoche.

b) Konflikte und Unruhen

Diese inneren Konflikte erstreckten sich oft über Jahre und nahmen nicht selten die Form von Unruhen an. Allein für den Zeitraum zwischen 1580 und 1712 sind dreißig größere innerstädtische Auseinandersetzungen bekannt, die teilweise mehr als eine Dekade dauerten.

Tabelle 6: Stadtunruhen in der Frühen Neuzeit 1580–1712.

Stadt	Zeitraum/ Ursache(n)	Stadt	Zeitraum/ Ursache(n)
(1) Aachen	1580–1581, konfessionelle Spaltung zwischen Katholiken und Protestanten in Rat und Bürgerschaft.	(16) Stralsund	1612–1616, Finanzpolitik des Rates und Verfassungsfragen.
(2) Augsburg	1583–1591, Kalenderstreit (siehe Kapitel VI.1.a).	(17) Worms	1613–1616, Forderung nach Vertreibung der Juden aus der Stadt.
(3) Wismar	1595–1600, Finanzpolitik des Rates.	(18) Wetzlar	1613–1616, Finanzpolitik des Rates.
(4) Emden	1595, Auseinandersetzungen zwischen Calvinisten und Lutheranern über das Stadtregiment.	(19) Braunschweig	1613–1615, Unzufriedenheit mit der Politik des patrizischen Rates.
(5) Lübeck	1598–1605, Außen- und Finanzpolitik des Rates.	(20) Greifswald	1613–1623, Wirtschafts- und Finanzpolitik des Rates.
(6) Paderborn	1600–1604, Finanzpolitik und allgemeine Misswirtschaft des Rates.	(21) Stettin	1616, Finanzpolitik des Rates.
(7) Höxter	1600–1604, Finanzpolitik des Rates.	(22) Erfurt	1648–1664, Wahlrechts und Verfassungsfragen.

Wirtschaft – Gesellschaft – Politik

Stadt	Zeitraum/ Ursache(n)	Stadt	Zeitraum/ Ursache(n)
(8) Schwäbisch Hall	1601–1604, theologische Differenzen innerhalb der Lutheraner, dazu Forderungen nach mehr Bürgerbeteiligung am Stadtregiment.	(23) Heilbronn	1650–1654, Verfassungsfragen und Finanzpolitik des Rates.
(9) Braunschweig	1601–1604, Aufstand gegen den patrizisch dominierten Rat.	(24) Bremen	1652–1655, Finanzpolitik und Misswirtschaft des Rates.
(10) Greifswald	1603–1604, Misswirtschaft des Rates.	(25) Lübeck	1661–1669, Wirtschafts- und Finanzpolitik.
(11) Donauwörth	1607, konfessionelle Spannungen zwischen Protestanten und Katholiken.	(26) Hamburg	1674–1686, Verfassungsfragen.
(12) Köln	1608–1610, Wirtschaftspolitik des Rates, dazu Unzufriedenheit mit der städtischen Verfassung.	(27) Köln	1680–1686, Finanzpolitik des Rates.
(13) Aachen	1608–1614, Rechte und Vertretung der Protestanten im Rat.	(28) Hamburg	1693–1699, Auseinandersetzungen zwischen Pietisten und orthodoxen Lutheranern, dazu Verfassungsfragen.
(14) Lemgo	1609–1617, zu nachgiebige Politik des Rates der mehrheitlich lutherischen Stadt gegenüber dem calvinistischen Stadtherren.	(29) Hamburg	1702–1712, Fortsetzung von (28).
(15) Frankfurt am Main	1612–1616, Aufstand gegen den patrizischen Rat verbunden mit deutlichen antijüdischen-Tendenzen.	(30) Wetzlar	1704–1712, Finanzpolitik und Misswirtschaft des Rates, dazu Verfassungsfragen.

(Quelle: Friedrichs, Christopher R.: German Town Revolts and the Seventeenth-Century Crisis, in: Renaissance and modern studies 26 [1982], S. 27–51)

Typologie städtischer Unruhen

Diese tabellarische Aufstellung lässt mehrere strukturelle Muster erkennen: Zum einen häuften sich die städtischen Unruhen in den Jahrzehnten vor und nach dem Dreißigjährigen Krieg, während es in der Zeit des Krieges selbst kaum zu solchen Geschehnissen kam. Dies deutet darauf hin, dass die inneren Probleme der Städte durch die kriegerischen Ereignisse überlagert und an den Rand gedrängt wurden, ehe sie dann nach dem Westfälischen Frieden erneut auf die Tagesordnung der städtischen Politik drängten. Zum anderen lassen sich bestimmte typische Konfliktursachen erkennen: Besonders häufig war es demnach die Unzufriedenheit mit der Finanz- und Steuerpolitik des Rates, die zu innerstädtischen Unruhen führte. Hierbei ging es jedoch niemals allein um fiskalische Fragen im engeren Sinne, sondern immer auch um die städtische Verfassungsordnung als Ganzes. Die gegen ihre Stadträte opponierenden und revoltierenden Bürger verlangten eine bessere und gerechtere Repräsentation im städtischen Regiment, um dadurch die Fiskalpolitik der Stadt überwachen und kontrollieren zu können. Ähnlich vielschichtig waren auch die Konstellationen bei jenen innerstädtischen Auseinandersetzungen, in deren Mittelpunkt konfessionelle Fragen standen. Exemplarisch zeigt sich dies an den Unruhen in Aachen im späten 16. und frühen 17. Jahrhundert (Nr. 1 und 13 in Tabelle 6). Sowohl 1580/81 als auch in den Jahren zwischen 1608 und 1614 ging es einerseits um die Frage, ob überhaupt und wenn ja, wie stark die Aachener Protestanten am katholisch dominierten Stadtregiment beteiligt sein könnten. Andererseits berührte diese Auseinandersetzung zwischen den Konfessionsparteien ganz grundlegend die verfassungsrechtliche Ordnung der Reichsstadt. Dank mehrfacher und massiver kaiserlicher Unterstützung konnte sich im Ergebnis schließlich die katholische Seite durchsetzen und die Protestanten in Aachen von der Teilhabe an der politischen Macht ausschließen.

Die zeitliche Begrenzung der Tabelle 6 sollte nicht zu dem Fehlschluss verleiten, dass die ersten vier Fünftel des 16. und weite Teile des 18. Jahrhunderts in den frühneuzeitlichen Kommunen weitgehend konfliktfrei verlaufen seien. Zwar gehörte die Zeit um 1600 aufgrund des Zusammentreffens einer wirtschaftlichen Krisensituation mit einer Phase sich verschärfender konfessioneller Spannungen zu den besonders konfliktträchtigen der frühneuzeitlichen Stadtgeschichte. Dennoch waren die Kommunen auch in anderen Abschnitten der Epoche keine ruhigen politischen Pflaster. Bereits um 1510 kam es in mehreren Reichsstädten zu inneren Spannungen und zeitlich daran anschließend waren es die Auseinandersetzungen rund um die Einführung der Reformation in einer Stadt, die nicht selten heftig und teilweise gewaltsam verliefen (siehe auch Kapitel IV.1). Exemplarisch für Letzteres war der sogenannte Erfurter Pfaffensturm im Juni des Jahres 1521: Nachdem die Achterklärung des Wormser Reichstags gegen Luther bekannt wurde, verwüsteten und plünderten aufgebrachte Bürger, die der Reformation zuneigten, die Wohnhäuser altgläubiger Kleriker in Erfurt. Konfessionelle Streitigkeiten blieben bis weit ins 18. Jahrhundert hinein eine Quelle für innerstädtische Unruhen. Als Beispiele seien die Tumulte 1719 in Hamburg genannt, die sich gegen die katholischen Gottesdienste im Haus des kaiserlichen Gesandten richteten und mit der Zerstörung des Gebäudes durch eine aufgebrachte Menge lutherischer Einwohner Hamburgs endeten, oder die zweitägigen Unruhen, die im Mai 1726 in Dresden ausbrachen, nachdem dort ein evangelisch-lutherischer Pastor durch einen wahrscheinlich geistesgestörten ehemaligen kursächsischen Soldaten katholischer Konfession ermordet worden war.

III. Wirtschaft – Gesellschaft – Politik

Gesellenstreiks

Außerdem kam es im 18. Jahrhundert vermehrt zu Streiks und Unruhen, die von städtischen Handwerksgesellen ausgingen. Für den Zeitraum zwischen 1700 und 1806 sind allein für 22 größere und ökonomisch bedeutende Städte, darunter beispielsweise Nürnberg, Augsburg, Breslau, Berlin, Köln, Frankfurt am Main und Hamburg, insgesamt 511 Arbeitsniederlegungen durch Gesellen überliefert. Nicht wenige dieser Ereignisse waren mit Unruhen und Tumulten verbunden. Darin spiegelte sich zum einen die wachsende Unzufriedenheit der Gesellen mit ihrer sozioökonomischen Lage. Die zunehmende Tendenz zur Abschließung der Zünfte und die damit verbundene Beschränkung der Zahl der Meisterstellen in vielen städtischen Handwerksberufen, führte dazu, dass die ursprünglich als Übergangsstadium zwischen der Lehrzeit und dem Dasein als Meister konzipierte Existenz als Geselle zum Dauerzustand ohne Aufstiegsperspektive wurde. Hinzu kamen steigende Lebenshaltungskosten, die nicht durch entsprechende Lohnzuwächse aufgefangen werden konnten. Zum anderen sahen sich die Gesellen durch zunehmende Eingriffe der städtischen und staatlichen Obrigkeiten in die tradierten Rechte ihrer Gesellenbruderschaften vielfach in ihrer korporativen Ehre verletzt. Dass die Zahl der Streiks, Proteste und Unruhen durch städtische Handwerksgesellen in den letzten beiden Jahrzehnten des 18. Jahrhunderts deutlich zunahm, indiziert ein zum Ende der Epoche hin wachsendes Maß an sozialen und ökonomischen Spannungen innerhalb der frühneuzeitlichen Stadtgesellschaften.

c) Politische Festkultur

Öffentliche Feste und Feiern in den frühneuzeitlichen Städten gehören zu jenen Phänomenen der historischen urbanen Lebenswelt, die erst in der jüngeren stadtgeschichtlichen Forschung stärkere Aufmerksamkeit gefunden haben. Dabei zeigte sich, dass diese Ereignisse sowohl im Hinblick auf ihre allgemeinen kulturellen Dimensionen als auch im speziellen Kontext des politischen Lebens in den Kommunen von großer und zuvor unterschätzter Bedeutung waren. So gehörten die festlichen Veranstaltungen, in denen die Bürger einer Stadt jedes Jahr an einem bestimmten Termin die kommunale Verfassungs- und Rechtsordnung erneut durch eine Eidesleistung bekräftigten, zum Kern der urbanen politischen Kultur in der Frühen Neuzeit. Diese Schwur- oder Schwörtage gingen auf die mittelalterliche Tradition der städtischen Gemeinden als Schwurgemeinschaften gleichberechtigter Bürger zurück und besaßen eine eminent wichtige Rolle im politischen Leben der Kommunen. In diesem Sinne wurden sie auch in der Frühen Neuzeit weiterhin begangen, wandelten sich aber allmählich zu Gelegenheiten, bei denen die festlichen und unterhaltenden Aspekte in den Vordergrund rückten, während die ehemals dominierende politische Funktion an Bedeutung verlor. Darin spiegelte sich der allgemeine Trend einer Abnahme der politischen und rechtlichen Autonomie der deutschen Städte in der Frühen Neuzeit. Bei den landsässigen Kommunen führte das Erstarken der landesfürstlichen Territorialherren zur Eingliederung in den jeweiligen Staatsaufbau, mit der Folge, dass nunmehr jene politischen Rituale an Relevanz gewannen, die – wie die Huldigung – den Untertanenstatus der Einwohner betonten.

Schwörtage

Politik

III.

Im Fall der unabhängigen Reichsstädte war es die zunehmende Oligarchisierung des politischen Lebens und die Verobrigkeitlichung der Stadträte, die den verfassungspolitischen Gehalt der Schwörtage minderten. Wo der Rat den Bürgern mehr und mehr als Gehorsam einfordernde Instanz gegenübertrat, verlor die jährliche Erinnerung an die Begründung der städtischen Bürgergemeinde als Schwurgemeinschaft formal Gleichberechtigter ihren ursprünglichen Sinn.

Diese Entwicklung lässt sich besonders gut am Beispiel des Ulmer Schwörtages verfolgen. Dieser wurde seit 1345 begangen, als die Stadtverfassung nach den Zunftkämpfen des hohen Mittelalters eine neue Form bekam, die den Zünften die Macht in der Stadt sicherte. Terminiert wurde er auf den Tag des heiligen Georg (23. April), an dem nun jedes Jahr mehrere verschiedene Eidesleistungen zu erbringen waren. Zum einen schworen sich die Bürger gegenseitig, die Bestimmungen der städtischen Verfassungs- und Rechtsordnung einzuhalten und zum anderen legte der Bürgermeister einen entsprechenden Eid gegenüber den Bürgern ab. Hinzu kam ein weiterer Schwur des neugewählten Rates. 1397 wurde in den Schwur der Bürger dann eine Gehorsamsformel gegenüber dem Rat aufgenommen, endgültig verändert wurde der Bürgereid aber erst in der Mitte des 16. Jahrhunderts. Nach seinem Sieg im Schmalkaldischen Krieg hatte Kaiser Karl V. zwischen 1547 und 1552 in vielen evangelischen Reichsstädten grundlegende Veränderungen der Ratsverfassungen verfügt, mit denen die politischen Mitsprachemöglichkeiten der Zünfte wesentlich beschnitten wurden (siehe auch Kapitel IV.1.b). Dies geschah auch in Ulm, was zur Folge hatte, dass ab 1549 zunächst kein Schwörtag mehr stattfand. Erst 1558 wurde er im Zuge eines innerstädtischen Kompromisses zwischen dem neuen durch den Kaiser eingesetzten Rat und den Handwerkerzünften wieder eingeführt, allerdings mit deutlich veränderten Inhalten. Beschworen wurde nunmehr die Verfassung in ihrer 1548 durch den Kaiser bestimmten Form, was im Kern auf die Leistung eines Untertaneneides der Bürger gegenüber dem Rat hinauslief. Auch wurde der Termin des Schwörtages verlegt. An die Stelle des Georgitages trat nunmehr der Montag nach der jährlichen Ratswahl. In seiner veränderten Fassung wurde der Schwörtag, oder Schwörmontag, wie er seit dem späten 16. Jahrhundert genannt wurde, bis zum Ende der reichsstädtischen Zeit Ulms 1802 begangen. Dabei wandelte er sich mehr und mehr zu einem städtischen Fest, dessen politischer Kern zunehmend in den Hintergrund trat

Neben den auf die Rechts- und Verfassungsordnung bezogenen Feiern pflegten viele frühneuzeitliche Stadtgemeinden eine spezifisch urbane Erinnerungskultur, deren Anfänge ebenfalls häufig bis ins Mittelalter zurückreichten. In Form jährlich wiederkehrender öffentlicher Rituale, sogenannter Anniversarien, gedachte man zentraler Geschehnisse der städtischen Geschichte, unter denen militärische Erfolge wie gewonnene Schlachten, erfolgreich überstandene Belagerungen oder abgewehrte Überfälle einen besonders herausragenden Platz einnahmen. In der Reichsstadt Nördlingen erinnerte man seit 1440 jedes Jahr am Tag nach Dreikönig der Abwendung einer Bedrohung der städtischen Freiheit und Autonomie durch den Grafen Johannes von Oettingen. Dieser habe seinerzeit die Torwächter zum Verrat angestiftet, woraufhin drei Tore der Stadt drei Nächte lang offen gestanden

Kriegsanniversarien

hätten. Nur durch einen glücklichen Zufall – eine Frau habe ihr entlaufenes Schwein gesucht – sei dies entdeckt und der Angriff vereitelt worden. Zum Gedenken hieran ließ der Rat an jedem Jahrestag drei Messen lesen, die 1526 im Zuge der Reformation in Nördlingen in eine Predigt in Kombination mit einer Almosenausteilung umgewandelt wurde. Während Letztere bereits im 16. Jahrhundert wieder abgeschafft wurde, blieb die sogenannte Jahrzeitpredigt bestehen und diente neben der Erinnerung an das historische Geschehen immer mehr dem allgemeinen Gedenken an überstandene Kriegs- und Notzeiten Nördlingens. Ähnlich verlief die Entwicklung in Schwäbisch Gmünd, wo man seit 1546 jährlich mit einer Prozession an die Beschießung und Eroberung der katholischen und kaisertreuen Reichsstadt durch das Heer des Schmalkaldischen Bundes unter der Führung des sächsischen Kurfürsten Johann Friedrich erinnerte. Der Dreißigjährige Krieg und seine Beendigung durch die Friedensverträge von Münster und Osnabrück schufen neue Anlässe für sich jährlich wiederholende städtische Feiertage. Seit 1634 gedenken die Einwohner Überlingens jedes Jahr der Abwehr zweier schwedischer Belagerungen der katholischen Reichsstadt in den Jahren 1632 und 1634 durch zwei sogenannte Schwedenprozessionen, die bis in die Gegenwart hinein jeweils am Sonntag nach dem 16. Mai und am zweiten Sonntag im Juni stattfinden. Bei den Kämpfen im Jahr 1634 soll den Belagerten die Muttergottes erschienen sein und sich gegen die Angreifer gewandt haben, woraufhin die Bürgerschaft zum Dank für den himmlischen Beistand die jährliche Abhaltung der Prozessionen gelobte. Solche Tage sowie Konflikt- und Schlachtengedenktage dienten der Memoria der bei den erinnerten Geschehnissen ums Leben gekommenen Bürger und konstituierten auf diese Weise die Stadt immer wieder neu als christliche Heils- und Erinnerungsgemeinschaft.

Friedensfeste   Aus dem Kontext der Friedensfeiern, die nach dem Abschluss und der Verkündung des Westfälischen Friedens in vielen Städten in Deutschland abgehalten wurden, entwickelte sich in Augsburg das bis heute begangene Hohe Friedensfest. Am 8. August eines jeden Jahres wird damit an die Einführung der konfessionellen Parität zwischen dem katholischen und dem evangelischen Teil der städtischen Bevölkerung erinnert. Da dies nach einer beinahe zwei Jahrzehnte dauernden Zeit der Unterdrückung zwischen 1629 und 1648 einen politischen und rechtlichen Erfolg für die protestantische Bevölkerungsmehrheit darstellte, blieb das Friedensfest in der Frühen Neuzeit eine evangelische Angelegenheit und diente der konfessionellen Selbstvergewisserung des evangelischen Augsburg. Dies schlug sich in der Festpraxis nieder, in der Predigten und das besondere Bemühen um die Vermittlung der städtischen Reformationsgeschichte an die evangelischen Kinder und Jugendlichen im Vordergrund stand.

Städtische Jubiläen   Außer diesen anniversarischen städtischen Feiern entwickelte sich im Laufe der Frühen Neuzeit mit dem historischen Stadtjubiläum ein neuer Festtyp, der in größeren zeitlichen Abständen – meist im 100-Jahr-Rhythmus – begangen wurde. Das nach heutigem Kenntnisstand erste Stadtjubiläum überhaupt fand 1696 in der erzgebirgischen Bergstadt Annaberg statt, die ihr damals zweihundertjähriges Bestehen feierte. 1719 folgte Villingen im Schwarzwald mit einer 600-Jahrfeier und im weiteren Verlauf des 18. Jahrhunderts lassen sich städtische Jubiläen unter anderem in Königsberg, das 1755 mit einer großen und aufwendigen Festinszenierung seiner Gründung vor 500 Jahren gedachte, oder in Johanngeorgenstadt, das 1754 sein 100-jähriges Bestehen feiern konnte, nachweisen. Diese Feiern waren kirchlich beeinflusst. In den evangelischen Kommunen Annaberg und Johanngeorgenstadt war der Rückgriff auf das Formenrepertoire der schon seit 1617 gefeierten Reformationsjubiläen unverkennbar, während im katholischen Villingen die Kloster- und Bistumsjubiläen stilbildend wirkten. Trotzdem manifestierte sich darin in erster Linie bürgerliches Selbstbewusstsein, dass die Erinnerung an die bisherige Geschichte der Kommune zur Vergewisserung und Stärkung der eigenen Identität benutzte. Dies lässt sich besonders deutlich anhand der Königsberger Jubiläumsfeier 1755 demonstrieren, die zum einen mit einem umfangreichen Festprogramm aufwartete, das schulische und universitäre Festakte ebenso umfasste wie ein großes Seefahrerfest mit Musik und diversen Unterhaltungsangeboten im Hafen, zum anderen aber den Anlass zur Publikation einer offiziösen Festschrift bot, in der das stadtbürgerliche Selbstbewusstsein für die Nachwelt dokumentiert wurde.

Neben der Stadtgründung etablierten sich im Laufe der Frühen Neuzeit weitere Anlässe, die zu Jubiläumsfeiern im städtischen Raum führten. Im evangelischen Deutschland galt dies für allem für das Datum der Einführung der Reformation in der jeweiligen Kommune. Diese Feiern standen zwar im Kontext der allgemeinen Reformationsjubiläen, die seit 1617 beziehungsweise seit 1630 regelmäßig zur Erinnerung an den Beginn der Reformation respektive an die Übergabe der Confessio Augustana begangen wurden, dokumentierten aber zugleich den Willen, auch die Besonderheiten der jeweiligen kommunalen Reformationsgeschichte nicht aus dem Blick zu verlieren. Besonders ausgeprägt waren diese genuin städtischen Reformationsjubiläen in den Reichsstädten. So beging man 1642 in Regensburg die 100-Jahrfeier der Einführung der Reformation in der Stadt, nachdem zuvor 1617 und 1630 die beiden allgemeinen Reformationsjubelfeiern stattgefunden hatten. Den besonderen städtischen Festtermin behielt man auch 1742 mit dem 200-jährigen Jubiläum bei und selbst nach dem Ende der reichsstädtischen Zeit wurden die entsprechenden Feiern im 19. und 20. Jahrhundert weiter begangen. Konfessionsunabhängige Jubiläumsanlässe gab es hingegen, wenn man militärischer Erfolge der Stadt in der Vergangenheit gedachte. Ähnlich wie bei den jährlich wiederkehrenden Erinnerungsfeiern waren es häufig Ereignisse aus dem Dreißigjährigen Krieg, die zum Kristallisationskern der kommunalen Jubiläumskultur wurden. 1743 erinnerte man im sächsischen Freiberg mit einem „Befreyungs-Jubel-Fest" an den 100. Jahrestag der erfolgreich überstandenen Belagerung durch eine schwedische Armee im Jahr 1643 und zehn Jahre zuvor hatte man in Konstanz ebenfalls die Säkularfeier eines Abwehrsieges gegen die Schweden begangen.

In den städtischen Anniversarien und Jubiläen manifestierte sich ein stadtbürgerliches Selbst- und Geschichtsbewusstsein, wie es sich in ähnlicher Form auch in der zeitgenössischen Stadtchronistik, den geschriebenen oder gedruckten Städtebeschreibungen sowie dem poetischen Genre des lyrischen Städtelobs verwirklichte. Während jedoch die schriftlichen Formen der Identitätsstiftung und Selbstvergewisserung sich auf die Schicht der aktiv lesenden Menschen beschränkte, die im Verhältnis zu den nicht lesefähigen

III. Wirtschaft – Gesellschaft – Politik

Teilen der Bevölkerung immer deutlich kleiner war, konnten die festlichen Inszenierungen auch die illiteraten Stadtbewohner erreichen. Feierliche Aufzüge und ausgefeilte Festprogramme, die sich in manchen Fällen über mehrere Tage oder eine ganze Woche erstreckten, machten die als markant und rühmenswert empfundenen Abschnitte der kommunalen Historie sinnlich erlebbar.

IV. Stadt und Religion

1517	Veröffentlichung der 95 Thesen Martin Luthers, Beginn der reformatorischen Bewegung.
1521	Reichstag in Worms, Erlass des Wormser Edikts mit der Ächtung Luthers und dem Verbot seiner Schriften und Lehren.
1530	Reichstag in Augsburg, Präsentation der Confessio Augustana.
1546/47	Schmalkaldischer Krieg, Sieg Kaiser Karls V. über die protestantischen Reichsstände.
1552	Erfolgreicher Aufstand evangelischer Reichsfürsten gegen Karl V., Abschluss des Passauer Vertrags.
1555	Augsburger Religionsfrieden.
1618–1648	Dreißigjähriger Krieg.
1648	Westfälischer Frieden.

1. Stadt und Reformation

a) Die Reformation als „urban event"?

Nicht allzu oft wirkt eine geschichtswissenschaftliche Untersuchung in derartiger Weise als Initialzündung, wie dies bei der 1962 erstmals publizierten Studie von Bernd Moeller über das Verhältnis von Reichsstadt und Reformation der Fall war. Nachdem die Reformationsgeschichtsschreibung bis dahin ihre Aufmerksamkeit stärker der Kirchen- und Theologiegeschichte sowie den religionspolitischen Entwicklungen im Reich und dessen Territorien gewidmet hatte, lenkte Moeller nachdrücklich den Blick auf die Rolle und Bedeutung der Reichsstädte für das reformatorische Geschehen in der ersten Hälfte des 16. Jahrhunderts. Die Reformation sei demnach kein von Theologen und Fürsten gleichsam von außen an die Kommunen herangetragenes Phänomen gewesen, sondern vielmehr – namentlich in ihrer Frühphase – von den Reichsstädten wesentlich mitbestimmt worden. In diesen urbanen Zentren hätten die Lehren der Reformatoren früh und nachhaltig Anklang gefunden und seien auf ein für sie günstiges gesellschaftliches und intellektuelles Umfeld gestoßen.

Ursächlich hierfür sei vor allem die bereits im Spätmittelalter entwickelte Vorstellung der Stadt als einer autonomen christlichen Heilsgemeinschaft, als einer Art Christenheit im Kleinen, gewesen. Dieses Ideal einer Kommune, die nicht nur ihre weltlichen, sondern auch ihre geistlichen Angelegenheiten selbst verwaltete kollidierte damit, dass die Verfügungsmacht über den religiösen Bereich vor der Reformation bei der Kirche und damit in den Händen einer außerstädtischen Institution lag. Dadurch seien Luthers Vorstellungen von einem allgemeinen Priestertum der Gläubigen und sein Gutachten von 1523, in dem er allen christlichen Gemeinden das Recht zusprach, ihre Lehrer, d. h. ihre Pfarrer, selber zu berufen, in den Reichsstädten auf einen besonders fruchtbaren Boden gefallen. Ebenso habe die mit der Reformation ver-

B. Moellers „Reichsstadt und Reformation"

bundene Auflösung der Strukturen und Institutionen der alten Kirche die bereitwillig ergriffene Chance geboten, die vielerorts existierenden kirchlichen Sonderrechtsbezirke innerhalb der Städte – Klöster, Stifte oder Domimmunitäten – zu beseitigen und die Güter und Vermögenswerte der Kirche unter kommunale Kontrolle zu bringen. Darüber hinaus sei, so Moeller, das intellektuelle Klima in den Kommunen eine weitere wichtige Voraussetzung für die frühe und starke Resonanz der reformatorischen Ideen in den Reichsstädten gewesen. Der im Vergleich mit anderen Gebieten gemeinhin höhere Grad der Alphabetisierung in den reichsstädtischen Gesellschaften, sowie die Existenz einer in die geistigen Strömungen des frühen 16. Jahrhunderts eng eingebundenen und kulturell interessierten bürgerlichen Oberschicht habe die Rezeption der reformatorischen Ideen begünstigt. Im Ergebnis habe sich in vielen Reichsstädten eine Massenbewegung zugunsten der Reformation entwickelt, die stark genug gewesen sei, auch solche kommunalen Obrigkeiten zu beeindrucken und umzustimmen, die anfangs wenig oder keine Begeisterung für die neuen Lehren hatten erkennen lassen.

Forschungsdiskussion

Moellers Studie war der Auftakt zu einer lebhaften und lang anhaltenden Forschungsdiskussion, in deren Verlauf die von ihm postulierte Bedeutung der Reichsstädte für die Entwicklung und Verbreitung der Reformation in Grundzügen zwar bestätigt, gleichzeitig aber auch Einwände artikuliert, Korrekturen angebracht und insgesamt nuanciertere Ergebnisse hinsichtlich der Rolle der Kommunen in der Reformation gewonnen wurden. Kritisiert wurden vor allem zwei Punkte. Erstens habe Moeller die sozialen Spannungen in den reichsstädtischen Gesellschaften des frühen 16. Jahrhunderts nicht genügend berücksichtigt. Die Hinwendung zur Reformation sei nicht in erster Linie durch die ideell-normative Vorstellung der Stadt als Christenheit im Kleinen zu verstehen, sondern vielmehr als Ausdruck der strukturellen sozioökonomischen und politischen Konflikte in den urbanen Gesellschaften der Zeit zu interpretieren. Zweitens sei die Fokussierung auf die Reichsstädte ein zu enger Ansatz, der die Bedeutung anderer Städte für die Verbreitung und Entwicklung der reformatorischen Bewegung in den Jahrzehnten nach 1517 vernachlässige. Während sich der konfliktorientierte und materialistische Interpretationsansatz, der dem ersten Kritikpunkt zugrunde lag, gegenüber dem die eher integrierenden Aspekte betonenden Konzept der Stadt als Sakralgemeinschaft letztlich nicht hat durchsetzen können, mündete die Kritik an der räumlichen und typologischen Begrenzung der Moellerschen Untersuchung in die vergleichende Erforschung des reformatorischen Geschehens in anderen Städten und Stadttypen. Dabei zeigte sich zum einen, dass die von Moeller unternommene idealtypische Unterscheidung der städtischen Reformation in eine süddeutsche Variante, die zwinglianisch beeinflusst und stärker von der Bürgergemeinde getragen worden sei, und einen lutherischen Typ mit dem Rat als entscheidendem Akteur nicht aufrecht erhalten werden konnte, da bei dieser Untersuchung selbst eine starke Bürgerbeteiligung bei den lutherischen Reformationen der nord- und nordwestdeutschen Hansestädte zu Tage tritt. Zum anderen erweiterten diese Forschungen die anfängliche These von der zentralen Bedeutung der Reichsstädte für die frühe Reformation auf andere Stadttypen und unterstrichen somit die generelle Bedeutung der Kommunen für die Entwicklung und den Verlauf des reformatorischen Geschehens. Auch wenn die in diesem Zusammenhang gerne und oft zitierte Sentenz des britischen Historikers Arthur G. Dickens, wonach die Reformation ein „urban event" gewesen sei, in dieser Ausschließlichkeit zu weit geht, verdeutlicht sie in pointierter Form sowohl die große Bedeutung der städtischen Reformationen für die Reformation als Ganzes als auch den zentralen Charakter dieses religiösen Umbruchs für die Stadtgeschichte in der Frühen Neuzeit.

b) Reformation in den Reichs- und Autonomiestädten

In den Reichs- und Autonomiestädten stieß das reformatorische Gedankengut schon früh auf ein positives Echo und zwar sowohl bei Teilen der jeweiligen kommunalen Eliten als auch in weiten Kreisen der Bevölkerung. Angetrieben von einer Mischung aus Unzufriedenheit mit dem Zustand der Kirche und ihren religiösen Angeboten, Wünschen nach politischen und sozialen Veränderungen sowie einem bereits im Spätmittelalter manifest gewordenen städtischen Antiklerikalismus, der sich sowohl an der juristischen, fiskalischen und wirtschaftlichen Sonderstellung der geistlichen Institutionen in den Städten als auch am Lebenswandel mancher kirchlicher Amtsträger entzündet hatte, verbreiteten sich die neuen religiösen Vorstellungen rasch in den städtischen Gesellschaften. Hierbei machte sich die zentrale Stellung vieler Reichs- und Autonomiestädte im Kommunikationssystem des frühen 16. Jahrhunderts unterstützend bemerkbar. Die in den Städten ansässigen Drucker und Verleger produzierten und verbreiteten die Texte Luthers und anderer Reformatoren, hinzu kamen häufig proreformatorische Schriften, die in den Kommunen selbst entstanden und dort auch gedruckt wurden. Exemplarisch für das letztgenannte Phänomen waren die 1519 publizierte „Schutzrede" für Luthers Lehren aus der Feder des Nürnberger Ratsschreibers Lazarus Spengler (1479–1534), die noch im Jahr ihres Erscheinens sechs weitere Auflagen erlebte. Hinzu kam die Bildpropaganda mit Hilfe illustrierter Einblattdrucke, deren Botschaften auch für den großen Kreis der nicht-lesefähigen Bevölkerung zugänglich waren und die in den 1520er Jahren eine erste Blütephase erlebten. Zugleich verbreiteten sich die Ideen der Reformatoren auch über die traditionellen Wege der mündlichen Kommunikation, von denen insbesondere die Predigt hervorzuheben ist. Die erste öffentliche evangelische Predigt in einer Stadt oder die Anstellung eines der Reformation zugeneigten Predigers in einer der städtischen Kirchen bildeten wichtige Wegmarken im Prozess des Übergangs einer Kommune zur Reformation. Beispiele dafür bieten neben Nürnberg, wo seit 1522 in den beiden Hauptkirchen evangelisch gepredigt wurde, oder Magdeburg – dort predigte 1524 Luther selbst –, ebenso Danzig, Bremen, Memmingen, Straßburg, Konstanz, Schwäbisch Hall und Stralsund, wo es bereits in den Jahren zwischen 1522 und 1525 zur Institutionalisierung der evangelischen Predigt kam.

Die damit verbundenen Maßnahmen – Einsetzung evangelischer Prediger in städtischen Pfarreien, Einführung des Abendmahls in beiderlei Gestalt auch für Laien, Abschaffung tradierter religiöser Praktiken und Institutionen, die wie das Prozessions- und Bruderschaftswesen oder die Heiligenverehrung mit den neuen religiösen Vorstellungen nicht in Einklang standen – bildeten häufig die Vorstufe zur vollständigen Umgestaltung des kommunalen Kirchenwesens unter reformatorischen Vorzeichen, wie sie in den Jahren 1524 und 1525 in einigen Reichs- und Autonomiestädten, darunter Magdeburg, Nürnberg, Straßburg, Memmingen, Reutlingen, Bremen und Görlitz, dann erstmals stattfand. Mit dieser Hinwendung der Städte als Ganzes zur Reformation waren die Reichsstädte und die ihnen an Größe und politischer Bedeutung mindestens ähnlichen größeren Autonomiestädte die ersten politischen Einheiten von nennenswerter Bedeutung, die diesen Schritt vollzogen. Ihnen folgte – ebenfalls noch 1525 – als erster Territorialstaat das Kurfürstentum Sachsen.

Charakteristische Merkmale der städtischen Reformation

Bei allen Unterschieden und stadtspezifischen Besonderheiten besaßen diese frühen reichs- und autonomiestädtischen Reformationen ebenso eine Reihe wichtiger gemeinsamer Merkmale. Als entscheidend für die Durchsetzung der neuen religiösen Vorstellungen erwies sich in allen Fällen das Zusammenwirken einer quantitativ bedeutsamen reformatorischen Bewegung innerhalb der Bürgerschaft mit dem jeweiligen Rat oder zumindest einer Mehrheit innerhalb des Rates. Die kommunalen Magistrate nahmen im Prozess der städtischen Reformation zu Beginn häufig eine abwartende, in manchen Fällen auch ablehnende Rolle ein, während die Initiative zugunsten der Reformation bei der Bürgerschaft lag. Für das Zögern der Stadträte waren – auch wenn sich innerhalb der sozialen und politischen Eliten der Reichs- und Autonomiestädte durchaus auch Vertreter befanden, die dem Neuen aufgrund religiöser Erwägungen skeptisch gegenüberstanden und deshalb an der hergebrachten kirchlichen Ordnung festhalten wollten – weniger theologische Überlegungen, sondern vielmehr politische Motive maßgeblich. Seit dem Wormser Reichstag des Jahres 1521 stand Luther offiziell in der Reichsacht und seine Lehren waren verboten. Angesichts dieser Situation gerieten namentlich die Stadträte in den Reichsstädten in eine heikle Zwickmühle zwischen den proreformatorischen Wünschen beträchtlicher Teile der eigenen Bürger einerseits und dem dezidiert altgläubigen Kaiser und Stadtherren andererseits. In dem Moment jedoch, in dem die reformatorische Bewegung innerhalb der Bürgerschaft so weit angewachsen war, dass ihre Nichtberücksichtigung zur ernsthaften Bedrohung für den innerstädtischen Frieden und den Bestand der kommunalen politische Ordnung hätte werden können, schwenkten auch die Stadträte auf die reformationsfreundliche Linie ein. In vielen Fällen – typische Beispiele hierfür waren Nürnberg, Memmingen oder Konstanz – setzte sich der Rat mit dieser Entscheidung zugunsten der Einführung der Reformation ungeachtet seines vorherigen politischen Taktierens und Abwartens sogleich an die Spitze der reformatorischen Bewegung. Dass dies nicht zuletzt in der Absicht geschah, deren soziale und politische Sprengkraft zu kanalisieren, wird besonders am Beispiel Nürnberg deutlich. Dort gelang es dem patrizischen Stadtrat mit der schnellen und entschiedenen Einführung der Reformation unter eigener Regie, möglichen Gefahren für die politische Dominanz der Patrizier in der kommunalen Verfassungsordnung erfolgreich vorzubeugen.

Das Zusammenwirken zwischen den Stadträten und den reformatorisch gesinnten Bürgerbewegungen im Prozess des Übergangs einer Stadt zur Reformation manifestierte sich in Formen des politischen Handelns, die gleichfalls zu den charakteristischen Erscheinungen der Städtereformation zählten. Vielfach bildeten sich Ausschüsse, in denen sich die führenden Vertreter der proreformatorischen Partei versammelten. Dieses Vorgehen stand in der Tradition der mittelalterlichen innerstädtischen Verfassungskämpfe und Unruhen und diente dem Zweck, neben dem Rat ein institutionalisiertes Forum für die opponierenden Bürger zu schaffen, das dann in Verhandlungen mit dem Stadtrat nach Möglichkeit eine für die gesamte Bürgerschaft akzeptable Lösung erarbeiten sollte. In der Auseinandersetzung über die Einführung der Reformation erwiesen sich öffentliche Religionsgespräche als ein probates und häufig angewendetes Mittel zur Konfliktregelung. Vertreter der altgläubigen und der proreformatorischen Seite debattierten – nicht selten mehrere Tage lang – vor den Bürgern die strittigen theologischen Fragen, um auf diese Weise eine Meinungsbildung zu ermöglichen. Zur endgültigen Beilegung der innerhalb der städtischen Gemeinschaft entstandenen religiösen Differenzen veranlassten die Stadträte in vielen Reichsstädten Abstimmungen, die unter den Zünften oder im Rahmen einer Versammlung aller politisch teilhabeberechtigten Bürger durchgeführt wurden. In den meisten Fällen endeten sie – wie in Konstanz 1528, Straßburg und Biberach 1529 oder Ulm 1531, um nur einige Beispiele zu nennen – mit dem Sieg der evangelischen Seite. Nur in der kleinen schwäbischen Reichsstadt Bopfingen votierte 1525 – vermutlich unter dem Eindruck des gerade beendeten Bauernkriegs – eine Mehrheit der Bürger gegen die Einführung der Reformation. Unabhängig von ihrem jeweiligen Ergebnis dokumentieren die genannten politischen Verfahren, das Bestreben aller Beteiligten, den durch die religiösen Zwistigkeiten in Frage gestellten Konsens der städtischen Bürgergemeinde wiederherzustellen. In den evangelisch gewordenen Reichs- und Autonomiestädten stand daher am Ende des Prozesses, der zum Wechsel der Kommune auf die Seite der Reformation geführt hatte, häufig eine Erneuerung und Bekräftigung der städtischen Schwurgemeinschaft unter nunmehr evangelischen Vorzeichen.

Die frühe Hinwendung vieler der großen süd- und südwestdeutschen Reichsstädte zur Reformation trug diesen Kommunen in den 1520er Jahren zeitweise eine Art Führungsrolle innerhalb der reformatorischen Bewegung auf Reichsebene ein. 1524 waren es die Vertreter der Reichsstädte, die auf dem Nürnberger Reichstag als gewissermaßen erste Protestanten der Reformationsgeschichte aktenkundig wurden, als sie gegen den Beschluss der Kurfürsten und Fürsten protestierten, die Durchführung des Wormser Edikts gegen Luther und seine Lehren für alle Reichsstände verbindlich zu machen. Ähnlich wie bei der fünf Jahre später erfolgten und ungleich berühmteren **Speyrer Protestation** argumentierten die Reichsstädte damit, dass in Religionssachen allein die Heilige Schrift als Richtschnur dienen könne.

Bedeutung der Reichsstädte für die Reformation

Speyrer Protestation 1529
Von 20 Reichsständen (6 Fürsten und Kurfürsten, 14 Reichsstädten) unterzeichnete Protesterklärung gegen den mit einer Mehrheit der katholischen Stände beschlossenen Reichsabschied, der die Durchführung des Wormser Edikts gegen Luther und die lutherische Lehre für alle Reichsstände verbindlich machte. Von dieser Protestation leitet sich begriffsgeschichtlich die Sammelbezeichnung ‚Protestanten' für die Anhänger der Reformation ab.

Auf dem Reichstag des Jahres 1526 konkretisierten und erweiterten die Reichsstädte ihre Haltung gegenüber der Reformation und den Ansprüchen des Kaisers. Demnach wollten sie in allen weltlichen Angelegenheiten treu und gehorsam sein, beanspruchten aber in den religiösen Gewissensfragen das Recht, sich Mandaten des Reichsoberhaupts gegebenenfalls auch zu widersetzen. Damit hatten die Städte erstmals offiziell auf Reichsebene jenen Grundsatz formuliert, der in der Folgezeit zum Leitmotiv der evangelischen Reichsstände wurde. Allerdings war die kurze Phase der religionspolitischen Führungsrolle der Reichsstädte damit auch schon wieder vorüber. An der Protestation gegen den Reichsabschied des Speyrer Reichstags 1529 beteiligten sich zwar immerhin noch 14 Reichsstädte, bestimmt und geprägt wurde dieser Schritt jedoch bereits von den evangelischen Reichsfürsten. Noch deutlicher wurde dieser Wechsel von den Städten zu den Fürsten bei der **Confessio Augustana**, die 1530 von sieben Fürsten aber nur von zwei Reichsstädten – Nürnberg und Reutlingen – unterzeichnet wurde.

> **Confessio Augustana**
> Auf dem Reichstag in Augsburg 1530 präsentierte Zusammenfassung der theologischen Grundaussagen der lutherischen Reformation, die – ursprünglich als Kompromissangebot an die katholische Seite gedacht – nach der Ablehnung durch den Kaiser und die katholischen Reichsstände zu einer der grundlegenden Bekenntnisschriften des Luthertums wurde.

Theologische Richtungen der städtischen Reformation

Wie für die Reformationsgeschichte im Allgemeinen gilt es auch bei der Reformation in den Reichs- und Autonomiestädten zu beachten, dass der Oberbegriff Reformation mehrere verschiedene theologische Ansätze in sich vereint, die unterschiedliche regionale Schwerpunkte besaßen und zu verschiedenen Zeiten in den Vordergrund traten. Im Norden und in der Mitte des Reiches dominierte seit der ersten Hälfte des 16. Jahrhunderts der lutherische Einfluss. Die beiden norddeutschen Reichsstädte Lübeck und Goslar waren lutherisch, gleiches galt für Hamburg sowie die Autonomiestädte Braunschweig und Magdeburg. Insoweit sie evangelisch waren, bekannten sich auch die fränkischen Reichsstädte zum Luthertum, allen voran Nürnberg, gefolgt von Windsheim, Weißenburg am Nordgau und Dinkelsbühl. Ab den 1540er Jahren gesellten sich zu dieser Gruppe noch Regensburg, Schweinfurth und Rothenburg ob der Tauber sowie das schwäbische Donauwörth.

Demgegenüber waren die protestantischen Reichsstädte im Südwesten in der ersten Hälfte des 16. Jahrhunderts deutlich von den theologischen Vorstellungen des Zürcher Reformators Ulrich (auch: Huldrych) Zwingli (1484–1531) geprägt. Esslingen, Konstanz und vor allem Straßburg standen für diese Richtung der Reformation, die merklich vom Geschehen in den Kommunen der Schweiz beeinflusst war. Erst im Verlauf der zweiten Hälfte des 16. Jahrhunderts gewann das Luthertum auch im Südwesten allmählich die Oberhand. Dies lag zum einen daran, dass der **Augsburger Religionsfriede 1555** allein das lutherische Bekenntnis, nicht jedoch andere Ausprägungen der Reformation schützte, und zum anderen – fast paradoxerweise – an den Verfassungsveränderungen, die Kaiser Karl V. zwischen 1547 und 1552 in insgesamt 28 süddeutschen evangelischen Reichsstädten hatte durchführen lassen. In dem Bestreben seinen Sieg über die protestantischen Reichsstände im **Schmalkaldischen Krieg** auszunutzen, hatte er die zünftischen Stadträte durch patrizische ersetzen lassen, was nicht zuletzt mit der

Absicht geschehen war, einer weiteren Verfestigung oder gar dem Fortschreiten der Reformation in diesen Städten Einhalt zu gebieten.

Augsburger Religionsfriede 1555
Als Teil des Abschieds des Augsburger Reichstags von 1555 zwischen dem Kaiser, den katholischen und den evangelischen Reichsständen geschlossener Kompromiss. Unter Verzicht auf eine endgültige Klärung der theologischen Differenzen wurden der Katholizismus und das Luthertum zu reichsrechtlich anerkannten Konfessionen. Das Recht, über den Bekenntnisstand eines Territoriums zu entscheiden (*ius reformandi*), wurde den Landesherrn zuerkannt (*Cuius-regio-eius-religio-Prinzip*). Diese Entscheidung war für alle Untertanen bindend. Die Untertanen, die sich der konfessionellen Wahl des jeweiligen Landesherrn nicht anschließen wollten, erhielten ein garantiertes Auswanderungsrecht (*ius emigrandi*).

Schmalkaldischer Krieg 1546/47
Feldzug Kaiser Karls V. gegen die im Schmalkaldischen Bund zusammengeschlossenen evangelischen Reichsstände, der nach dem Sieg der kaiserlichen Truppen in der Schlacht bei Mühlberg an der Elbe 1547 mit der Niederlage der Protestanten endete.

Die Niederlage Karls V. durch den Aufstand protestantischer Reichsfürsten 1552 hatte diese Absichten zwar Makulatur werden lassen, die Modifikation der Ratsverfassung wurden dennoch in keiner der betroffenen Kommunen wieder rückgängig gemacht. In der Folgezeit begünstigten die weiterhin patrizisch dominierten Stadträte in den süddeutschen Reichsstädten die mit den politischen Vorstellungen der Ratsobrigkeiten besser zu vereinbarende lutherische Variante gegenüber dem stärker auf bürgergemeindliche Mitbestimmung setzenden Modell der zwinglianischen Reformation.

Neben den von Luther und Zwingli inspirierten Richtungen innerhalb des Protestantismus erlangten in der Frühphase der Reformation in einigen Reichs- und Autonomiestädten auch minoritäre reformatorische Strömungen wie die **Täufer** oder die **Schwenckfelder** einige Bedeutung.

Täufer
Sammelbegriff für eine vielschichtige reformatorische Bewegung, deren zentrales Merkmal die Ablehnung der Taufe unmündiger Kinder war und die stattdessen die Erwachsenentaufe propagierte (daher auch Wiedertäufer genannt). Aus der Täuferbewegung des 16. Jahrhunderts gingen unter anderem die Religionsgemeinschaften der Hutterer, der Mennoniten und der Amischen hervor.

Schwenckfelder
Anhänger der spiritualistischen reformatorischen Theologie des aus Schlesien stammenden Adeligen Caspar Schwenckfeld von Ossig (1490–1561).

In mehreren süddeutschen Reichsstädten entstanden kleinere schwenckfeldische Gemeinden und in Kaufbeuren konnten schwenckfeldisch gesinnte Angehörige der städtischen Oberschicht 1543 wichtige Führungspositionen in der Stadt besetzen und eine in ihrem Sinne angelegte Reformation des bis dahin altgläubigen städtischen Kirchenwesens in die Wege leiten. Dieser theologische Sonderweg trug der Reichsstadt im Allgäu allerdings nicht nur die Gegnerschaft der katholischen Partei im Reich ein, sondern mindestens ebenso heftige Kritik von Seiten anderer evangelischer Reichsstände und Reichsstädte. Auf deren Drängen hin wurde der eigen-

IV. Stadt und Religion

ständige Kaufbeurener Reformationsversuch 1545 abgebrochen und die Stadt nahm offiziell das lutherische Augsburger Bekenntnis an.

Münsteraner Täuferherrschaft

Weitaus spektakulärer, wenn auch zeitlich ähnlich begrenzt wie die kurze schwenckfeldische Episode in Kaufbeuren, war der Beitrag der Täuferbewegung zur städtischen Reformationsgeschichte in der ersten Hälfte des 16. Jahrhunderts: Nach einer bereits seit 1525 andauernden Phase innerstädtischer Auseinandersetzungen, die sich sowohl an der grundsätzlichen Frage nach dem Für und Wider einer Einführung der Reformation, wie auch an deren theologischer Ausrichtung und kirchenorganisatorischer Gestalt entzündet hatten, gelang es 1534 den Vertretern einer in den Niederlanden entstandenen militanten apokalyptisch-chiliastischen Variante des Täufertums die Ratswahl in Münster zu gewinnen. Die danach in der westfälischen Autonomiestadt errichtete Täuferherrschaft bewirkte eine radikale Abkehr von tradierten sozialen und politischen Ordnungsvorstellungen – unter anderem wurden Gütergemeinschaft und Polygamie eingeführt – und führte zu einer brutalen Unterdrückung Andersdenkender. Nach rund eineinhalbjähriger Belagerung gelang es schließlich einem Heer unter Führung des Bischofs von Münster, das sowohl von katholischen wie von protestantischen Reichsständen unterstützt wurde, Ende Juni 1535 die Stadt Münster zu erobern und das Täuferreich gewaltsam zu beenden.

Die neben den Lutheranern wichtigste theologische Strömung innerhalb der Reformation, der **Calvinismus**, trat in der ersten Hälfte des 16. Jahrhunderts im Reich noch nicht nennenswert in Erscheinung, sondern konnte dort erst in der zweiten Jahrhunderthälfte Fuß fassen.

E **Calvinismus**
Theologische Strömung innerhalb der Reformation die auf den Schweizer Reformator und Theologen Jean Calvin (1509–1564) zurückgeht. Wesentliche Merkmale des Calvinismus sind seine strenge Prädestinationslehre, das heißt die Vorstellung einer von Gott bereits vor der Geburt eines jeden Menschen getroffenen Vorentscheidung über dessen Heil oder Verdammnis, und die gleichermaßen vom Katholizismus wie vom Luthertum abweichende Abendmahlslehre, welche die Realpräsenz Christi in der Eucharistie verneint und stattdessen von seiner symbolischen Anwesenheit ausgeht. Der Calvinismus breitete sich in der Frühen Neuzeit vor allem in der Schweiz, Frankreich, den Niederlanden sowie in einigen Territorien des Reiches aus.

Calvinistische Städte

Daher finden sich auch erst in dieser Zeit Reichs- und Autonomiestädte, in denen diese Variante der Reformation Bedeutung erlangte. Als die beiden prominentesten Beispiele sind die Autonomiestadt Emden, deren Übergang zum Calvinismus sowohl durch die räumliche Nähe zu den calvinistischen Niederlanden als durch den Zuzug von niederländischen Calvinisten entscheidend befördert wurde, und die Reichsstadt Bremen zu nennen. Charakteristisch für diese calvinistisch ausgerichteten städtischen Reformationen in der zweiten Hälfte des 16. Jahrhunderts war, dass es sich durchweg um solche Kommunen handelte, die zuvor bereits eine lutherische Reformation hinter sich gebracht hatten. Aufgrund der religionspolitischen Konkurrenzsituation und den theologischen Animositäten zwischen Lutheranern und Calvinisten führte dies häufig zu Spannungen in der städtischen Gesellschaft. In Bremen wurde beispielsweise der lutherische Dom 1561 geschlossen und erst 1638 als lange Zeit einzige Kirche in der Stadt wieder für den lutherischen Gottesdienst geöffnet.

Trotz solcher innerprotestantischen Konflikte und der im letzten Drittel des 16. Jahrhunderts merklich erstarkenden katholischen Gegenreformation gehörten die Reichs- und Autonomiestädte insgesamt betrachtet zu jenen politischen Einheiten, in denen die reformatorische Bewegung besonders erfolgreich war. Sie setzte sich dort in der Mehrzahl der Fälle bereits in der ersten Phase der Reformation zwischen 1517 und dem Augsburger Religionsfrieden 1555 durch, in einigen Kommunen – wie beispielsweise in Colmar – endgültig aber auch erst danach. In Zahlen ausgedrückt bedeutete dies, dass zu Beginn des Dreißigjährigen Krieges trotz der bis dahin erfolgten Rekatholisierungen (Aachen) oder Mediatisierungen evangelischer Reichsstädte (Konstanz, Donauwörth) 45 evangelischen lediglich 18 katholische Reichsstädte gegenüber standen – wobei Letztere noch dazu mit Ausnahme von Köln und Aachen zu den kleinen bis allenfalls mittelgroßen Kommunen gehörten. Obwohl vergleichbar präzise Zahlenangaben für die Autonomiestädte nicht vorliegen, kann auch für diese Gruppe von Städten festgehalten werden, dass eine deutliche Mehrheit von ihnen im Laufe des 16. Jahrhunderts evangelisch geworden war. Problematisch für die autonomen Kommunen war allerdings, dass es ihnen nicht wie beabsichtigt gelungen war, in den Verhandlungen zum Augsburger Religionsfrieden 1555 eine den Reichsstädten vergleichbare Sonderstellung auszuhandeln. Stattdessen wurden sie – als zumindest de jure landsässige Städte – dem Prinzip des *cuius regio eius religio* unterworfen, was nicht nur eine latente Gefahr für ihre konfessionelle Ausrichtung beinhaltete, sondern auch und insbesondere ihre politische und rechtliche Stellung im Gefüge des Alten Reiches herabminderte.

c) Landstädtische Reformation(en)

Mit dem nämlichen Problem sahen sich auch jene landsässigen Städte konfrontiert, die – obwohl sie nicht über eine mit den großen Autonomiestädten vergleichbare Position verfügten – im Laufe der ersten Hälfte des 16. Jahrhunderts ebenfalls eigenständige städtische Reformationen unternommen hatten. Diese nicht selten im Widerspruch zur konfessionellen Haltung des jeweiligen Landesherrn stehenden Einführungen der Reformation in Landstädten sind im Windschatten der intensiv betriebenen Untersuchungen zur städtischen Reformationsgeschichte auf der Ebene der Reichsstädte von der Forschung lange Zeit stiefmütterlich behandelt worden und haben erst in jüngerer Zeit etwas mehr Aufmerksamkeit auf sich ziehen können. Gleichwohl stellt die landstädtische Reformation nach wie vor ein Themenfeld dar, das noch viel Raum für zukünftige Untersuchungen bietet. *Forschungsdefizit*

Wünschenswert wäre dies allemal, zumal es zu Beginn der Reformation neben den schon genannten Reichs- und Autonomiestädten gerade auch landsässige Kommunen waren, in denen die reformatorische Bewegung ihre ersten greifbaren Ergebnisse zeitigte. Nachdem in Wittenberg bereits Ende 1521 das Abendmahl in beiderlei Gestalt für alle Gläubigen eingeführt und die lateinische Messsprache durch Deutsch ersetzt worden war, mün- *Frühe landstädtische Reformationen* deten die proreformatorischen Bestrebungen in der kursächsischen Universitätsstadt Anfang 1522 in die Formulierung einer ersten evangelischen Kirchenordnung. Ebenfalls noch 1522 entstand eine evangelische Gemeinde im thüringischen Altenburg und die 1523 für die südöstlich von Leipzig gelegene sächsische Kleinstadt Leisnig entwickelte Kirchen- und Armenordnung, die sogenannte Leisniger Kastenordnung, wurde beispielhaft für viele andere evangelische Kommunen.

Diese Entwicklung setzte sich im weiteren Verlauf der ersten Hälfte des 16. Jahrhunderts in vielen Territorien des Reiches fort. Ohne allzu viele Skrupel über die rechtliche Zulässigkeit oder die politische Opportunität dieses Vorhabens schickten sich landsässige Städte an, eigenständig und unabhängig von ihrem Stadt- und Landesherrn die Reformation des städtischen Kirchenwesens vorzunehmen. Sie nutzten hierbei die Möglichkeiten aus, die ihnen die sowohl in religionspolitischer wie statusrechtlicher Hinsicht in den 1520er und 1530er Jahren vielfach noch offene und ungeklärte Situation bot. So begann die zur Fürstabtei Fulda gehörende unterfränkische Mittelstadt Hammelburg 1524 mit der Umgestaltung des religiösen Lebens in der Stadt im evangelischen Sinne, bestellte 1530 einen der Reformation zugeneigten Pfarrer und krönte den Veränderungsprozess 1543 mit einer städtischen Kirchenordnung nach Wittenberger Vorbild. Vergleichbare Entwicklungen vollzogen sich in Minden, dem Hauptort des gleichnamigen Fürstbistums, dem zu Kurmainz gehörenden Duderstadt oder den zum Herzogtum Kleve-Jülich-Berg zählenden Städten Soest und Wesel, um nur einige Beispiele zu nennen, sowie in vielen Kommunen der habsburgischen Erblande im Südosten des Reiches.

Die Bedingungen und die Verlaufsformen der landstädtischen Reformationen ähnelten strukturell den entsprechenden Prozessen in den Reichs- und Autonomiestädten, wie sich überhaupt die politischen und sozialen Strukturen der landsässigen Kommunen – abgesehen von ihrer rechtlichen Einbettung in das Gefüge eines Territorialstaats – nicht grundlegend von denen vergleichbar großer reichsunmittelbarer oder autonomer Kommunen unterschieden. Hinzu kam im Nordwesten und Norden die Tradition der Hanse, deren Mitgliedsstädte seit jeher einen hohen Grad an kommunaler Selbständigkeit für sich reklamierten und für die es daher keine Besonderheit darstellte, im Zeitalter der Reformationen auch den religiösen Umbruch innerhalb der eigenen Stadtmauern in eigener Regie zu organisieren.

Beispiel Lemgo Exemplarisch dafür kann die Entwicklung in Lemgo angeführt werden, einer mittelgroßen Stadt mit etwa 4000 Einwohnern, die Teil der Hanse war und als landsässige Kommune zur Grafschaft Lippe gehörte. Eingang fanden die reformatorischen Ideen dort über die Lehrer der örtlichen Lateinschule, den Stadtsekretär und andere Gebildete, die Luthers Schriften rezipierten und deren Inhalt in der Stadtgemeinde verbreiteten. Um 1525 zogen dann Gruppen Lemgoer Bürger zum Gottesdienst in das benachbarte Herford, wo bereits evangelisch gepredigt wurde und wenig später kam es in Lemgo selbst zum offenen Bruch mit der alten Kirche. Einige Bürger weigerten sich die kirchlichen Gebote an Fastentagen einzuhalten und verkündeten ihren Fleischkonsum demonstrativ in der Öffentlichkeit. Außerdem wurde in der Marienkirche, einer der beiden städtischen Pfarrkirchen, die nach herkömmlichem Ritus begangene Messe durch die Gemeinde gesprengt, indem sie während der lateinischen Messfeier deutsche Gesänge anstimmte. Bald darauf wurde in der zweiten Stadtpfarrei ein neuer evangelischer Prediger eingesetzt, der von der Gemeinde gewählt wurde. Um die Veränderungen im städtischen Kirchenwesen im evangelischen Sinne voranzutreiben, formierte sich aus der Bürgerschaft ein sogenannter Vierundzwanziger-Ausschuss, der eine Disputation zwischen den Vertretern der alten Kirche und der neuen Lehre organisierte. Diese fand öffentlich – „coram Senatu et civibus" – statt, was auf die praktische Bedeutung des Gemeindegedankens für die politische Entscheidungsfindung in der Stadt hinweist. Die Bürgerversammlung erkannte den Protestanten den Sieg in der theologischen Auseinandersetzung zu, allerdings zögerte der Rat, die entsprechenden Konsequenzen aus dieser Entscheidung zu ziehen. Es galt Rücksicht auf den altgläubigen Landesherren zu nehmen, auch waren nicht wenige der im Rat vertretenen Familien über Angehörige, die als Mönche lebten oder als Inhaber einer kirchlichen Pfründe materiell versorgt waren, mit den alten Kirchenstrukturen verbunden. Die Bürgerschaft zeigte sich allerdings entschlossen, ihren Willen notfalls auch gegen den Rat durchzusetzen. Dessen Anspruch auf Gehorsam sei bei einer solchen Gewissensfrage obsolet, vielmehr wäre er verpflichtet, dem Wort Gottes zum Sieg zu verhelfen. Andernfalls besäßen die Bürger ein notfalls auch gewaltsam durchzusetzendes Widerstandsrecht, argumentierten die neuen evangelischen Prediger. Dem Druck von Seiten der Bürger konnte sich der Rat auf Dauer nicht widersetzen. Im Frühjahr 1531 verließen die Anführer der altgläubigen Fraktion im Rat die Stadt und in die freigewordenen Stellen wurden neue, evangelische Ratsherren gewählt. In den beiden folgenden Jahren wurde das Kirchenwesen Lemgos dann endgültig nach reformatorischen Maßstäben neu eingerichtet, was 1533 mit der Verabschiedung einer neuen Kirchenordnung seinen Abschluss fand. Die Stadt war somit bereits evangelisch, wohingegen die Grafschaft Lippe als Ganzes diesen Schritt erst später nachvollzog.

Eine solche Vorreiterrolle einer landstädtischen Reformation für die Reformation des ganzen Territoriums wie im Fall Lemgos war vor allem im Nordwesten des Reiches keine Seltenheit und stellte die für die entsprechenden Kommunen in religionspolitischer Hinsicht günstige Variante dar. Sofern es allerdings nicht zu einer Angleichung der konfessionellen Ausrichtung zwischen einer evangelisch gewordenen Landstadt und ihrem Landesherrn, sondern es dauerhaft beim Dissens blieb, hatte dies konfessions- und machtpolitische Konflikte zur Folge, denen die landsässigen Städte nicht gewachsen waren. Dies zeigt das Beispiel der vier zu Kurköln gehörenden rheinischen Klein- und Mittelstädte Neuss, Kempen, Andernach und Linz, in denen sich während der 1540er Jahre vor dem Hintergrund der Religionspolitik des damaligen Kölner Kurfürsten und Erzbischofs Hermann von Wied (1477–1552) Ansätze einer landstädtischen Reformation entwickelt hatten. Als die auf eine innere Reform des katholischen Kirchenwesens unter Berücksichtigung bestimmter evangelischer Ideen abzielende Politik Hermann von Wieds 1547 mit seiner von Kaiser und Papst erzwungenen Abdankung jedoch gescheitert war, gerieten auch die protestantischen Bewegungen in den genannten Städten rasch unter Druck und konnten sich nicht behaupten. Was in den vier kurkölnischen Landstädten geschehen war, wurde nach der 1555 mit dem Augsburger Religionsfrieden erfolgten

Konfessionsunterschied zwischen Landstadt und Territorium

IV. Stadt und Religion

Etablierung des exklusiv landesherrlichen *ius reformandi* mehr und mehr die Regel. Im Zeitalter der immer weiter fortschreitenden Konfessionalisierung der Territorialstaaten verschwanden jene Spielräume, in denen sich die eigenständigen landstädtischen Reformationen hatten entfalten können.

Zugleich begannen die katholischen Landesherrn evangelischer Landstädte im ausgehenden 16. Jahrhundert immer energischer damit, die konfessionelle Einheit in ihren Territorien wieder herzustellen. Beispielsweise gelang es dem Fürstabt von Fulda – nachdem ein erster Anlauf 1576 noch misslungen war – im zweiten Versuch 1603/04 die Rekatholisierung Hammelburgs durchzusetzen und auch die in der frühen Reformationszeit vielfach protestantisch gewordenen landsässigen Städte in den habsburgischen Erblanden wurden seit dem ausgehenden 16. Jahrhundert in wachsendem Ausmaß rekatholisiert. Jenen Bürgern, die sich dem von der Obrigkeit erwünschten Konfessionswechsel entziehen wollten, blieb wenig mehr als die Auswanderung. In Hammelburg betraf dies immerhin ein Fünftel der Stadtbevölkerung, darunter überproportional viele Vertreter der wohlhabenden Oberschicht. Nicht nur in diesem Fall wurde die konfessionelle Homogenität mit demographischen und ökonomischen Verlusten erkauft. Manchmal allerdings gelang es einer evangelischen Landstadt in einem ansonsten katholischen Territorium diese konfessionelle Sonderstellung zu behaupten. Eines der seltenen Beispiele für diese Ausnahme von der Regel war Minden, das seine geistlichen und weltlichen Privilegien erhalten konnte.

d) Städte ohne Reformation

Neben der Reformation in den Landstädten zählen auch jene Kommunen, in denen die Reformation nicht Fuß fassen konnte, zu den Themen, die von der Geschichtsschreibung zur städtischen Reformation lange Zeit nicht sonderlich intensiv erforscht worden sind. Zwar stellte der amerikanische Historiker Robert W. Scribner bereits 1976 die programmatische Frage „Why was there no reformation in Cologne?" und beantwortete sie anhand einer Untersuchung der Kölner Verhältnisse im 16. Jahrhundert dahingehend, dass der Verbleib der Stadt beim alten Glauben im Wesentlichen ein Ergebnis des gegen die Reformation gerichteten Zusammenwirkens der Rats- und Zunftoligarchie mit den humanistischen Gelehrten der Kölner Universität war. Die sozialen, politischen und intellektuellen Eliten der Reichsstadt hätten es erfolgreich verhindern können, dass sich in der zahlenmäßig bedeutenden Handwerkerschicht Kölns, die den reformatorischen Ideen – wie in anderen Reichsstädten auch – durchaus aufgeschlossen gegenüberstand, eine durchschlagskräftige Bewegung entwickelte. Dies wurde in der Forschung zunächst jedoch als eine Art Sonderfall gewertet, der angesichts der deutlichen quantitativen Mehrheit der evangelischen Reichsstädte und der Tatsache, dass Köln die einzige bedeutende Kommune dieser Art war, in der die Reformation über anfängliche diffuse Sympathien nicht hinauskam, als nicht weiter gravierend galt.

Schlüsselrolle der Stadträte

Erst im Zuge weiterer Untersuchungen zu anderen (Reichs-)Städten ohne Reformation wurde deutlich, dass die Geschichte der religiösen Verhältnisse in den Kommunen des 16. Jahrhunderts ohne die Betrachtung solcher Fälle zwangsläufig unvollständig bleiben muss. Erst indem jene Strukturen und Prozesse analysiert wurden, die dazu führten, dass sich in manchen Städten entgegen dem vorherrschenden Trend die Reformation eben nicht entfalten und durchsetzen konnte, wurde das Bewusstsein für die Bedeutung der verschiedenen sozialen und politischen Akteure beziehungsweise Akteursgruppen in den Kommunen geschärft. So zeigen die von Wilfried Enderle vorgenommenen Untersuchungen zur Reformationsgeschichte der oberschwäbischen Reichsstädte deutlich, dass dem Rat eine Schlüsselrolle zufiel. Eine homogen und entschlossen gegen die Reformation auftretende kommunale Obrigkeit war demnach durchaus in der Lage, ihre konfessionelle Option durchzusetzen. Exemplarisch wird dies im Fall Überlingens deutlich, wo der Stadtrat bereits in den 1520er Jahren energisch gegen die Reformation Stellung bezogen hatte und diese Position auch in der Folgezeit konsequent beibehielt. Einwohner, die mit Luther sympathisierten, wurden verhaftet, und um zu verhindern, dass seine Lehren von außen in die Stadt eindringen konnten, wurde 1529 die Beschäftigung auswärtiger Dienstboten und Gesellen verboten, die nicht katholisch waren. Diese und andere antireformatorische Maßnahmen führten dazu, dass sich in Überlingen nicht einmal die Ansätze einer für die Einführung der Reformation plädierenden Bewegung innerhalb der Bürgerschaft entwickelten, sondern die Stadt der altgläubig-katholischen Linie des Rates folgte.

Der Blick auf andere, aufgrund innerer Entwicklungen und nicht durch landesherrliches Eingreifen katholisch gebliebene Kommunen unterstützt den am Beispiel Überlingens gewonnenen Befund von der ausschlaggebenden Rolle des Rates. In einigen geistlichen Residenzen im Süden und Westen des Reiches, in denen sich im Laufe des 16. Jahrhunderts vorübergehend evangelische Strömungen hatten etablieren können, griffen allerdings Landesherren zugunsten des Katholizismus ein. In Kaisersberg, das ebenso wie Rosheim und Türkheim zu jenen elsässischen Reichsstädten gehörte, in denen sich keine nennenswerte reformatorische Bewegung gebildet hatte, war der Rat sogar so weit gegangen, einen der Reformation zuneigenden Geistlichen kurzerhand enthaupten zu lassen. Selbst in Städten wie Rottweil oder Schwäbisch Gmünd, in denen es in den 1520er Jahren zeitweise starke proreformatorische Strömungen innerhalb der Bevölkerung gab, hatten sich die auf die Beibehaltung der katholischen Konfession setzenden Stadträte mit einer Mischung aus Geschick und Härte gegen erhebliche Widerstände letztlich durchsetzen können. Die Motive der kommunalen Obrigkeiten, sich derart konsequent gegen die reformatorischen Bewegungen innerhalb der eigenen Bevölkerung zu stemmen, waren vielfältig und lassen sich beim jetzigen Stand der Forschung noch nicht abschließend kategorisieren. Es deutet jedoch einiges darauf hin, dass neben inneren Faktoren wie der sozialen und religiösen Homogenität der jeweiligen städtischen Führungsschicht vor allem politische Rücksichten mit Blick auf den habsburgischen Kaiser eine wichtige Rolle spielten. Köln besaß erhebliche wirtschaftliche Interessen in den habsburgischen Niederlanden, Rottweil war Sitz des kaiserlichen Hofgerichts und zudem lagen die katholisch gebliebenen oberschwäbischen und elsässischen Reichsstädte allesamt in der Nähe der habsburgischen Territorien im Südwesten des Reiches.

Im Gesamtkontext der Geschichte der religiösen Bewegungen in den Städten des 16. Jahrhunderts unterstreicht die Existenz einer nennenswerten Anzahl von Kommunen, in denen keine Reformation stattfand, dass die konfessionspolitische Situation gerade in den Jahrzehnten vor dem Augsburger Religionsfrieden noch vielfach offen und uneindeutig war. Im Beziehungsgeflecht und Spannungsfeld zwischen Rat, Bevölkerung, Geistlichkeit, inneren und äußeren politischen Interessen wirkten viele divergierende Interessen und Kräfte, so dass die Entscheidung einer Kommune zugunsten der Reformation nur eine – wenn auch in den Reichs- und Autonomiestädten häufig gewählte – mögliche Variante war. Sofern sich jedoch ein entschlossener Stadtrat bereit fand, seine Machtressourcen für die Beibehaltung der tradierten Formen des kirchlichen Lebens einzusetzen, war auch der Verbleib einer Kommune beim Katholizismus ein mögliches Ergebnis.

2. Zwischen Konflikt und Koexistenz

a) Auf dem Weg zur konfessionell homogenen Stadt

Konfessionelle Homogenisierung der Städte

Die für die deutliche Mehrzahl der deutschen Städte in der Frühen Neuzeit in konfessioneller Hinsicht typische Entwicklung war jene zur Herausbildung einer in Glaubenssachen homogenen städtischen Gesellschaft. Nachdem im Gefolge der Reformation in zahlreichen Kommunen im 16. Jahrhundert zunächst eine religiös vielgestaltige Situation entstanden war, die vom Nebeneinander der verschiedenen Glaubensrichtungen geprägt war, ging der Trend spätestens nach der Verfestigung der beiden großen religiösen Lager in der zweiten Hälfte des 16. Jahrhunderts in Richtung konfessioneller Homogenisierung. Diese Entwicklung machte sich vor allem in den landsässigen Kommunen bemerkbar, die nach dem Augsburger Religionsfrieden 1555 direkt dem *ius reformandi* ihres jeweiligen Landesherrn ausgesetzt waren. Dessen Entscheidung zugunsten der katholischen oder protestantischen Seite führte früher oder später dazu, dass sich konfessionelle Minderheiten in den Städten oder gar städtische Gemeinschaften, die sich als Ganzes im religiösen Dissens mit ihrem Stadt- und Landesherrn wiederfanden, nicht dauerhaft behaupten konnten. Die bereits geschilderten Beispiele gescheiterter und zwangsweise abgebrochener Reformationsversuche in Landstädten sprechen in diesem Zusammenhang eine deutliche Sprache (siehe Kapitel IV.1.c).

Die territoriale Konfessionalisierung, das heißt die parallel verlaufenden und ineinander verzahnten Prozesse der Herausbildung zunehmend besser organisierter Konfessionskirchen einerseits und die Entstehung und das Erstarken des frühmodernen bürokratischen und sozialdisziplinierenden Territorialstaates andererseits, machte vor den Städten nicht halt und führte dazu, dass die allermeisten landsässigen Kommunen seit dem späten 16. Jahrhundert immer weiter in die sich formierende konfessionelle Landkarte des Alten Reiches eingepasst wurden. Allerdings verlief diese Entwicklung nicht überall linear und bruchlos. Vielmehr führten erneute und in manchen

Fällen auch mehrfache landesherrliche Konfessionswechsel gelegentlich dazu, dass es in den entsprechenden Territorien nur zu unvollendeten konfessionellen Homogenisierungsprozessen kam. Ein besonders prägnantes Beispiel für eine solche Entwicklung bot die Kurpfalz, deren Landesherren in der zweiten Hälfte des 16. Jahrhunderts gleich mehrere Male zwischen Luthertum und Calvinismus hin- und her wechselten, ehe sich in der Regierungszeit Kurfürst Friedrichs IV. (1574–1610) nach 1583 endgültig das calvinistische Bekenntnis durchsetzte. Gleichwohl blieben in nicht wenigen pfälzischen Städten lutherische Gemeinden bestehen. Zusammen mit den Rekatholisierungsmaßnahmen, die nach der Besetzung der Rheinpfalz durch spanische Truppen im Verlauf des Dreißigjährigen Krieges erfolgt waren, führte dies im Ergebnis schließlich dazu, dass in manchen Kommunen der Kurpfalz – wie beispielsweise in Oppenheim – drei verschiedene Konfessionen nebeneinander in der gleichen Stadt existierten.

Auch in einer kleinen Gruppe von Reichsstädten kam es nicht zu einer völligen konfessionellen Homogenisierung der Bevölkerung. Ausschlaggebend für diese Sonderentwicklung war der Paragraph 27 des Augsburger Religionsfriedens von 1555. Dieser sogenannte Simultanstädteartikel bestimmte, dass in all jenen reichsunmittelbaren Kommunen, in denen zum Zeitpunkt des Friedensschlusses die beiden durch den Vertrag rechtlich zugelassenen Konfessionen – dies waren das katholische und das evangelisch-lutherische Bekenntnis – nebeneinander in Gebrauch waren, dieser Zustand auch in Zukunft erhalten bleiben sollte. Den reichsstädtischen Obrigkeiten wurde damit ausdrücklich kein *ius reformandi* zugestanden, vielmehr wurden sie verpflichtet, sich um ein möglichst friedliches Nebeneinander der Angehörigen der unterschiedlichen Konfessionen innerhalb der jeweiligen Stadtmauern zu bemühen. Wirksamkeit entfaltete der Simultanstädteartikel nach 1555 in den acht schwäbischen Reichsstädten Augsburg, Biberach, Dinkelsbühl, Donauwörth, Kaufbeuren, Leutkirch, Ravensburg und Ulm. Dort schützte er die Existenz und die Religionsausübung von katholischen Minderheiten, die es in diesen ganz überwiegend evangelisch gewordenen Kommunen gab.

Simultanstädteartikel des Augsburger Religionsfriedens

Seine Dynamik verlor der Prozess der konfessionellen Homogenisierung der städtischen Gesellschaften erst durch den Westfälischen Frieden von 1648. Mit der sogenannten Normaljahresregelung wurden die konfessionellen Besitzstände im Reich exakt auf dem Stand fixiert, der am 1. Januar 1624 bestanden hatte. Dadurch wurde das landesherrliche *ius reformandi*, das de jure weiterhin existierte, seiner Wirkmächtigkeit de facto weitgehend beraubt. Für die Städte hatte dies zur Folge, dass in allen jenen Kommunen innerhalb des Reiches, in denen zu Beginn des Jahres 1624 mehr als eines der drei mit dem Westfälischen Frieden offiziell zugelassenen Bekenntnisse – katholisch, lutherisch oder reformiert – ausgeübt worden war, diese Mehrkonfessionalität nunmehr reichsrechtlich dauerhaft abgesichert war. Ausgenommen von dieser Regelung waren jedoch die habsburgischen Erblande, so dass die in der Mitte des 17. Jahrhunderts noch bestehenden evangelischen Bevölkerungsteile in den österreichischen, böhmischen und schlesischen Städten in einer prekären Position verblieben.

Normaljahrsregelung des Westfälischen Friedens

b) Mehrkonfessionelle Städte

Trotz des zahlenmäßigen Übergewichts der konfessionell einheitlichen oder besser: der wieder einheitlich gewordenen und gemachten Kommunen in der frühneuzeitlichen deutschen Städtelandschaft, bestand die eigentliche Neuerung der Epoche jedoch in der Herausbildung und der dauerhaften Existenz mehrkonfessioneller Stadtgesellschaften. Dabei war die Existenz einer katholischen Minderheit in einer überwiegend protestantischen Stadt insgesamt gesehen jene Variante, die am häufigsten anzutreffen war. Der umgekehrte Fall war hingegen deutlich seltener, und auch das Nebeneinander von Lutheranern und Reformierten innerhalb einer Kommune kam nicht in vergleichbarer Zahl vor. Neben der Unterscheidung nach der Verteilung der Glaubensrichtungen lassen sich die gemischtkonfessionellen Städte der Frühen Neuzeit zudem anhand ihrer Entstehung sowie ihrer politischen und rechtlichen Stellung grob in drei Gruppen kategorisieren.

Gemischtkonfessionelle Reichsstädte

Als erstes sind die Reichsstädte mit gemischtreligiösen Bevölkerungen zu nennen. Das waren vor allem jene – bereits kurz genannten – Kommunen, in denen es aufgrund des Simultanstädteartikels des Augsburger Religionsfriedens nicht zu einer religiösen Vereinheitlichung der Bevölkerung gekommen war. Diese 1555 noch acht Städte umfassende Gruppe schrumpfte allerdings im Laufe der Frühen Neuzeit und umfasste 1648 nur noch die sechs Städte Augsburg, Biberach, Dinkelsbühl, Kaufbeuren, Leutkirch und Ravensburg. Ulm und Donauwörth waren hingegen ausgeschieden: Die in der Mitte des 16. Jahrhunderts ohnehin schon nur noch rund drei Prozent der Bevölkerung ausmachende katholische Minderheit in Ulm verlor im 17. Jahrhundert weiter an Bedeutung, so dass man die Stadt seitdem nicht mehr im eigentlichen Sinne als mehrkonfessionell bezeichnen konnte. Parallel mit der quantitativen Abnahme büßten die wenigen Ulmer Katholiken zudem weitgehend ihre ursprünglich durch den Simultanstädteartikel des Augsburger Religionsfriedens geschützte Position ein. Ihnen blieb zwar eine Kirche für den katholischen Gottesdienst erhalten, sie verloren aber nach und nach die Rechte und Möglichkeiten der politischen Mitwirkung in der Stadt. 1628 wurde nach einer bereits längeren Unterbrechung letztmalig ein Katholik in den Ulmer Rat gewählt – und das auch nur, um dem Kaiser in dieser für die Protestanten religionspolitisch heiklen Lage inmitten des Dreißigjährigen Kriegs zu demonstrieren, dass die katholischen Einwohner Ulms nicht benachteiligt seien – und 1647 verloren die mittlerweile zur marginalen Minderheit gewordenen Ulmer Katholiken den Zugang zum Bürgerrecht. Den konfessionell umgekehrten Weg nahm Donauwörth, das 1607 durch den bayerischen Herzog Maximilian I. (1573–1651) zunächst besetzt, dann mediatisiert und schließlich rekatholisiert wurde.

Neben dem halben Dutzend Reichsstädten, in denen die konfessionelle Trennlinie mitten durch die Bürgergemeinde verlief, gab es zudem noch einige wenige reichsunmittelbare Kommunen, bei denen eine enge räumliche Verflechtung der Stadt mit angrenzenden oder innerhalb des Stadtgebiets befindlichen geistlichen Herrschaftsgebieten zum Nebeneinander der Konfessionen führte. In Isny beispielsweise blieb die Klostervorstadt katholisch, wohingegen die Bürgergemeinde bereits 1531 die Reformation eingeführt hatte, und in Kempten gingen die rein evangelische Reichsstadt und die katholische Stiftstadt, die dem Fürstabt der Reichsabtei Kempten unterstand, unmittelbar ineinander über. Im streng rechtlichen Sinne waren diese Kommunen zwar nicht mehr konfessionell, denn die religiös divergierenden Teile der Stadt bildeten keine juristische Einheit, in der lebensweltlichen Praxis ähnelten die Verhältnisse aber doch in vielerlei Hinsicht jenen, die auch in den ‚echten' gemischtreligiösen Reichsstädten anzutreffen war.

Die zweite und im Vergleich zur überschaubaren Anzahl bikonfessioneller Reichsstädte zahlenmäßig deutlich umfangreichere Gruppe mehrkonfessioneller Kommunen bestand aus den Landstädten, die keine durchgreifende Homogenisierung in Glaubenssachen durchlaufen hatten. Dies war – ungeachtet der im Detail unterschiedlichen konfessionellen Entwicklung dieser Städte – immer ein Ergebnis der jeweiligen landesherrlichen Religionspolitik. Neben den bereits erwähnten Fällen, in denen es aufgrund mehrfacher Glaubenswechsel an der Spitze der landesfürstlichen Dynastie zum Nebeneinander verschiedener Konfessionen gekommen war, gab es auch manche Fürsten, die das ihnen zustehende Recht, über die Glaubensrichtung ihrer Untertanen zu bestimmen, nicht konsequent ausübten. Ein typisches Beispiel hierfür stellten die Herzöge von Kleve-Jülich-Berg in der zweiten Hälfte des 16. Jahrhunderts dar. Sie selber waren Anhänger eines humanistischen Reformkatholizismus, ließen es aber zu, dass sich lutherische, reformierte und sogar schwenckfeldische und täuferische Gemeinden in ihren Herzogtümern bildeten. In der kleinen niederrheinischen Stadt Orsoy hatte sich infolge dieser Religionspolitik zeitweise eine besonders pittoreske Situation entwickelt: Ein- und derselbe Geistliche besorgte dort sowohl den katholischen als auch den reformierten Gottesdienst. Auch der brandenburgische Kurfürst Johann Sigismund (1572–1619) verzichtete nach seinem Übertritt zum Calvinismus 1613 darauf, seine lutherischen Untertanen zum Konfessionswechsel zu zwingen und schuf so die Voraussetzungen für ein Nebeneinander von Reformierten und Lutheranern in seinem Territorium. Nicht selten war die Existenz gemischtkonfessioneller landsässiger Städte aber auch die Folge einer relativ schwachen Position des jeweiligen Landesherrn, der es nicht vermocht hatte, seine konfessionelle Option durchzusetzen. Prominente Beispiele für eine solche Situation stellten die Städte Erfurt und Hildesheim dar. Beide Kommunen unterstanden einem katholischen geistlichen Fürsten – Erfurt dem Fürsterzbischof von Mainz und Hildesheim dem Fürstbischof von Hildesheim – wiesen aber eine mehrheitlich evangelische Bevölkerung auf und konnten diesen Zustand erfolgreich behaupten.

Mehrkonfessionelle Landstädte

Eine dritte Gruppe gemischtkonfessioneller Kommunen in der Frühen Neuzeit bildeten schließlich jene Städte, in denen es erst nach dem bereits erfolgten Abschluss eines konfessionellen Homogenisierungsvorgangs zu einer erneuten Pluralisierung der religiösen Verhältnisse kam. Auch in diesen Fällen war es in aller Regel die religionspolitische Entscheidung eines Territorialfürsten, die den Anstoß zu einer solchen erneuten Veränderung der konfessionellen Verhältnisse gab. Das wahrscheinlich bekannteste Beispiel hierfür war der Übertritt des sächsischen Kurfürsten Friedrich August I. (1670–1733) zum Katholizismus im Jahr 1697. Im Gefolge dieses aus machtpolitischen Gründen im Vorfeld der Wahl zum polnischen König un-

Sekundäre Mehrkonfessionalität

ternommenen Schrittes kam es – trotz mehrfacher schriftlicher Zusicherungen des Kurfürsten, nichts am rein lutherischen Bekenntnisstand Sachsens zu ändern – vor allem in Dresden und Leipzig, den beiden großen urbanen Zentren des Landes, im Laufe des 18. Jahrhunderts zur Entstehung nicht unbedeutender katholischer Bevölkerungsminderheiten. In der Residenz Dresden machten die Katholiken beispielsweise zwischen fünf und acht Prozent der Einwohnerschaft aus.

Mehrkonfessionalität als Problem — Unabhängig jedoch von der Art und Weise, wie es zur Bildung der gemischtkonfessionellen städtischen Gesellschaften gekommen war, stellte diese Situation in jedem Fall eine große Herausforderung für die kommunalen Gemeinwesen dar. Für die bi- oder mehrkonfessionellen Städte war die aus dem Mittelalter tradierte Idealvorstellung der Identität von Bürgergemeinde und christlicher Heilsgemeinschaft offensichtlich und irreparabel zerbrochen. Dies bedeutete, dass neue Formen des politischen und alltäglichen Zusammenlebens gefunden werden mussten, die ein zumindest weitgehend friedliches Nebeneinander von Angehörigen zweier oder auch dreier unterschiedlicher Glaubensrichtungen innerhalb ein und derselben Stadt ermöglichten. Dass dies in einer Epoche teilweise erbittert geführter konfessioneller Kämpfe ein schweres und zeitweise unmöglich scheinendes Unterfangen darstellte, ist kaum verwunderlich. Erstaunlich ist vielmehr, dass dieses Ziel schließlich in vielen Fällen trotz großer Schwierigkeiten und zahlreicher Konflikte dennoch erreicht wurde.

Exemplarisch für den langen und schwierigen Weg zum geregelten Mit- oder besser: Nebeneinander verschiedener Glaubensrichtungen in einer Stadt kann auf die vier süddeutschen Reichsstädte Augsburg, Biberach, Dinkelsbühl und Ravensburg verwiesen werden. In allen diesen Kommunen stand in der Mitte des 16. Jahrhunderts eine mehr oder minder große evangelisch-lutherische Mehrheit einer katholischen Minderheit gegenüber. Infolge der Eingriffe in die Verfassungsstruktur dieser Städte, die Kaiser Karl V. in den Jahren zwischen 1547 und 1552 vorgenommen hatte, waren die Katholiken in den Räten und den kommunalen Führungspositionen jedoch im Verhältnis zu ihrem Bevölkerungsanteil deutlich überrepräsentiert und konnten bestimmenden Einfluss auf die städtische Politik ausüben. In Augsburg beispielsweise saßen im kleinen Rat, dem ungleich wichtigeren der beiden Ratsgremien der Stadt, zwischen 1555 und 1631 fast immer mehr katholische als lutherische Mitglieder – lediglich in den Jahren 1558, 1570 und 1571, war es jeweils zu einer knappen Einstimmenmehrheit der Evangelischen gekommen. Auch nahm die Majorität der Katholiken trotz mancher Schwankungen im Laufe dieser Zeit noch zu: Während der katholische Vorsprung in den späten 1550er Jahren bei lediglich einer Stimme lag, betrug er in der Zeit zwischen 1598 und 1628 schon neun Stimmen. Ähnliche Verhältnisse wie in Augsburg herrschten auch in Biberach und Dinkelsbühl, lediglich in Ravensburg waren der Rat und die städtischen Führungspositionen bereits im 16. Jahrhundert annähernd paritätisch zwischen den Angehörigen der beiden Konfessionen verteilt.

Die politische Dominanz einer kleinen katholischen Minderheit über eine evangelische Bevölkerungsmehrheit in Augsburg, Biberach und Dinkelsbühl barg mehr als nur den Keim zu heftigen innerstädtischen Auseinandersetzungen in sich. Zumal diese Situation durch den Umstand noch verschärft wurde, dass sich die katholischen Vertreter in den Stadträten und kommunalen Führungspositionen vornehmlich aus dem jeweiligen Stadtpatriziat rekrutierten, während die überwiegend evangelisch-lutherischen Handwerker seit den karolinischen Ratsreformen von der politischen Mitbestimmung weitgehend ausgeschlossen blieben. Mit dieser Konfrontation zwischen Patriziern und Handwerkern reproduzierte sich in den konfessionellen Spannungen des späten 16. und beginnenden 17. Jahrhunderts ein politisch-soziales Konfliktmuster, das bereits den mittelalterlichen innerstädtischen Verfassungskämpfen Brisanz verliehen hatte. Diese Überlagerung verschiedener Konfliktfelder zeigte sich besonders in den Auseinandersetzungen, die sich rund um die Einführung des Gregorianischen Kalenders (zum Kalender siehe ausführlich Kapitel VI.1) in den vier Reichsstädten entzündeten. In Augsburg, wo der Kalenderstreit 1584 besonders heftige Ausmaße annahm, war von Seiten der gegen die neue Form der Zeitrechnung opponierenden evangelischen Bürger denn auch ganz unverhohlen die patrizisch und katholisch dominierte karolinische Verfassungsordnung der Stadt in Frage gestellt worden. Dies blieb letztlich jedoch ebenso erfolglos wie der Kampf gegen den Gregorianischen Kalender, der trotz des zähen Widerstandes des evangelischen Bevölkerungsteils in allen vier Städten eingeführt wurde.

Parallel mit den sich im späten 16. und vor allem im frühen 17. Jahrhundert allgemein verschärfenden konfessionellen Konflikten verschlechterte sich auch in Augsburg, Biberach, Dinkelsbühl und Ravensburg das Klima zwischen den Glaubensrichtungen. Diese Entwicklung kulminierte schließlich in den Jahren zwischen 1629 und 1634/35, als es infolge des kaiserlichen **Restitutionsedikts** von 1629 zunächst in allen vier Städten zu einer erneuten und erheblichen Verschlechterung der politischen und religiösen Situation der Protestanten kam, ehe das Pendel bedingt durch die schwedische Besetzung der Kommunen zwischen 1632 und 1634/35 in die umgekehrte Richtung ausschlug und die katholische Seite in eine bedrängte Lage geriet. Nach dem Zusammenbruch der schwedischen Machtposition in Süddeutschland durch die Niederlage in der Schlacht bei Nördlingen 1634, kam es dann bis Kriegsende erneut zur Dominanz der Katholiken in den gemischtkonfessionellen Reichsstädten.

Restitutionsedikt
1629 von Kaiser Ferdinand II. (1578–1637, Kaiser 1619–1637) erlassenes Edikt, dessen wesentliche Inhalte waren, dass alle nicht reichsunmittelbaren katholischen Kirchengüter, die nach dem Passauer Vertrag 1552 von protestantischer Seite eingezogen worden waren, wieder an die katholische Kirche zurückzugeben und alle geistlichen Reichsstände (Erz- und Hochstifte sowie Reichsabteien) mit nach kanonischem Recht geeigneten, das heißt katholischen Geistlichen, zu besetzen seien. Mit dem Restitutionsedikt nahm der Kaiser eine einseitig prokatholische Interpretation des Augsburger Religionsfriedens vor, die bei konsequenter Durchführung zur weitgehenden, wenn nicht sogar völligen Vernichtung des Protestantismus hätte führen können.

E

Zu einer endgültigen Regelung der konfessionspolitischen Situation in den vier genannten gemischtkonfessionellen süddeutschen Reichsstädten kam es schließlich durch den Westfälischen Frieden 1648. Der Vertrag be-

Paritätische Reichsstädte

stimmte, dass in Augsburg, Biberach, Dinkelsbühl und Ravensburg in allen öffentlichen Ämtern eine numerische Parität zwischen den Angehörigen der verschiedenen Glaubensrichtungen herrschen sollte. Das hieß, dass alle politischen und administrativen Gremien der Städte unabhängig vom Bevölkerungsanteil der jeweiligen Konfession jeweils zur Hälfte von Katholiken und Lutheranern besetzt wurden oder – falls dies wegen der ungeraden Zahl der Mitglieder nicht möglich war – das Prinzip der Alteration greifen sollte: Bei Ausscheiden eines katholischen Stelleninhabers rückte demnach automatisch ein Evangelischer nach und umgekehrt. Mit diesem System der numerischen Parität, dessen praktische Umsetzung freilich zahlreiche komplizierte Detailregelungen erforderlich machte, gelang es, die jahrzehntelangen konfessionell motivierten innerstädtischen Auseinandersetzungen zumindest insoweit zu beenden, als es zu einer prinzipiellen Anerkennung des Existenzrechts der jeweils anderen Seite kam und die Dominanz einer Glaubensrichtung dadurch verhindert wurde.

Wachsender konfessioneller Graben

Dennoch wäre es verfehlt, die Parität mit Toleranz im modernen Sinne zu verwechseln. Das Modell der vertraglich festgeschriebenen zahlenmäßigen Gleichberechtigung von Lutheranern und Katholiken in den vier paritätischen Reichsstädten erwies sich als eine effektive rechtlich-politische Einhegung des konfessionellen Konflikts, führte aber nicht zuletzt aufgrund der Pedanterie, mit der es durchexerziert wurde, zur Verstärkung der Abgrenzungstendenzen zwischen den Angehörigen der beiden Glaubensrichtungen. Am gut untersuchten Beispiel Augsburg lässt sich studieren, dass der lebensweltliche Graben zwischen den Katholiken und Lutheranern in der zweiten Hälfte des 17. und im Verlauf des 18. Jahrhunderts nicht nur nicht schmaler, sondern vielmehr breiter und tiefer wurde. Mischehen, die es im 16. Jahrhundert noch vielfach gegeben hatte, wurden nach 1648 zu einem seltenen und sozial nur noch sehr ungern gesehenen Phänomen. Auch entwickelte sich bis zum späten 18. Jahrhundert zunehmend eine konfessionsspezifische Vornamengebung, die es vorher nicht gegeben hatte. Katholische Kinder wurden in wachsendem Maße auf typisch gegenreformatorische Heiligennamen wie beispielsweise Ignaz oder Franz Xaver – nach den beiden heilig gesprochenen Jesuiten Ignatius von Loyola (1491–1556) und Francisco de Xavier y Jassu (1506–1552) – getauft, während umgekehrt die Lutheraner sich ihrerseits auf ein bestimmtes Ensemble von Vornamen konzentrierten, die von den Katholiken nicht oder nur selten verwendet wurden. Diese beiden Beispiele illustrieren die kulturelle Wirkmächtigkeit jener „unsichtbaren Grenze" (Etienne François), die Augsburg – ungeachtet der zahlreichen und unspektakulär verlaufenden alltäglichen Kontakte zwischen den Angehörigen der beiden Konfessionen – durchzog und die städtische Gesellschaft in eine katholische und eine evangelisch-lutherische Hälfte spaltete.

Strukturell ähnliche Beobachtungen lassen sich im Übrigen in der gesamten deutschen Städtelandschaft des späten 17. und 18. Jahrhunderts machen. Zwar hatten die Regelungen des Westfälischen Friedens die politische Dynamik und Brisanz des konfessionellen Konflikts erfolgreich entschärft, der Prozess der Internalisierung konfessionsspezifischer Normen und Einstellungen ging in der Zeit nach 1648 jedoch ungebremst weiter und verstärkte die Abgrenzungstendenzen zwischen den Angehörigen der verschiedenen Glaubensrichtungen. So entstanden in Erfurt im späten 17. und in der ersten Hälfte des 18. Jahrhunderts zwei nach Konfessionen getrennte Waisen- und Krankenhäuser, in Hildesheim kam es 1718 zu Schlägereien zwischen den Schülern des evangelischen städtischen Gymnasiums und der Jesuitenschule und in Mannheim organisierten sich die Handwerker der Stadt seit Beginn des 18. Jahrhunderts entlang der konfessionellen Grenzen, um nur einige wenige Beispiele zu nennen. Als problematisch und konfliktträchtig erwiesen sich auch jene Städte, in denen konfessionelle Minderheiten neu entstanden oder die Praktizierung einer bisher nicht zugelassenen Glaubensrichtung versucht wurde. Die Entwicklung einer katholischen Minderheit in der kursächsischen Residenzstadt Dresden war von zahlreichen Konflikten um katholische Taufen, Hochzeiten und Begräbnisse begleitet, die von der lutherischen Geistlichkeit der Stadt nach Möglichkeit verhindert wurden, und in Köln stieß die Ansiedlung einer protestantischen Gemeinde im 18. Jahrhundert – trotz der geringen Zahl von Gläubigen – auf erheblichen Widerstand.

Obwohl sich die konfessionellen Spannungen in den Städten des deutschsprachigen Raumes seit der Mitte des 18. Jahrhunderts allmählich abzuschwächen begannen, blieb die Abgrenzung zwischen den Angehörigen der verschiedenen Glaubensrichtungen ein konstitutives Merkmal der frühneuzeitlichen Städtelandschaft. In den gemischtreligiösen Stadtgesellschaften geschah dies durch innere Differenzierungsprozesse, die zur Herausbildung separater konfessioneller Sozialmilieus führten, und in den konfessionell homogenen Kommunen war man bestrebt, den einmal erreichten Zustand nach Möglichkeit zu erhalten. Immerhin jedoch gelang es, nach einer im Dreißigjährigen Krieg kulminierenden Phase besonders heftiger Auseinandersetzungen politische und rechtliche Mechanismen zu entwickeln, die in den gemischtkonfessionellen Städten ein weitgehend friedliches Nebeneinander der Angehörigen der verschiedenen Glaubensrichtungen ermöglichten. Von religiöser Toleranz, wie sie im 18. Jahrhundert als Idee in der Aufklärung entwickelt und propagiert wurde, war diese ebenso mühsam erreichte wie bewahrte Koexistenz allerdings noch ein gutes Stück entfernt.

V. Stadt und Umwelt

1. Stadtbild und Architektur

a) Das städtische Umland

Näherte sich ein frühneuzeitlicher Reisender einer Stadt, so traf er in aller Regel bereits einige Zeit vor dem Erreichen der Stadtgrenze auf Anzeichen der vor ihm liegenden Kommune. Fürstliche Residenzen machten mit Sommerresidenzen, Jagd- und Lustschlössern oder herrschaftlichen Gartenanlagen meist schon im weiteren Umland auf sich aufmerksam. Vor allem die Hauptstädte der bedeutenden Territorien im Reich waren eingebettet in regelrechte Schlosslandschaften, die teils das Ergebnis der baulichen Aktivitäten mehrerer Jahrhunderte darstellten, häufiger aber noch planvolle Neuanlagen aus der Zeit nach dem Dreißigjährigen Krieg waren. Neben den Schlössern rund um Berlin bieten die kurpfälzische Residenz Mannheim mit der im 18. Jahrhundert ausgebauten Sommerresidenz Schwetzingen, München mit Schloss Nymphenburg und Dresden mit den Schlössern Pillnitz und Moritzburg, der barocken Gartenanlage in Großsedlitz und dem Großen Garten einige der wichtigsten Beispiele. Ähnliche Bauten und Anlagen, wenngleich von geringerem Ausmaß, befand sich vielfach auch im Umkreis der zahlreichen mittleren und kleinen Residenzen.

Vororte Ansonsten aber hing es von der Größe der Kommune ab, wann ein Reisender auf die ersten Spuren ihrer Existenz traf. Insbesondere einwohnerstarke Städte legten sich im Laufe der Frühen Neuzeit ein System von Vororten zu, die in ihrer wirtschaftlichen Struktur auf die Bedürfnisse der großstädtischen Bevölkerung ausgerichtet waren. Dies fand seinen sichtbaren Ausdruck in einer starken Stellung des Garten- und Gemüsebaus. Solche Vororte sind von Vorstädten im engeren Sinne zu unterscheiden, denn letztere befanden sich in unmittelbarer Nachbarschaft zur Stadt und waren von ihr zumeist nur durch die Befestigungsanlagen getrennt. In der Regel standen die Vorstädte in einem mehr oder minder engen rechtlichen Verhältnis zur eigentlichen Stadt, das sich in der Unterordnung unter den städtischen Rat und dessen Rechtsprechung oder durch den Besitz des – mitunter abgestuften – Bürgerrechts für die vorstädtischen Bewohner dokumentierte. Bei den Vororten handelte es sich hingegen um Dörfer des städtischen Umlandes, die nicht zwingend in einem rechtlichen Zusammenhang mit dem Zentralort standen, und die nicht selten erst infolge des Wachstums der betreffenden Stadt in deren wirtschaftliches Gravitationsfeld geraten waren. Charakteristisch hierfür war die Entwicklung des in der Nähe von Bonn gelegenen Ortes Poppelsdorf. Die kurkölnische Residenzstadt Bonn erlebte im 18. Jahrhundert ein nicht unbeträchtliches Bevölkerungswachstum (siehe Tabelle 1, S. 9), was aufgrund der damit verbundenen baulichen Verdichtung zu einer deutlichen Verringerung des in und direkt bei der Stadt befindlichen Gartenbaus führte. Der für die Versorgung der Stadt notwendige Anbau verlagerte sich daher mehr und mehr in die Dörfer des Umlandes. Zudem wurde in Poppelsdorf ab 1715 Schloss Clemensruhe,

Stadtbild und Architektur

die Sommerresidenz des Kölner Erzbischofs und Kurfürsten Joseph Clemens, errichtet und durch eine barocke Allee direkt mit dem Residenzschloss und der Stadt Bonn verbunden. In der Folgezeit siedelten sich zunehmend kurfürstliche Bedienstete in Poppelsdorf an, auch wurden Gewerbebetriebe und Manufakturen dort gegründet. Im Ergebnis hatte sich ein gewöhnliches Dorf binnen weniger Jahrzehnte in einen städtischen Vorort von erheblicher Bedeutung verwandelt.

Ein weiteres, häufig anzutreffendes Indiz für die Nähe einer Stadt war das Erreichen der städtischen Richtstätte, die gemeinhin vor den Toren angesiedelt war. Sie war der sichtbare Beweis dafür, dass die betreffende Kommune über eine eigene Gerichtsbarkeit verfügte. Nicht selten konnte man dort die Leichen der gehenkten oder der aufs Rad geflochtenen Delinquenten bewundern, was aber bis ins frühe 18. Jahrhundert hinein nicht als Zeichen von Grausamkeit, sondern vielmehr als Indiz für ein funktionierendes Rechtssystem gewertet wurde. Erst im Zuge der Aufklärung wandelte sich diese Einstellung allmählich und seit der zweiten Hälfte des 18. Jahrhunderts kamen – wenn auch langsam – in vielen Territorien des Reiches weniger drastische Formen des Strafvollzugs zur Anwendung.

Einrichtungen im städtischen Umland

Unweit der Hinrichtungsstätte folgten verschiedene Einrichtungen, deren Gemeinsamkeit darin bestand, im Zusammenhang mit der kommunalen Ver- oder Entsorgung oder einem städtischen Gewerbe zu stehen. Dabei konnte es sich um Mühlen, Bleichen, Ziegeleien, Holzstapelplätze, Abfallgruben, Sammelstellen für den aus der Stadt geschafften organischen Mist und dergleichen handeln. Hinzu kamen der Schindanger und vereinzelt auch Friedhöfe, wenngleich Letztere erst im Laufe des 18. Jahrhunderts vermehrt vor die Stadttore verlegt wurden. Von einigen Ausnahmen wie beispielsweise Nürnberg einmal abgesehen, befanden sich die Begräbnisstätten zuvor üblicherweise innerhalb der Stadtmauern und waren zumeist mit den städtischen Kirchen verbunden. Lag ein Friedhof im 16. oder 17. Jahrhundert dennoch außerhalb der Stadt, dann war dieser wenig prestigeträchtige Ort der letzten Ruhe in der Regel für die Armen oder die Angehörigen religiöser Minderheiten bestimmt.

Bereits in unmittelbarer Nähe zur Stadt oder zu ihren Vorstädten und häufig nahtlos in Letztere übergehend passierte der Reisende schließlich einen Gürtel aus Gartenanlagen verschiedener Größe, deren prächtige Varianten gelegentlich mit Gartenhäusern oder Pavillons ausgestattet waren. Ergänzt wurde dieses Ensemble durch städtische Festplätze oder Festwiesen. In den Vorstädten selber traf er auf eine überwiegend lockere Bebauung, in der sich Wohngebäude, Gewerbebetriebe, landwirtschaftlich genutzte Flächen, Gasthöfe sowie Nutz- und Ziergärten miteinander abwechselten. Obwohl das soziale Spektrum der vorstädtischen Bevölkerung insgesamt durchaus weitgefächert war, lebte dort zumeist ein überproportional hoher Anteil von Angehörigen der ärmeren Bevölkerungsschichten, so dass sich die Wohnbebauung dementsprechend bescheiden präsentierte.

Gärten und Vorstädte

b) Befestigungsanlagen

Aufkommen der Bastionsbefestigung

Die Gestalt der städtischen Befestigungen unterlag im Laufe der Frühen Neuzeit einem erheblichen Wandel. Zu Beginn des 16. Jahrhunderts handelte es sich in der Regel um einen Mauerring, der die Stadt umschloss. Aufgrund waffentechnischer Verbesserungen bei der Artillerie bot diese Art der Befestigung allerdings schon bald keinen ausreichenden Schutz mehr, so dass ab der Mitte des 16. Jahrhunderts verstärkt Wallanlagen mit Bastionen- und Grabensystemen geschaffen wurden. Erinnerte der Umriss einer spätmittelalterlichen Stadt an ein mehr oder minder unregelmäßig geformtes kreisähnliches Gebilde, so glich er nach einem solchen Um- und Ausbau der Befestigungen einem vielzackigen Stern, der strengen geometrischen Regeln folgte. Allerdings wurden nicht alle städtischen Befestigungsanlagen in dieser Weise modernisiert. Gerade kleinere Kommunen oder solche Städte, die im Laufe der Frühen Neuzeit an Bedeutung, Einwohnerzahl und Wirtschaftskraft einbüßten, wollten oder konnten sich die teuren Neubauten oft nicht leisten und beließen es bei der hergebrachten Stadtmauer, wobei deren mangelnder militärischer Wert allerdings spätestens durch den Dreißigjährigen Krieg offenbar wurde.

Multifunktionalität der Befestigungsanlagen

Dass diese Befestigungen dennoch in Gebrauch blieben, verweist auf die vielfältigen Funktionen, welche die Stadtmauern abseits der Zeiten kriegerischer Auseinandersetzungen erfüllten: Sie markierten für jedermann sichtbar die rechtliche Grenze zwischen der Stadt und ihrer Umgebung. Selbst die Vorstädte gehörten im juristischen Sinne nicht immer zum städtischen Kernbereich, sondern bildeten häufig einen eigenen Rechtskreis, der jenem der Stadt zu- oder untergeordnet war. Darüber hinaus dienten die Stadtbefestigungen als Kontrollinstrument, mit dessen Hilfe sich die Ein- und Ausreise von Menschen sowie die Warenein- und -ausfuhr überwachen ließ. Aus steuerlichen und polizeilichen Gründen wurden daher auch noch im 18. Jahrhundert Mauer- oder Palisadenringe um Städte oder Vorstädte neu errichtet. Beispielsweise ließ der preußische König Friedrich Wilhelm I. die im ausgehenden 17. und frühen 18. Jahrhundert um Berlin herum entstandenen Vorstädte ab 1734 mit einer sogenannten Akzisemauer versehen, deren Name bereits andeutete, dass ihr Zweck in der Erhebung von Steuern auf die nach Berlin eingeführten Waren bestand.

Erste Entfestigungen im späten 17. und 18. Jahrhundert

Angesichts der Multifunktionalität der städtischen Befestigungsanlagen wird verständlich, warum es erst in der zweiten Hälfte des 18. Jahrhunderts in verstärktem Maße Anstrengungen gab, die militärisch schon länger fragwürdig gewordenen Bastionen und Wälle endgültig zu entfernen. Zwar finden sich einzelne Beispiele für Entfestigungen auch schon früher – im niederrheinischen Kalkar begann man bereits 1674 mit der Niederlegung der Befestigungen, in Kaiserslautern geschah dies ab 1703 und in Freiburg im Breisgau ab 1744. Wirklich ausschlaggebend für den Beginn der ersten Entfestigungswelle in den deutschen Städten wurde jedoch erst der Siebenjährige Krieg. Sein Verlauf schien die schon zuvor geweckten Zweifel am Nutzen der städtischen Befestigungen zu bestätigen, so dass bereits gegen Kriegsende in mehreren Städten mit der Abtragung der Anlagen begonnen wurde. 1763 setzten diese Arbeiten in Hannover, Minden, Meppen und Lingen ein, 1764 folgte Münster, 1767 Kassel, 1776 Leipzig und 1777 Koblenz. In nicht wenigen Fällen entpuppte sich der Abbruch der Mauern, Wälle und Bastionen als langwieriges und kostenträchtiges Unterfangen. So dauerte es in Hannover bis 1790, ehe die schon 1763 begonnene Entfestigung abgeschlossen war.

Der ersten Entfestigungswelle in den Jahren nach dem Siebenjährigen Krieg folgte alsbald eine zweite, welche die vorangegangene an Intensität und Reichweite deutlich übertraf. Zwischen 1790 und etwa 1825 entledigten sich die meisten deutschen Städte ihrer alten und zunehmend als nicht mehr zeitgemäß empfundenen Befestigungen. Sie galten nicht mehr allein aus militärischen Gründen als anachronistisch, sondern standen zudem im Widerspruch zu den städtebaulichen Leitideen der Zeit um 1800. Die städtischen Einwohner, allen voran die gebildeten und besitzenden bürgerlichen Mittel- und Oberschichten, hatten im ausgehenden 18. Jahrhundert das unmittelbare urbane Umland als Ort für Spaziergänge, Ausflüge und sommerliche Landaufenthalte in Gartenhäusern entdeckt und waren daher zunehmend bestrebt, die Städte in die sie umgebende Landschaft hinein zu öffnen. Dementsprechend wurde der durch den Abriss der Festungsanlagen verfügbar gewordene Raum vielfach zur Anlage von Ringalleen, Grünanlagen und Promenaden genutzt. Die damals entstandenen städtebaulichen Strukturen haben sich – zumindest in Grundzügen – in vielen Städten bis in die Gegenwart hinein erhalten.

Entfestigungswelle zwischen 1790 und 1825

c) Häuser und Straßen

Ihren Straßengrundriss hatten die frühneuzeitlichen Städte aus dem Mittelalter übernommen und ihn in aller Regel bis in die Zeit um 1800 nicht mehr wesentlich verändert. So konnte beispielsweise der 1628 erstmals veröffentlichte Vogelschauplan der Stadt Frankfurt am Main von **Matthäus Merian** bis 1770 in sechs weiteren, nur leicht modifizierten Ausgaben immer wieder nachgedruckt werden, ohne seine Aktualität grundsätzlich einzubüßen. Lediglich einige markante Kirchenneubauten und der allmähliche Baufortschritt der bastionären Stadtbefestigung, die 1628 noch nicht vollendet war, mussten nach und nach in die Platten des alten Kupferstichs eingearbeitet werden.

Kaum Veränderungen an den Stadtgrundrissen in der Frühen Neuzeit

> **Matthäus Merian (der Ältere) (1593–1650)**
> Aus Basel stammender Frankfurter Kupferstecher, Drucker und Verleger, dessen Hauptwerk – die in mehreren Bänden veröffentlichte „Topographia Germaniae" – mit seinen mehr als 2000 Stadtansichten und -beschreibungen zu den wichtigsten kunst- und stadtgeschichtlichen Arbeiten der Frühen Neuzeit zählt.

Die weitgehende Konstanz der städtebaulichen Grundstrukturen hatte zur Folge, dass die innerstädtischen Straßen für gewöhnlich verhältnismäßig schmal waren und blieben und selbst die Haupt- und Durchgangsstraßen nicht immer genügend Platz für die gleichzeitige Passage zweier einander entgegenkommender Wagen boten. Obwohl dies schon von den Zeitgenossen als hinderlich und insbesondere für die Fußgänger als gefährlich angesehen wurde, orientierte man sich selbst nach den vielen, meist durch

V. Stadt und Umwelt

Brände verursachten Stadtzerstörungen der Frühen Neuzeit bei den Wiederaufbaumaßnahmen fast immer erneut an den hergebrachten Straßenführungen. Der Grund für dieses Beharren war weniger städtebaulicher Traditionalismus, ausschlaggebend waren vielmehr die Besitzverhältnisse an den Grundstücken innerhalb der Städte. Jede Modifikation des Verlaufs einer Straße tangierte zwangsläufig die bestehenden Grundstücksgrenzen und führte somit mehr oder minder unausweichlich zu Konflikten mit deren Besitzern. Unter diesen waren jedoch – nicht zuletzt aufgrund der oft anzutreffenden Koppelung zwischen dem städtischen Bürgerrecht und dem Besitz einer Immobilie in der Stadt und wegen der Konzentration ökonomischer Macht in den Händen der kommunalen Eliten – Vollbürger und Angehörige der städtischen Führungsschichten meist überdurchschnittlich stark vertreten, so dass diejenigen, die politisch über eine Veränderung der bestehenden Straßenführungen wesentlich zu entscheiden hatten, identisch mit jenen waren, die von einer solchen Maßnahme in besonderer Weise betroffen gewesen wären. Die Folge war, dass solche städtebaulichen Neuerungen für gewöhnlich unterblieben. Selbst im Fall des 1631 im Dreißigjährigen Krieg völlig zerstörten Magdeburg konnte sich der Ratsherr und spätere Bürgermeister Otto von Guericke (1602–1686) nicht mit einem Plan durchsetzen, das überkommene mittelalterliche Straßennetz der Stadt beim Wiederaufbau durch ein neues System mit breiteren Durchgangsstraßen zu ersetzen.

Lediglich bei manchen der frühneuzeitlichen Stadtneugründungen und Stadterweiterungen kamen die neuen städtebaulichen Konzepte der Epoche mit ihren geometrischen radialen, axialen oder schachbrettartigen Grundrissen zur Anwendung. Exemplarisch hierfür waren das im frühen 17. Jahrhundert entstandene Mannheim, das zwischen 1715 und 1717 errichtete Karlsruhe, die im frühen 18. Jahrhundert vollzogene Umgestaltung der Dresdner Neustadt oder die Berliner Stadterweiterungen Dorotheenstadt und Friedrichstadt (siehe auch Kapitel II.3.b). Die genannten Beispiele unterstreichen jedoch, dass es – sofern es sich nicht ohnehin um eine Neugründung auf der grünen Wiese handelte – schon des Willens und der machtpolitischen Potenz eines Landesherren bedurfte, um solche Pläne – wie beispielsweise im Fall der Neustadt in Dresden – auch gegen den Widerstand betroffener Grundstücksbesitzer durchzusetzen.

Erleichtert und befördert wurde das Fortdauern der tradierten städtebaulichen Grundstrukturen zudem durch die – von Ausnahmen abgesehen – insgesamt nicht sonderlich ausgeprägte demographische Dynamik der frühneuzeitlichen Städte in Deutschland (siehe detailliert Kapitel II.1). Das oft fehlende oder nur geringe Wachstum der städtischen Einwohnerzahlen machte aufwendige Erweiterungen der Siedlungsfläche in vielen Kommunen entbehrlich. Hinzu kam, dass zahlreiche Städte über baulich ungenutzte Flächenreserven innerhalb der Stadtmauern verfügten, so dass selbst nennenswert steigende Bevölkerungsziffern – wie sie etwa im schon genannten Beispiel Frankfurt am Main zu verzeichnen waren – verhältnismäßig einfach durch eine Verdichtung der Bebauung in den bestehenden Grenzen und Straßenzügen aufgefangen werden konnten. In Städten wie beispielsweise Köln, Nürnberg oder Augsburg, deren Einwohnerzahlen während der Frühen Neuzeit stagnierten oder sogar zurückgingen, blieben solche unbebauten Grundstücke innerhalb der Stadtmauern sogar oft bis ins frühe 19. Jahrhundert hinein erhalten.

Typisch für den Grundriss einer frühneuzeitlichen Stadt war zudem das Vorhandensein zentraler Plätze. Sie wurden für die städtischen Märkte genutzt und bildeten die allgemein anerkannten Knotenpunkte des urbanen Lebens. An ihnen lagen in aller Regel wichtige öffentliche Gebäude wie etwa das Rathaus oder eine der städtischen Kirchen; hinzu kamen die besseren Gasthäuser, die Wohn- und Geschäftshäuser bedeutender Kaufmannsfamilien, kurzum: Die Marktplätze einer frühneuzeitlichen Stadt gehörten zu den sozial besonders attraktiven Gebieten. Dies illustriert einen für die städtische Sozialtopographie jener Epoche generell typischen Befund: Zentralität und Prestige waren aneinander gekoppelt: Je näher eine Wohnlage dem urbanen Zentrum war, desto größer war ihre Attraktivität, während umgekehrt eine entlang der Mauern oder gar außerhalb der Befestigungsanlagen gelegene Wohnung nicht nur räumliche, sondern in vielen Fällen auch gesellschaftliche Randständigkeit signalisierte.

Ebenfalls noch zum mittelalterlichen Erbe der frühneuzeitlichen Städte gehörte die prägende Rolle der Kirchen im und für das Stadtbild. Die Sakralbauten selbst, vor allem aber ihre Türme überragten ihre Umgebung oft beträchtlich und dominierten die Silhouetten der Städte. Zusammen mit den Turmanlagen der alten vorbastionären Befestigungsanlagen waren sie es, die den realen Hintergrund des aus dem Mittelalter stammenden und in der Frühen Neuzeit noch fortwirkenden ikonologischen Idealbilds der Stadt als gekröntem himmlischen Jerusalem bildeten. Jenseits solcher religiös-ästhetischen Überhöhungen erwiesen sich die Kirchen in den frühneuzeitlichen Kommunen als multifunktionale Kristallisationspunkte des städtischen Lebens. Dies betraf naturgemäß in erster Linie ihre Rolle als Orte religiöser Handlungen: Die regelmäßig wiederkehrenden sonntäglichen Gottesdienste dienten der Heilsvermittlung und rhythmisierten zugleich das Alltagsleben. Ebenso hatte die religiöse Begleitung zentraler Wegmarken im menschlichen Leben – Geburt, Hochzeit, Tod – ihren Platz in den Kirchen. Daneben aber besaßen sie auch eine zentrale Funktion in der weithin oralen Kommunikationskultur der frühneuzeitlichen städtischen Gesellschaften. Als Orte, an denen sich regelmäßig und zuverlässig große Menschenmengen einfanden, eigneten sich die Kirchen in besonderer Weise für die mündliche Weitergabe von Informationen. Darüber hinaus wurden sie – namentlich in Zeiten innerstädtischer Krisen und Unruhen – gelegentlich auch als Versammlungsraum genutzt und avancierten auf diese Weise zu Foren des Meinungsaustauschs und der Meinungsbildung.

Obwohl die Grundzüge der aus dem Mittelalter übernommenen städtischen Sakraltopographie – Zahl und Zuschnitt der Pfarreien, Lage und Anzahl der Kirchen – in vielen Kommunen schon deswegen erhalten blieben, weil die demographische Entwicklung auch auf diesem Gebiet keine größeren Neuerungen erforderlich machte, kam es in der Frühen Neuzeit gleichwohl zu zahlreichen Neu- und Umbauten von Kirchen. Hierbei machten sich die konfessionell divergierenden Vorstellungen über der Funktion der Gotteshäuser bemerkbar. In calvinistischen Städten wie beispielsweise Emden kam es zu einer vollständigen Purifikation der Kircheninnenräume, aus denen die Kreuze, die Bilder und der Figurenschmuck entfernt wurden. Während dies der innenarchitektonische Ausdruck der strengen Konzentration auf das in der Predigt ausgelegte Wort Gottes war, führte die gleiche theologische Grundhaltung im Kirchenneubau zur Entstehung vergleichsweise nüchterner und schmuckloser Bauten, für die exemplarisch die im späten 17. Jahrhundert errichtete Hugenottenkirche in Erlangen oder die Französische Kirche in Potsdam stehen (erbaut 1752/53). Demgegenüber mündete die für den Katholizismus charakteristische Sakralisierung des Kirchenraumes in Verbindung mit der Aufgeschlossenheit für Malerei und Werke der bildenden Kunst in die Errichtung prächtig ausgeschmückter und architektonisch aufwendig gestalteter Kirchenbauten. Auch wenn beileibe nicht in allen katholischen Kommunen derart prachtvolle Sakralbauten entstanden, wie es beispielsweise der frühbarocke Salzburger Dom (erbaut 1614–1628) oder der hochbarocke Dom in Passau (erbaut 1668–1693) waren, wurden doch zahlreiche Kirchen in den Städten des katholischen Deutschlands im Laufe der Frühen Neuzeit um-, aus- oder neugebaut. In den lutherischen Kommunen wurden hingegen in aller Regel zunächst die bestehenden Kirchengebäude mit nur geringen Modifikationen – Ausrichtung der Bestuhlung auf die Kanzel, Einbau zusätzlicher Emporen, um möglichst vielen Gläubigen einen Platz mit guter Sicht und Akustik zu bieten – weiterverwendet. Erst ab der zweiten Hälfte des 17. Jahrhunderts kam es in nennenswerter Zahl zu Kirchenneubauten in lutherischen Städten. Dies war nicht zuletzt eine Konsequenz aus den Zerstörungen des Dreißigjährigen Krieges, der auch an den Kirchen nicht spurlos vorübergegangen war. Außerdem aber entwickelte sich in dieser Zeit auch eine an den spezifischen theologischen Bedürfnissen des Luthertums ausgerichtete Kirchenbautheorie. Die in den Schriften der Architekten und Architekturtheoretiker Joseph Furttenbachs des Älteren (1591–1667) und Leonhard Christoph Sturms (1669–1719) entfalteten Gedanken leiteten die Blütezeit des lutherischen Kirchenbaus im späten 17. und 18. Jahrhundert ein. Stellvertretend für andere Beispiele sei an dieser Stelle der Neubau der Dresdner Frauenkirche (1726–1743) genannt, bei dem es sich nicht nur um den bedeutendsten evangelischen Kirchenbau im Alten Reich, sondern auch um das wahrscheinlich größte sakrale Bauprojekt der Frühen Neuzeit in rein städtischer Trägerschaft handelte.

Rathäuser   Die wichtigsten öffentlichen Profanbauten in den frühneuzeitlichen Städten waren die Rathäuser. Auch sie waren bereits im Mittelalter entstanden, wurden aber in der Frühen Neuzeit vielfach aus-, um- oder auch gänzlich neu gebaut. Gerade die größeren Reichs- und Autonomiestädte nutzten die Gelegenheit der Neuerrichtung eines Rathauses, um nach innen wie nach außen ihrem politischen Selbstverständnis und Selbstbewusstsein architektonischen Ausdruck zu verleihen. So wurde beispielsweise das aus dem frühen 15. Jahrhundert stammende gotische Bremer Rathaus zwischen 1595 und 1612 umfassend renoviert und mit einer Fassade im Stil der Weserrenaissance versehen; die Stadt Breslau krönte ihr bereits im Mittelalter mehrfach um- und ausgebautes Rathaus Ende des 16. Jahrhunderts mit einem 66 Meter hohen Turm; die Nürnberger erneuerten ihr Rathaus im Laufe der Frühen Neuzeit gleich zweimal grundlegend: zuerst Anfang des 16. Jahrhunderts und dann noch einmal zwischen 1616 und 1622, als sich die Stadt eine großzügig bemessene vierflügelige Anlage nach Art eines italienischen Palazzo zulegte. Nahezu gleichzeitig errichtete der Architekt und Stadtbaumeister Elias Holl (1573–1646) zwischen 1615 und 1620 in Augsburg ein neues Rathaus, das architekturgeschichtlich als wichtigster Profanbau der Renaissance nördlich der Alpen gilt.

Der Augsburger Rathausneubau war Teil eines zwischen 1590 und 1630 realisierten Programms öffentlicher Bauten, das vom Stadtrat sowohl zu Repräsentationszwecken als auch zur Förderung des wirtschaftlich notleidenden städtischen Bauhandwerks initiiert worden war. Die Bauwerke, die im Zuge dieser humanistisch inspirierten urbanistischen Erneuerung errichtet wurden, reichten vom Zeughaus (1620–1607) über die sogenannte Stadtmetzg (1609), dem Verkaufs- und Zunfthaus der Metzger, das St.-Anna-Gymnasium (1613–1615) oder die Erhöhung des neben dem Rathaus stehenden Perlachturms bis hin zum Heilig-Geist-Spital (1626–1630). Hinzu kamen technische Bauten wie Mühlen sowie Arbeiten an den Befestigungsanlagen. Auch wenn andere Kommunen nicht über die gleichen ökonomischen Möglichkeiten verfügten, die Augsburg im frühen 17. Jahrhundert besaß – zeitweise arbeiteten dort über 550 Handwerker und Tagelöhner allein im Rahmen des öffentlichen Bauprogramms –, stellte das Spektrum der in der schwäbischen Reichsstadt errichteten Bauwerke ein in struktureller Hinsicht exemplarisches Kaleidoskop öffentlicher Profanbauten in frühneuzeitlichen Städten dar. Typisch waren Funktionsbauten wie Rat- oder Zunfthäuser, Markthallen, Vorratsspeicher, Uhrentürme, Schulen oder Spitäler, die durch ihre Platzierung im Stadtraum und ihre architektonische Gestaltung zugleich immer auch einen repräsentativen Zusatznutzen boten.

Die Formen und das Aussehen der Privathäuser in den frühneuzeitlichen Städten hingen wesentlich von Faktoren wie den regional verfügbaren Baustoffen, dem in einem bestimmten Zeitraum vorherrschenden Baustil oder der sozioökonomischen Stellung des jeweiligen Hausbesitzers ab und wiesen daher eine große Variationsbreite auf. Im Norden und Nordwesten wurde mangels geeigneter Gesteinsvorkommen mit Backsteinen gebaut, in waldreichen Gegenden wie beispielsweise in Niedersachsen, Teilen Südwestdeutschlands, Franken oder Hessen dominierte das Fachwerk und dort, wo die geologischen Voraussetzungen und die Transportmöglichkeiten es zuließen, wurde – wie beispielsweise in Köln, das aufgrund seiner verkehrstechnisch günstigen Lage über den Rhein Kalk- und Tuffsteine beziehen konnte – mit Natursteinen gebaut. Zu den regionalen Besonderheiten gehörten auch die vor allem im Süden des Reiches verbreiteten Fassadenmalereien. Außer von den natürlichen Gegebenheiten wurde die Auswahl der Baustoffe zusätzlich auch von Prestigeüberlegungen, stilistischen Erwägungen und den im Laufe der Frühen Neuzeit in vielen Städten erlassenen Bauvorschriften bestimmt. In der Hierarchie der Materialien rangierte Stein vor Holz, wobei sich diese Attraktivitätsdifferenz im Laufe der Frühen Neuzeit zu Ungunsten des Holzes und damit vor allem zu Lasten des Fachwerkbaus noch vergrößerte. Begleitet und verstärkt wurde dieser Prozess sowohl durch die Abfolge der vorherrschenden architektonischen Stile – Renaissance, Barock und Frühklassizismus bevorzugten Steinbauten – als auch durch die städtischen Bauordnungen, die aus Gründen der Feuersicherheit den Hausbau in Stein favorisierten.

In sozialer Hinsicht spiegelte der private städtische Hausbau in der Frühen Neuzeit die große gesellschaftliche Spannweite innerhalb der Kommunen wider. Armseligen Holzbauten für die städtischen Unterschichten auf der einen Seite standen prachtvolle Bauten der kommunalen Eliten auf der anderen Seite gegenüber. Auch wenn die große Mehrzahl der privaten Wohngebäude hinsichtlich ihrer architektonischen Gestaltung und baulichen Qualität zwischen diesen Extremen angesiedelt war, gilt es festzuhalten, dass sich der Abstand zwischen ihnen im Laufe der Frühen Neuzeit noch vergrößerte. Im ausgehenden 17., vor allem aber im 18. Jahrhundert legten sich die reichen bürgerlichen Kaufleute in den großen Städten barocke Stadthäuser zu, die einen Vergleich mit den städtischen Adelspalais in den Residenzen nicht zu scheuen brauchten. An dieser Auseinanderentwicklung des Hausbaus entlang sozialer Trennlinien änderten auch die mancherorts ergriffenen Maßnahmen nichts, die gezielt der Schaffung von Wohnraum für Bedürftige dienten. Das berühmteste Beispiel für eine solche Sozialsiedlung war und ist zweifelsohne die heute noch existierende Fuggerei in Augsburg. Sie wurde zwischen 1519 und 1523 als fromme Stiftung durch den Augsburger Kaufmann Jakob Fugger (1459–1525) errichtet und umfasste anfangs 53 Häuser in Reihenbauweise, die jeweils zwei Wohnungen besaßen. Die Stiftungsurkunde vom 23. August 1521 bestimmte, dass die Wohnungen für eine Jahresmiete von einem Rheinischen Gulden und die Verpflichtung, täglich drei Gebete für das Seelenheil des Stifters zu sprechen, an bedürftige Augsburger Katholiken vergeben werden sollten. Diese Regelungen gelten noch immer.

2. Ökologie und Gesundheit

Die frühneuzeitlichen Kommunen gehörten zu jenen Orten, an denen sich die ökologischen und gesundheitlichen Probleme der vorindustriellen Welt in besonderem Maße bündelten. Es galt, die Einwohner sowie die in der Stadt gehaltenen Nutztiere mit Wasser zu versorgen und die unvermeidlich anfallenden menschlichen und tierischen Hinterlassenschaften in geeigneter Form wieder aus ihr zu entfernen. Straßen, Gassen und Plätze mussten benutzbar und hinreichend sauber gehalten werden, hinzu kam die Problematik des Umgangs mit den durch Handwerk und Gewerbe verursachten Emissionen. Als Beispiel seien die Gerber genannt, deren Methoden zur Lederproduktion durch die dabei verwendeten Gerbstoffe teilweise erhebliche Gewässerverunreinigungen nach sich zogen und die zudem mit einer oft nur schwer erträglichen olfaktorischen Belästigung für die Anwohner verbunden waren. Ähnliche Konsequenzen für die Sauberkeit des Wassers hatten die Färberhandwerke, die den Gerbern zusammen mit den Schlachtern, Talgschmelzern, Abdeckern und vergleichbaren Berufen auch in Sachen Geruch um nicht zu sagen: Gestank durchaus Konkurrenz machen konnten. Hinzu kamen all jene Handwerkszweige und gewerblichen Betriebe, die mit offenem Feuer arbeiteten und damit nicht nur potentielle Brandherde darstellten, sondern auch Rauch, Ruß und entsprechende Gerüche in die städtische Umwelt entließen. Emissionen gingen zudem von den privaten Feuerstätten aus, die vor allem in den frühneuzeitlichen Großstädten nicht

Ökologie und Gesundheit

unerheblich zur Verschmutzung der Luft beitrugen. Damit aber überhaupt Emissionen durch Verbrennung entstehen konnte, mussten die Städte mit Brennmaterial versorgt werden. Hierbei handelte es sich bis zum Ende der Frühen Neuzeit ganz überwiegend um Holz, so dass die Sicherstellung einer ausreichenden und permanenten Holzzufuhr während der gesamten Epoche einen zentralen Bereich der städtischen Daseinsfürsorge bildete.

Mit dieser knappen und keineswegs vollständigen Aufzählung ist ein Themengebiet angesprochen, das eines der jüngsten Felder stadtgeschichtlicher Untersuchungen darstellt. Städtische Umweltgeschichte, zumal städtische Umweltgeschichte der vorindustriellen Zeit befindet sich als systematisch betriebene Forschung noch in den Anfängen. Gleichwohl liegen bereits Erkenntnisse vor, die das Potential dieses Themas erkennen lassen. Ihren besonderen Reiz bezieht die urbane Umweltgeschichte – wie jede Umweltgeschichte – aus der Verknüpfung zweier Ebenen: Zum einen handelt sie auf einer materiellen Ebene von den mittels historiographischer Methoden eruierbaren Zuständen und Veränderungen der ökologischen Lebensbedingungen in einer frühneuzeitliche Stadt. Dies betrifft sowohl die intendierte Einflussnahme der Menschen auf ihre städtische Umwelt als auch die unbeabsichtigten Folgen menschlichen Handelns auf und für natürliche Prozesse. Zum anderen nimmt sie die immaterielle Ebene gesellschaftlicher und individueller Einstellungen und Wahrnehmungsmuster sowie deren Veränderungen im zeitlichen Längsschnitt in den Blick. Wann, was, warum wem stinkt, ist schließlich keine anthropologische Konstante sondern eine dem historischen Wandel unterworfene Frage der Wahrnehmung sowohl in kollektiver als auch in individueller Hinsicht.

Frühneuzeitliche städtische Umweltgeschichte

a) Wasser und Energie

Zu den zentralen, weil überlebensnotwendigen Bereichen des städtischen Lebens gehörte die Wasserversorgung. Wasser war erforderlich als Nahrungsmittel für Mensch und Tier, es wurde zum Waschen sowie für vielerlei handwerkliche und gewerbliche Tätigkeiten benötigt und nicht zuletzt galt die schnelle Verfügbarkeit einer ausreichend großen Wassermenge als unverzichtbare Vorsorge gegen die in den frühneuzeitlichen Städten allgegenwärtige Brandgefahr. Zur Versorgung einer Stadt mit dem kostbaren Nass gab es im Prinzip vier Möglichkeiten. Die Gewinnung durch innerstädtische Brunnen, die Entnahme aus stehenden oder besser noch fließenden Oberflächengewässern, das Auffangen und Speichern von Regenwasser sowie die Zuleitung von Frischwasser von außen mittels Rohrleitungen. Die erste Variante fand sich in so gut wie allen frühneuzeitlichen Kommunen, kaum weniger oft wurde die zweite Möglichkeit in Anspruch genommen. Beide waren indes in ihrer Leistungsfähigkeit durch die jeweiligen geologischen Gegebenheiten bestimmt und begrenzt sowie zudem anfällig für Verunreinigungen. Bereits im ausgehenden 15. Jahrhunderts hatte der italienische Architekt Leon Battista Alberti (1404–1472) in seinem auf antike Vorbilder zurückgreifenden Standardwerk zur Architektur und zum Städtebau, „De re aedificatoria", die Qualität des Wassers nach seiner Herkunft unterschieden: Flusswasser und Brunnenwasser rangierten dabei auf dem vierten be-

Wasserversorgung

ziehungsweise dritten Rang, hinter ihnen kam lediglich noch das Wasser aus Sümpfen, vor dessen Verwendung Alberti ebenso warnte wie vor Wasser aus langsam fließenden Flüssen oder stehenden Gewässern. Hingegen favorisierte er Regenwasser, das, obgleich es schwer zu speichern und leicht verderblich sei, von allen Wasserarten die höchste Qualität böte. Als zweitbeste Lösung empfahl er die Zuleitung von frischem Quellwasser in die Städte.

Fließgewässer Die Problematik der Fließgewässer resultierte aus ihrer vielfältigen und gleichzeitigen Nutzung für private und gewerbliche Zwecke, die sich ungünstig auf die Wasserqualität auswirkten. Selbst wenn man in zahlreichen Städten dazu übergegangen war, besonders wassergefährdende Berufszweige wie Gerber oder Färber in bestimmten Straßen oder Gassen zusammenzufassen – manch ein Straßenname erinnert noch heute daran – und sie so zu platzieren, dass ihre Abwässer erst unterhalb der für die jeweilige Kommune bestimmten Entnahmestellen wieder in den Bach oder Fluss zurückgeleitet wurden, blieb das grundsätzliche Problem ungelöst: Die Fließgewässer dienten zugleich der Wasserversorgung und der Abwasserentsorgung und beide Funktionen ließen sich nur unvollkommen voneinander trennen.

Brunnen Vergleichbare Schwierigkeiten machten den innerstädtischen Brunnen zu schaffen. Oft lagen auf einem Grundstück der Brunnen und die Sickergrube für die Fäkalien nicht weit voneinander, so dass eine negative Beeinflussung des Brunnenwassers eintreten konnte. Dieses Risiko stieg mit der Größe einer Stadt und hing von der geologischen Beschaffenheit ihres Untergrundes ab: Je mehr Menschen, desto mehr Brunnen und Sickergruben, je höher der Grundwasserspiegel, desto geringer die Chance, das Brunnenwasser aus einer wasserführenden Erdschicht zu gewinnen, die unterhalb des Niveaus der Fäkaliengrube lag und auch von deren Sickerwasser nicht mehr erreicht wurde. Trotz dieser Schwierigkeiten war Brunnenwasser teilweise bis weit in das 19. Jahrhundert hinein für weite Teile der städtischen Bevölkerung die am weitesten verbreitete Form der Wasserversorgung. Dabei wussten die Einwohner um die Unterschiede in der Wasserqualität und achteten darauf, Trinkwasser nur aus solchen Brunnen zu entnehmen, die als gesund galten. So versorgten sich zahlreiche Dresdner im ersten Viertel des 18. Jahrhunderts aus dem nahe der Kreuzkirche im Stadtzentrum gelegenen Kreuzborn, der aufgrund seiner Tiefe frisches und reines Wasser führte, während manch anderem innerstädtischen Brunnen bescheinigt wurde, dass nicht einmal die Pferde das aus ihnen geschöpfte Wasser saufen wollten. Hinzu kam, dass die öffentlichen Brunnen seit dem späten Mittelalter gegenüber den privaten Brunnen an Bedeutung gewannen. Oftmals dienten diese Bauwerke nicht allein der Wasserversorgung sondern wurden zu Objekten der städtischen Repräsentation ausgebaut. In Augsburg ersetzte man im 16. Jahrhundert die zuvor hölzernen Brunnen systematisch durch Neubauten aus Marmor, der Münchener Marktbrunnen wurde 1511/12 ebenfalls in Marmor gänzlich neu errichtet und in Nürnberg hatte man den sogenannten Schönen Brunnen schon am Ende des 15. Jahrhunderts aufwendig repariert und vergoldet. Dementsprechend bewundernd äußerten sich frühneuzeitliche Reisende wie Antonio de Beatis (siehe Einleitung), der in seinem Bericht sowohl die öffentlichen Brunnen in Augsburg als auch den Schönen Brunnen in Nürnberg besonders hervorhob.

Ökologie und Gesundheit

Neben der Versorgung durch innerstädtische Brunnen nahm im Laufe der Frühen Neuzeit die Bedeutung des von außen mittels Rohrleitungssystemen in die Städte geleiteten Quellwassers für die kommunale Wasserversorgung zu. Die Anfänge dieser Technik lassen sich bis ins Hochmittelalter zurückverfolgen, in breiterer Form kam sie dann im 14. und 15. Jahrhundert zum Einsatz. Für Nürnberg finden sich erste Nachrichten über die Existenz von Wasserleitungen in der zweiten Hälfte des 14. Jahrhunderts und im 15. Jahrhundert verfügte die Stadt bereits über ein ausgebautes Leitungsnetz. Seit dem 16. Jahrhundert kamen Wasserleitungen in den meisten größeren deutschen Städten zum Einsatz, wobei das Ausmaß stark von den jeweiligen geologischen Gegebenheiten abhing. Grundwasserreiche Städte wie Straßburg, Frankfurt am Main oder Worms gingen erst verhältnismäßig spät zum Bau von Wasserleitungen über. Im Allgemeinen waren die verwendeten Leitungen aus Holz, was zwei Vorteile und einen Nachteil mit sich brachte. Im Vergleich zu den ebenfalls zur Verfügung stehenden Bleirohren waren die Holzleitungen ungiftig und besaßen eine größere Druckfestigkeit. Demgegenüber war es um die Haltbarkeit der Holzröhren schlecht bestellt, länger als 15 Jahre hielten sie den Belastungen kaum stand, so dass ihr Betrieb mit einem erheblichen Reparatur- und Holzbedarf einherging. Da die Leitungen häufig von teils ausschließlich privaten teils halb städtisch und halb privaten Unternehmungen betrieben wurden war der Bezug von Röhrwasser zumeist nicht kostenlos, sondern erfolgte gegen Gebühr. Dies schränkte den Zugang auf die wohlhabenderen Teile der städtischen Bevölkerung ein, der weitaus größere Teil der weniger wohlhabenderen oder armen Einwohner blieb hingegen auf die öffentlichen Brunnen oder die frei zugänglichen Fließgewässer angewiesen. Abhilfe schufen hier die in vielen Kommunen eingerichteten städtischen Röhrhäuser oder Röhrbrunnen, in denen das qualitativ bessere Quellwasser aus den Leitungen allgemein zugänglich gemacht wurde. Ähnlich wie die prächtig ausgestatteten Brunnen zogen auch die technisch mitunter aufwendigen Wasserleitungen das Interesse der zeitgenössischen Reisenden auf sich. So bewunderte Michel de Montaigne (1533–1592) die Augsburger Wasserleitungen und fügte eine Beschreibung in seinen Reisebericht ein.

Augsburger Wasserleitungen
(aus: Montaigne, Michel de: Tagebuch einer Reise durch Italien, die Schweiz und Deutschland in den Jahren 1580 und 1581. Herausgegeben und aus dem Französischen übertragen von Otto Flake, Frankfurt/M. 1999, S. 61f.)

„An dem Stadttor, durch das wir eingezogen waren, bemerkten wir unter der Brücke eine große Wasserleitung, die von außen kommt, und auf eine hölzerne Brücke unter der Verkehrsbrücke und über den Fluß, der durch den Stadtgraben zieht, hinweggeleitet ist. Diese Leitung dient dazu, eine bestimmte Anzahl Räder zu treiben, die mehrere Pumpen in Bewegung setzen und durch zwei Bleiröhren das Wasser eines Brunnens, der dort sehr tief liegt, auf die Höhe eines mindestens fünfzig Fuß hohen Turmes heben. Hier ergißt sich das Wasser in einen großen steinernen Behälter, sinkt in verschiedenen Röhren wieder hinunter und verteilt sich von da in die Stadt, die durch dieses eine Kunstmittel mit Brunnen reich versehen ist. Die Eigentümer, die eine Abzweigung davon für eigenen Gebrauch wollen, haben der Stadt bloß zehn Gulden Rente oder zweihundert Gulden einmalig zu zahlen. Es sind vierzig Jahre her, seit die Stadt mit diesem ansehnlichen Werk verschönert worden ist."

V. Stadt und Umwelt

Abwasser

Bei der Abwasserentsorgung frühneuzeitlicher Städte kamen in aller Regel Sickergruben und – seltener – Kanalsysteme zum Einsatz. Sofern es sich bei letzteren um offene Gerinne handelte, die in der Regel entlang einer Straße angelegt waren, sollten sie allerdings nur zur Abführung von Regenwasser und anderen Oberflächenwassern benutzt werden, während die Einleitung häuslicher Fäkalien üblicherweise verboten war. Diese waren den Sickergruben vorbehalten, die auf den meisten Hausgrundstücken anzutreffen waren. Zur Reinigung dieser Kloaken entwickelten die städtischen Obrigkeiten besonders in den größeren Städten ein sich allmählich immer weiter verdichtendes System von Regelungen, die darauf abzielten, eine regelmäßige Entleerung der Gruben und einen möglichst weitgehenden Schutz vor den damit verbundenen Belästigungen zu gewährleisten. Daher durften die Sickergruben zumeist nur in den Nachtstunden gereinigt werden, und ihr Inhalt musste vor dem Sonnenaufgang aus der Stadt geschafft worden sein. Zusätzlich existierten jahreszeitliche Beschränkungen, denn in den Sommermonaten war die Abfuhr der Fäkalien zumeist untersagt. Dies kann zum einen als Maßnahme zum Schutz vor einer allzu großen Geruchsbelästigung in der heißen Jahreszeit gedeutet werden, stand aber zum anderen vermutlich auch im Zusammenhang mit der Bedeutung der Hausfäkalien als Wirtschaftsgut, das vor der Stadt an Bauern und Gartenbesitzer des Umlandes als Dünger verkauft wurde. Vielen Hausbesitzern wollte es im 19. Jahrhundert denn auch nicht so recht einleuchten, warum sie für die in dieser Zeit neu entstehenden Schwemmkanalisationen auf einmal Gebühren an die Kommune entrichten mussten, anstatt wie bisher durch den Verkauf ihrer Fäkalien aus den Sickergruben eine Einnahme zu erzielen.

Energie

Von kaum geringerer Wichtigkeit als die Zu- und Abfuhr von Wasser war für die frühneuzeitlichen Städte die Versorgung mit Energie: Wohnungen mussten geheizt und Essen gekocht werden, hinzu kam der Energiebedarf von Handwerk und Gewerbe. Insoweit es sich um Wärmeerzeugung handelte, war die Energieversorgung der Kommunen in der Frühen Neuzeit im wesentlichen identisch mit der Versorgung mit Brennholz. Für den Verbrauch in Kaminen, Öfen und Herden wurde vorwiegend Scheitholz oder Reisig verwendet, während im gewerblichen Bereich – etwa in der Metallverarbeitung – Holzkohle verfeuert wurde. Zwar kamen auch andere Brennstoffe wie Torf, Braun- oder Steinkohle zum Einsatz, wegen der Schwierigkeit, diese Energieträger unter den verkehrstechnischen Bedingungen der Epoche zu wirtschaftlich vertretbaren Preisen über längere Distanzen auf dem Landweg zu transportieren, blieb dies jedoch eine randständige Erscheinung. Eine Ausnahme, wie die Reichsstadt Aachen, wo der Bedarf an Wärmeenergie schon im 17. Jahrhundert zu einem beträchtlichen Teil durch die Verfeuerung von Steinkohle aus den in der direkten Umgebung vorhanden Kohlegruben gedeckt wurde, bestätigt auch in diesem Fall die Regel. Denn das Aachener Beispiel unterstreicht, dass der Einsatz von Kohle und anderen Alternativen zu Brennholz an Voraussetzungen geknüpft war, die bei der großen Mehrheit der deutschen Städte in der Frühen Neuzeit nicht gegeben waren. Entweder befanden sich die entsprechenden Lagerstätten in unmittelbarer Nähe einer Stadt oder beide – sowohl Brennstoffvorkommen als auch die Kommune – lagen entlang einer schiffbaren Wasserstraße, über die auch Transporte über größere Entfernungen noch

Ökologie und Gesundheit

ökonomisch sinnvoll abgewickelt werden konnten. Im Unterschied dazu war Holz – zumindest im Prinzip – überall verfügbar.

Ungeachtet seiner prinzipiellen allgemeinen Verfügbarkeit war Holz in der historischen Realität der Frühen Neuzeit in vielen Städten ein knappes und begehrtes Wirtschaftsgut, zumal es nicht nur als Brennstoff verwendet wurde, sondern auch als Baumaterial und Rohstoff in der gewerblichen Produktion diente. Im 18. Jahrhundert finden sich sogar Anzeichen einer Holzkrise, als die Wälder den steigenden Holzbedarf einer wachsenden Bevölkerung mancherorts nicht mehr decken konnten. Angesichts der latenten Holzknappheit und der grundlegenden Bedeutung, die einem für alle sozialen Schichten innerhalb der Stadtbevölkerung gesicherten Zugang zu genügend Brennholz zukam, war die städtische Holzversorgung bereits im Mittelalter zur öffentlichen Angelegenheit geworden, um die sich die Stadträte ebenso zu kümmern hatten wie um die Zufuhr von Wasser oder Grundnahrungsmitteln.

Holz

Die wichtigste Methode der städtischen Holzpolitik war der Erwerb von Wäldern oder wenigstens Forstnutzungsrechten, mit denen der kommunale Bedarf an Brennholz wenn schon nicht ganz so doch zu einem beträchtlichen Teil gedeckt werden sollte. Hierin unterschieden sich große Reichsstädte wie Frankfurt am Main und Nürnberg oder die Residenzstadt Hannover nicht von der Masse der mittleren und kleinen Kommunen. Die städtischen Waldungen wurden in der Regel als Allmende betrieben, das heißt als Gemeinschaftsbesitz, der nach bestimmten Regeln den Stadtbewohnern zur Nutzung offen stand. Wie diese Regelungen im Detail aussahen und ob im Einzelfall tatsächlich alle Einwohner oder nur alle Bürger oder sogar nur eine bestimmte Gruppe innerhalb der Bürgerschaft Zugang zum städtischen Wald hatte, kann angesichts der Vielfalt und Unterschiedlichkeit der entsprechenden Bestimmungen nicht generell dargestellt werden. Das Grundprinzip war jedoch immer dasselbe: Das Brennholz aus den städtischen Wäldern wurde als öffentliches Gut begriffen, das zu einem deutlich ermäßigten Preis, in manchen Kommunen auch – abgesehen vom Transport, den der Abholer selber zu organisieren hatte – kostenlos zur Verfügung gestellt wurde. Da die kommunalen Waldungen aber nicht nur der Entnahme von Brennholz dienten, sondern daneben auch für die Gewinnung von Bauholz, Holzkohle, Holz für gewerbliche Zwecke – beispielsweise Eichenlohe für Gerbereien – oder die Waldweide in Anspruch genommen wurden, waren Nutzungskonflikte angesichts der vielerorts herrschenden latenten Knappheit an Holz unausweichlich. Im Fall der Entnahmerechte für Brennholz besaßen diese nicht selten auch eine soziale Komponente. Immer wieder führten Angehörige der städtischen Unterschichten Beschwerden über ihre besser situierten Mitbürger, weil diese mit Transportmitteln wie Pferden oder Karren in der Lage waren, ganze Stämme aus dem Wald zu holen, während den Ärmeren nur geringwertiges Bruchholz und Reisig übrig blieben. Verschärft wurde diese Problematik noch durch den Umstand, dass es sich bei den städtischen Wäldern nicht selten um sogenannte Fernallmenden handelte, die sich in einiger Entfernung von der jeweiligen Stadt befanden. So mussten sich beispielsweise die Bürger von Marbach am Neckar aus Wäldern versorgen, die 15 Kilometer von ihrer Stadt entfernt in der Steinheimer Hart lagen.

V. Stadt und Umwelt

Neben den Waldungen in kommunalem Besitz und den städtischen Waldnutzungsrechten spielte die Flößerei eine bedeutende Rolle bei der städtischen Holzversorgung in der Frühen Neuzeit. Auf diese Weise konnte Holz vergleichsweise kostengünstig über größere Distanzen transportiert werden, was es ermöglichte, die Ressourcen abseits gelegener und waldreicher Gegenden für die Kommunen nutzbar zu machen. Dies war nicht nur, aber vor allem für größere Städte von Bedeutung, die ihren Bedarf an Brenn- und Bauholz meistens nicht vollständig aus ihren eigenen Wäldern decken konnten. Ein typisches Beispiel hierfür war die Schwarzwaldflößerei, die bis ins 19. Jahrhundert hinein betrieben wurde. Holz aus dem Schwarzwald wurde über Nebenflüsse in den Rhein geflößt und über diesen sowohl flussabwärts als auch flussaufwärts in die entlang des Stroms gelegenen urbanen Zentren weitertransportiert. Ähnliche Verhältnisse wie am Rhein herrschten auch an der Elbe, über die Holz aus den böhmischen Mittelgebirgen beispielsweise nach Dresden geflößt wurde, oder am Main, der für die Holzversorgung Frankfurts von großer Bedeutung war. Ein entscheidender Vorteil der Flößerei war, dass sie nicht auf die großen und schiffbaren Flüsse beschränkt war, sondern auch auf solchen Gewässern betrieben werden konnte, auf denen keine Schiffahrt möglich war. Die Münchener beispielsweise bezogen ihr Holz zu einem Gutteil über die Flößerei auf der Isar, die Einwohner von Freiburg im Breisgau profitierten von der Holzflößerei auf der Dreisam und der große Brennstoffbedarf der Saline in Schwäbisch Hall konnte nur durch das über die Kocher geflößte Holz befriedigt werden.

Wasser- und Windkraft

Für die Bewegungsenergie, die erforderlich war, um Mühlen, Säge- oder Hammerwerke sowie vergleichbare technische Einrichtungen zu betreiben, war man in den frühneuzeitlichen Städten auf Wasser- und Windkraft angewiesen. Wind- oder Wassermühlen gehörten daher zu jenen Einrichtungen, die in keiner Kommune fehlten. Sie wurden nicht nur dazu eingesetzt, um Getreide zu mahlen, sondern dienten als Schleifmühlen, Pulvermühlen, Poliermühlen, Ölmühlen, Papiermühlen, Lohmühlen oder Walkmühlen ebenso der Herstellung vieler anderer gewerblicher Vor- oder Endprodukte. Weil jedoch die für einen effizienten Mühlbetrieb erforderlichen Voraussetzungen – genügend Wind oder das Vorhandenseins eines geeigneten Fließgewässers – in vielen Städten vor den Mauern oft besser als innerhalb derselben waren, befanden sich Mühlen vielfach auch im näheren städtischen Umland. 1761 arbeiteten beispielsweise in Augsburg 34 Mühlen innerhalb der städtischen Befestigungsanlagen und weitere 44 Mühlen oder Hammerwerke lagen vor den Mauern. Dessen ungeachtet gehörte die Aufsicht über die Mühlen und die Sorge für ihr möglichst reibungsloses und vor allem ununterbrochenes Funktionieren zu den typischen Aufgaben der Stadträte. Störungen bei den Mühlen führten nicht nur zu Stockungen bei jenen städtischen Gewerben, die wie die Papierhersteller oder die Gerber (Lohmühlen) auf sie angewiesen waren, sondern bedrohten die Versorgung der Einwohner mit dem Grundnahrungsmittel Brot. Längere Zeiten der Dürre mit dementsprechend niedrigen Wasserständen im Sommer, starker Frost im Winter oder Überschwemmungen konnten die Wassermühlen lahm legen oder doch in ihrer Leistungsfähigkeit stark mindern, und auch der Wind entpuppte sich immer wieder als unzuverlässiger Geselle. Die Folge war, dass

Ökologie und Gesundheit

das Getreide entweder gar nicht oder nicht in ausreichender Menge ausgemahlen werden konnte.

b) Öffentliche Hygiene

Die öffentliche Hygiene in den frühneuzeitlichen Städten genießt weithin einen schlechten Ruf. Gestützt auf normative Quellen, zu nennen sind in diesem Zusammenhang vor allem die zahlreichen Erlasse, Mandate und Anordnungen der kommunalen Obrigkeiten gegen den Dreck und den Schmutz auf Straßen und Plätzen, sowie einige, immer wieder gern zitierte pittoreske Schilderungen in Reiseberichten, Chroniken und vergleichbaren Aufzeichnungen, entwerfen viele stadtgeschichtliche Darstellungen bis in die jüngste Zeit hinein ein Bild vom Zustand der öffentliche Hygiene in den frühneuzeitlichen Städten, das ebenso farbig wie unappetitlich ist: In den vor Dreck und Schmutz starrenden Gassen durchwühlten Schweine die überall herumliegenden Abfallhaufen und in der Straßenmitte flossen übelriechende Abwässer träge dahin, kurzum: die hygienischen Verhältnisse seien katastrophal und der Ausbruch der nächsten Seuche nur eine Frage der Zeit. Auch wenn man nicht den Fehler begehen sollte, anstelle dieses oft stereotyp vorgetragenen Klischees eine geschönte Vorstellung vom Zustand der öffentlichen Hygiene in den frühneuzeitlichen deutschen Städten zu präsentieren, deuten die mittlerweile existierenden detaillierten Untersuchungen zur Umweltgeschichte vormoderner Kommunen darauf hin, dass man aus der Häufigkeit einer Normwiederholung nicht gleichsam automatisch auf deren fortdauernde Verletzung als Normalzustand schließen kann. Vielmehr liegt es in der Natur der Sache, dass in den Quellen vornehmlich die Verstöße gegen die bestehenden Ordnungen ihren Niederschlag gefunden haben, während ihre Befolgung nur selten archivalische Spuren hinterlassen hat.

Tatsächlich hatten sich in den Städten bereits im Mittelalter Anfänge einer systematisierten und institutionalisierten öffentlichen Abfallbeseitigung entwickelt, deren Strukturen sich im Laufe der Frühen Neuzeit weiter ausdifferenzierten. Ein grundlegendes Kennzeichen dieser Mechanismen der städtischen Entsorgung bestand in der Unterscheidung zwischen verschiedenen Kategorien von Abfall, für die je nach stofflicher Beschaffenheit unterschiedliche Methoden der Behandlung vorgesehen waren. So galten die meisten organischen Hinterlassenschaften – Hausfäkalien, tierischer Dung, Misthaufen und dergleichen – nicht wie im modernen Verständnis als Müll, sondern vielmehr als Wirtschaftsgüter, die in den Kreislauf der vormodernen Naturalwirtschaft eingebunden waren. Sie wurden an Bauern im städtischen Umland verkauft, die sie als Dünger einsetzten. Dementsprechend bestand ein ökonomisches Interesse an ihrer Verwertung und die kommunalen Obrigkeiten konnten sich auf Regelungen beschränken, in denen die Modalitäten der Lagerung und des Transports festgelegt wurden. Mist durfte für gewöhnlich nur an bestimmten Stellen auf der Straße und dort nur für einige wenige Tage gelagert werden. Außerdem wurden Tageszeiten festgelegt, die oft in der Dunkelheit lagen, außerhalb derer Transporte von Mist oder Fäkalien verboten waren, und in den wärmeren Monaten des Jahres

Abfallbeseitigung

V. Stadt und Umwelt

blieben solche Fuhren ganz untersagt. So durften die sogenannten Pappenheimer in Nürnberg, die dort einen eigenständigen, auf die Entsorgung von Müll spezialisierten Zweig des städtischen Handwerks bildeten, nur in der Nacht und nur zwischen dem Gallustag (16. Oktober) und dem Ambrosiustag (4. April) die Sickergruben in der Reichsstadt entleeren und den Inhalt mit Pferdekarren vor die Tore befördern. Vergleichbare Regelungen existierten in vielen anderen Städten, wobei sich im Laufe der Frühen Neuzeit ein Trend zu immer genaueren und differenzierteren Bestimmungen bemerkbar machte. So unterschied die Anordnung zur Entsorgung der Hausfäkalien und des Mists in der kursächsischen Residenzstadt Dresden vom 15. Mai 1721 für jede dieser beiden Abfallsorten sechs verschiedene Zeiträume im Jahr mit jeweils unterschiedlichen Tageszeiten, zu denen die Fuhren beginnen durften oder beendet sein mussten. Im Unterschied zu den kleinteiligen organischen Hinterlassenschaften wurden größere Stücke organischen Abfalls wie etwa Tierkadaver separat entsorgt. Dies war in den meisten Städten eine Aufgabe des Abdeckers und seiner Gehilfen, die zu diesem Zweck regelmäßig – meistens in den frühen Morgenstunden – durch die Straßen zu gehen hatten, um eventuell dort liegende verendete Tiere möglichst rasch aus der Stadt zu schaffen.

Neben den von einer Mischung aus obrigkeitlichen Regelungen und privatwirtschaftlichem Interesse gekennzeichneten Verwertungssystemen für organischen Abfall, hatten sich in den mittelalterlichen und frühneuzeitlichen Kommunen eigenständige Entsorgungsmethoden für nichtorganische Abfälle entwickelt. Bauschutt, Kehricht und ähnliche Stoffe sollten auf eigens dafür angelegten Sammelplätzen vor den Stadtmauern zusammengetragen und deponiert werden. Die Sauberhaltung der Straßen, Plätze und Gassen oblag in aller Regel den Hausbesitzern, die dafür Sorge zu tragen hatten, dass die Abschnitte vor ihren Immobilien regelmäßig gekehrt wurden, wobei die angeordnete Häufigkeit dieser Maßnahme variierte. Oft handelte es sich um wöchentliche Intervalle, besonders im 18. Jahrhundert finden sich aber auch Regelungen, die mehrere Reinigungen pro Woche vorsahen. Hinzu kamen gesonderte Räum- und Kehraktionen für Schnee und Eis in den Wintermonaten. Wer sich diesen obrigkeitlich auferlegten Pflichten entzog, sah sich nicht nur mit Geldbußen, sondern auch mit einer Art Naturalstrafe bedroht. Säumigen Hausbesitzern sollte der vor ihrem Haus befindliche Straßenkehricht zur Strafe und Abschreckung in den Hauseingang geschaufelt werden. Weil die Straßenreinigung jedoch anders als die Fäkalien- und Mistentsorgung keine wirtschaftlichen Vorteile mit sich brachte, sondern lediglich Mühe und Aufwendungen für die Beteiligten bedeutete, war dieser Bereich der öffentlichen Hygiene jener, in dem die normativen Ansprüche der kommunalen Obrigkeiten am häufigsten mit der Nachlässigkeit der Einwohner kollidierten. Dennoch fällt das Gesamtfazit hinsichtlich der Abfallbeseitigung in den frühneuzeitlichen Städten um Längen positiver aus, als es die bis heute gängigen populären Klischees vermuten lassen. Im Rahmen der technischen und gesellschaftlichen Möglichkeiten der Epoche hatten sich effiziente und differenzierte Systeme der Entsorgung entwickelt, die erst durch die Explosion der städtischen Einwohnerzahlen im Laufe des 19. Jahrhunderts über den Rand ihrer Möglichkeiten hinausgetrieben und schließlich durch andere Methoden abgelöst wurden.

c) Gesundheitsfürsorge

Die Anstrengungen, die in den frühneuzeitlichen Städten auf dem Gebiet der öffentlichen Hygiene unternommen wurden, müssen zudem im Kontext der während der gesamten Epoche stets präsenten Bedrohung durch Seuchenzüge gesehen werden. Die Pest und andere Infektionskrankheiten mit hoher Letalität stellten die städtischen Gesellschaften vor große und im Fall eines schweren akuten Seuchenausbruchs kaum mehr lösbare Probleme. Aufgrund der Konzentration vieler Menschen auf engem Raum konnte sich eine infektiöse Krankheit rasch innerhalb der Stadt ausbreiten, die binnen kurzer Zeit schnell ansteigende Zahl der Kranken überforderte die Möglichkeiten der medizinischen Versorgung und wegen der ebenfalls großen Zahl von Toten reichten häufig genug auch die Kapazitäten der Friedhöfe nicht aus, so dass man Zuflucht zu Massengräbern nehmen musste. Die apokalyptischen Szenen, die mit den großen Seuchenzügen des 16. und vor allem des 17. Jahrhunderts in den Städten verbunden waren, aktualisierten immer wieder aufs Neue die elementare Furcht vor dem Ausbruch solcher epidemischen Krankheiten und unterstrichen, dass und warum die Seuchenhygiene zu den zentralen Aufgaben der Städte in der Frühen Neuzeit gehörte.

Seuchenhygiene

Angesichts der Unmöglichkeit, mit den medizinischen Mitteln der Epoche einer einmal eingeschleppten Seuche wieder Herr zu werden, war die Prävention das oberste Ziel aller seuchenhygienischen Maßnahmen. Ein wesentlicher Bestandteil der entsprechenden Vorkehrungen bestand in der Erlangung von Informationen über den Ausbruch gefährlicher Krankheiten in anderen Städten und Regionen nicht nur Deutschlands, sondern Europas. Zu diesem Zweck standen die Kommunen untereinander in Kontakt, darüber hinaus profitierten sie aber auch von dem im Laufe der Frühen Neuzeit immer weiter expandierenden medialen Nachrichtenwesen. Reisende, die aus krankheitsbefallenen oder auch nur krankheitsverdächtigen Gegenden kamen, wurden an den Stadttoren abgewiesen oder mussten sich in Quarantäne begeben. Komplementär zu diesen Abwehrmaßnahmen gegen das Eindringen einer Krankheit von außen, sollten im Fall eines Seuchenausbruchs in der eigenen Stadt die Stadttore gesperrt und das Verlassen der Kommune unterbunden werden, um die weitere Verbreitung der Epidemie zu verhindern. Schon aufgrund der Notwendigkeit zur Versorgung mit Lebensmitteln konnte die völlige Abschottung einer Kommune jedoch nicht über einen längeren Zeitraum hinweg aufrecht erhalten werden.

Eine weitere wichtige Maßnahme der Städte im vorbeugenden Kampf gegen die Entstehung und Verbreitung tödlicher Infektionskrankheiten war die Pflasterung der Gassen, Straßen und Plätze. Dies erklärt sich aus den seuchenhygienischen Vorstellungen der frühneuzeitlichen Medizin. Man war der Überzeugung, dass den Böden sogenannte Miasmen entstiegen, die Körper und Geist der Menschen vergifteten und sogar zum Tode führen könnten. Diese unreinen Düfte seien um so schrecklicher und unheilbringender, je verschmutzter und fauliger die Erde sei, von der sie ausgingen. Die Verbreitung der Pest und anderer Infektionskrankheiten wurde wesentlich auf diese Ausdünstungen zurückgeführt. Dementsprechend war die Steinpflasterung der innerstädtischen Straßen und Plätze meist weniger ein

Straßenpflasterung

V. Stadt und Umwelt

verkehrstechnisches oder ästhetisches, denn ein hygienisches Bedürfnis. Aus den auf diese Weise versiegelten Böden konnten die gefährlichen Miasmen nicht mehr entweichen.

Quarantäne — Kam es in einer Stadt trotz der vorbeugenden Maßnahmen dennoch zum Ausbruch einer Seuche, war die nach Möglichkeit völlige Isolation der erkrankten Menschen sowie derjenigen, die mit ihnen vor Ausbruch der entsprechenden Krankheit in engerem Kontakt gestanden hatten, das Mittel, zu dem die städtischen Obrigkeiten bevorzugt griffen. Diese Quarantäne konnte in den Häusern oder Wohnungen der Betroffenen selbst geschehen, in vielen Städten existierten aber auch eigens für diese Zwecke eingerichtete kommunale Gebäude, die in den Quellen als Siechen-, Blattern- oder Pesthäuser erscheinen. Deren Kapazitäten waren jedoch begrenzt und schweren Epidemien nicht gewachsen, so dass die auch aus heutiger medizinischer Sicht durchaus sinnvolle Isolierung der Kranken dann nicht mehr gewährleistet werden konnte. Auch die Quarantäne in den Privathaushalten blieb – sei es aus Nachlässigkeit oder Bequemlichkeit der für die Überwachung zuständigen Instanzen oder sei es aus Angst der Kranken und ihrer Angehörigen vor sozialer Isolation und Stigmatisierung – häufig genug nur Theorie.

Gesundheitswesen — Die Gesundheitsfürsorge in den Städten drehte sich jedoch nicht allein um die Prävention und Bekämpfung todbringender Seuchen, sondern besaß ebenso eine Seite, bei der es um die Behandlung jener zahlreichen Krankheiten und Gebrechen ging, die zu den gleichsam alltäglichen Plagen der Menschen in der Frühen Neuzeit zählten. Hierbei profitierten die Bewohner der Städte von dem Umstand, dass ihnen in den Kommunen ein vergleichsweise breites und ausdifferenziertes Angebot an medizinischen Hilfeleistungen zur Verfügung stand. Dabei ist zu beachten, dass die Behandlung von Krankheiten in der Frühen Neuzeit keineswegs allein eine Sache der akademisch ausgebildeten Ärzte war. Daneben gab es ein weit gefächertes Spektrum von Heilberufen, das von den nicht studierten Wundärzten, die chirurgische Eingriffe durchführten und auf die Versorgung von Brüchen und offenen Wunden spezialisiert waren, über die Bader, die Badekuren anboten und Aderlässe vornahmen, oder die Hebammen, die nicht nur in der Geburtshilfe tätig waren, sondern auch gynäkologische Hilfe leisteten, bis hin zu heilkundigen Laien reichte, die volksmedizinisches Erfahrungswissen anwendeten. Hinzu kamen noch die Apotheker, die ebenfalls über medizinische Kenntnisse verfügten. Welche Bedeutung gerade die Nicht-Ärzte für die gesundheitliche Versorgung einer frühneuzeitlichen Stadt besaßen, lässt sich am Beispiel Kölns quantitativ verdeutlichen. Dort entfielen im Jahr 1576 auf 10 000 Einwohner statistisch gesehen 2,2 akademisch ausgebildete Ärzte, hingegen aber 9,2 Wundärzte. Die Zahl der Hebammen war im Köln der Frühen Neuzeit sogar deutlich größer als im späten 20. Jahrhundert. 1672 kamen 6,8 Hebammen auf 10 000 Einwohner, 1987 aber – als Folge der Verlagerung der Geburten in die Krankenhäuser – nur noch 1,1.

Hospitäler und Krankenhäuser — Einen weiteren Zweig der städtischen Gesundheitspflege in der Frühen Neuzeit bildeten die Hospitäler, wenngleich diese – häufig schon im Mittelalter entstandenen Einrichtungen – nicht der medizinischen Akutversorgung dienten, sondern vielmehr der Wohlfahrtspflege und der Versorgung chronisch Kranker. In den Hospitälern fanden arme, gebrechliche oder geistig und körperlich behinderte Menschen ebenso Aufnahme wie alleinstehende alte oder pflegebedürftige Personen, die dort – oft über Jahre hinweg – beherbergt, mit Nahrung versorgt und gepflegt wurden. Krankenhäuser im modernen Sinne, das heißt Einrichtungen, die der Behandlung therapierbarer Kranker durch professionelle Ärzte dienten, entstanden hingegen erst unter dem Einfluss der Aufklärung im Laufe des 18. Jahrhunderts. Ein frühes Beispiel war die 1727 in Berlin errichtete Charité aber auch in Stettin (1733/34) und Hannover (1734) entstanden mit den sogenannten „Stadtlazaretten" bereits in der ersten Hälfte des 18. Jahrhunderts Einrichtungen, die der stationären medizinischen Behandlung akut Erkrankter gewidmet waren. Endgültig zum Durchbruch gelangte die Idee des modernen Krankenhauses schließlich in der Zeit um 1800. 1784 entstand das Allgemeine Krankenhaus in Wien, dessen Organisation zum Vorbild zahlreicher vergleichbarer Institutionen im süddeutschen Raum avancierte. Im Zuge dieser Entwicklung wurden mitunter auch – wie beispielsweise 1796 das St. Max-Spital der Barmherzigen Brüder in München – frühere Hospitäler in Krankenhäuser umgewandelt.

d) Rauch, Gestank und andere Emissionen

„Sunt damna tria domus, imber, mala femina, fumus". Bereits in diesem aus dem Mittelalter überlieferten Sprichwort wurde der Rauch – neben einem Unwetter und einer bösen Frau – zu jenen drei Übeln gerechnet, die in besonderem Maße geeignet seien, die Freude am eigenen Haushalt zu trüben, und tatsächlich stellten Rauch und Ruß für die Städte mit ihrer verdichteten Bebauung und den vielen häuslichen und gewerblichen Feuerstellen eine ebenso unvermeidliche wie – vor allem im Winter – allgegenwärtige Belastung dar. Zwar herrschten in keiner frühneuzeitlichen deutschen Stadt Verhältnisse wie in London, wo die stark verbreitete Verwendung von Steinkohle als Brennmaterial in Verbindung mit der großen Zahl von Emissionsquellen in einer Stadt, die um 1700 mehr als eine halbe Million Einwohner zählte, bereits in dieser Zeit regelmäßig zur Entstehung von Smog führte. Dennoch waren die Emissionen aus Öfen, Herden und sonstigen Feuerstellen auch in den Kommunen des deutschen Sprachraums ein Thema. Dies zum einen wegen der Furcht, dass mit dem Rauch möglicherweise Funken oder entzündliche Partikel transportiert wurden, die zur Entstehung eines größeren Brandes führen konnten. Um dieses Risiko zu vermindern war die Aufsicht über die technische Beschaffenheit und Funktionsfähigkeit der in einer Stadt befindlichen Feuerstellen eine typische Aufgabe der jeweiligen kommunalen Obrigkeit. Zum anderen aber war man sich möglicher gesundheitlicher Schäden, die durch den Rauch und die damit verbundenen Schadstoffemissionen in die Luft verursacht werden konnte, durchaus bewusst.

Dies jedenfalls zeigen die einschlägigen Streitfälle, die aus den frühneuzeitlichen Städten in nennenswerter Zahl überliefert sind. Ob sich 1694 in Dresden der Nachbar eines Böttchers über dessen Praxis beschwerte, das Abdichten der Fässer und Eimer mit Pech auf offener Straße vorzunehmen, wodurch ein „garstiger dampff und Gestank" verursacht wurde, oder ob sich 1765 in Köln die Anwohner einer in der Innenstadt neu in Betrieb genommenen Bleischmelze gegen deren Emissionen zur Wehr setzten – stets

Rauch und Ruß

wurde mit der Gefahr für die Gesundheit der Betroffenen argumentiert. In beiden genannten Beispielen hatten die Beschwerdeführenden mit ihrem Ansinnen im Übrigen Erfolg. Dem Dresdner Fassmacher wurde das Pechen seiner Erzeugnisse auf offener Straße bei Strafe untersagt und die Kölner Bleischmelze musste an einen anderen Ort verlegt werden.

Umweltbewusstsein avant la lettre

Letzteres entsprach einem erprobten Prinzip, das im Umgang mit Gewerbezweigen, deren Produktion mit erheblichen Mengen von Rauch, Staub, Dreck oder Gestank verbunden war, vielfach zu Anwendung kam. Gerber, Färberhandwerke, Metallschmelzen und ähnlich emissionsträchtige Betriebe wurden nach Möglichkeit von Wohngebieten getrennt und an bestimmten Orten konzentriert. Solche Maßnahmen zeigen, dass in den frühneuzeitlichen Stadtgesellschaften durchaus ein Bewusstsein für mögliche gesundheitliche Gefahren durch bestimmte Formen der gewerblichen Produktion vorhanden war. Dieses Umweltbewusstsein avant la lettre bewegte sich freilich im Rahmen der medizinischen Theorien und naturwissenschaftlichen Vorstellungen der Epoche und war kasuistisch angelegt: In konkreten Einzelfällen wurde versucht, Verhältnisse zu beseitigen oder doch zumindest zu entschärfen, die als problematisch empfunden wurden.

Wo die entsprechenden ökologischen und olfaktorischen Reizschwellen der frühneuzeitlichen Stadtbewohner lagen und wie sich diese im Laufe der Epoche entwickelten, sind kulturgeschichtlich überaus reizvolle Fragen, die jedoch angesichts der erst am Anfang stehenden Forschung zu Themen der sinnlichen Wahrnehmung im historischen Wandel nicht abschließend beantwortet werden können. Kompliziert wird dieses Unterfangen – neben der Problematik der Quellenüberlieferung – vor allem dadurch, dass die Unterscheidung individueller Besonderheiten und Empfindlichkeiten von allgemein verbreiteten gesellschaftlichen Einstellungen sowie die schichtenspezifische Ausdifferenzierung von Wahrnehmungsmustern mit einem erheblichen methodischen und quellenkritischen Aufwand verbunden ist. Trotz dieser Schwierigkeiten lassen sich jedoch – wenn auch mit einiger Vorsicht – erste Tendenzen erkennen. Zum einen galten starke faulige Gerüche, wie sie beispielsweise durch Misthaufen, Aborte, Essensreste und andere verrottende organische Stoffe hervorgerufen wurden, vor dem Hintergrund der medizinischen Miasmalehre nicht nur als unangenehm, sondern als gesundheitsschädlich. Sie wurden deshalb mit den bereits geschilderten Maßnahmen zur Verbesserung der öffentlichen Hygiene während der gesamten Frühen Neuzeit nach Möglichkeit und nicht ohne Erfolg zurückgedrängt. Zum anderen gibt es Anzeichen dafür, dass sich in den stadtbürgerlichen Mittel- und Oberschichten im Laufe des 18. Jahrhunderts ein neues und deutlich gestiegenes Reinlichkeits- und Hygienebewusstsein durchzusetzen begann, das mit einer merklich gewachsenen Sensibilisierung für Fragen sowohl der Körperhygiene als auch der öffentlichen Sauberkeit einherging.

VI. Leben in der Stadt

1. Zeitstrukturen

a) Kalender und Jahreslauf

Die frühneuzeitlichen Städte unterschieden sich nicht nur in verfassungsrechtlicher, sozialer, wirtschaftlicher und kultureller Hinsicht von ihrer ländlichen Umgebung, sondern auch und insbesondere durch einen spezifisch städtischen Umgang mit der Zeit. Dies betraf zum einen den Jahreslauf innerhalb der Kommunen, bei dem die Abfolge der Jahreszeiten eine merklich geringere Rolle als auf dem Land spielte. Zwar machte sich der Rhythmus des agrarischen Wirtschaftens in kleinen Ackerbürgerstädten durchaus bemerkbar, typisch für die Strukturierung des Jahres in einer frühneuzeitlichen Stadt war jedoch eine Kombination aus Elementen des Kirchen- und des Kalenderjahres. Der astronomische Kalender lieferte das mathematische Grundgerüst der Zeitrechnung, während die meisten der lebensweltlich bedeutsamen strukturierenden Elemente aus dem kirchlichen Kontext stammten. Dies galt in allen Städten für den Sonntag, der als regelmäßig wiederkehrender Einschnitt den Beginn einer neuen Woche markierte und gleichzeitig als Tag des Gottesdienstes eine herausgehobene religiöse Funktion besaß. In katholischen Kommunen kamen zusätzlich die Heiligenfeste hinzu, die über das Jahr verteilt lagen. Allen Städten gemeinsam waren wiederum die großen Kirchenfeste – Ostern, Pfingsten und Weihnachten – die den Jahreslauf rhythmisierten und zentrale Zeitmarken bildeten. Ähnliche Funktionen besaßen auch die städtischen Jahrmärkte, deren Anzahl und Terminierung allerdings je nach Kommune variierte.

Mit der Einführung des **Gregorianischen Kalenders** 1582 geriet das bis dahin für alle Kommunen einheitliche kalendarische Grundgerüst des städtischen Jahreslaufs aus den Fugen. Weil der neue Kalender durch Papst Gregor XIII. verkündet wurde, stieß er im evangelischen Deutschland auf Ablehnung.

Kalender- und Kirchenjahr

> **Gregorianischer Kalender**
> Nach Papst Gregor XIII. benannter Kalender, der 1582 eingeführt wurde, um die durch Ungenauigkeiten des seit 46. v. Chr. gebräuchlichen Julianischen Kalenders im Laufe der Zeit entstandene Differenz zwischen dem Kalender- und dem Sonnenjahr zu beheben und zukünftig zu vermeiden. Bis ins späte 16. Jahrhundert hatte sich die Kluft zwischen dem auf der Grundlage des Julianischen Kalenders berechneten Datum und dem durch astronomische Beobachtung der Sonne feststellbaren Datum auf zehn Tage summiert. So fand die Frühlings-Tag-und-Nacht-Gleiche, die den kalendarischen Frühlingsbeginn markiert, nach dem Julianischen Kalender bereits am 11. anstatt richtigerweise am 21. März statt. Zur Überwindung dieser Differenz dekretierte Papst Gregor XIII., dass auf Donnerstag, den 4. Oktober 1582, als nächster Tag Freitag, der 15. Oktober 1582 folgen sollte. Zugleich sollten eine verbesserte Bestimmung der Länge des Sonnenjahres und eine veränderte Schaltjahresregelung gewährleisten, dass mit dem neuen Kalender zukünftig keine derartigen Abweichungen mehr vorkamen. Aufgrund religiöser Vorbehalte wurde der Gregorianische Kalender zunächst nur in katholi-

schen Ländern eingeführt und erst im Laufe der Zeit auch in andersgläubigen Regionen übernommen. Bis 1700 hielten auch die meisten evangelischen Territorien im Heiligen Römischen Reich deutscher Nation am hergebrachten Julianischen Kalender fest, ehe sie einen neuen Kalender einführten, der die Regelungen des Gregorianischen Kalenders übernahm. Der Gregorianische Kalender bildet heute die Grundlage der Zeitrechnung in den meisten Teilen der Welt.

Das führte zum konfessionell aufgeladenen Nebeneinander zweier Kalender, die sich um zehn Tage voneinander unterschieden. Diese Differenz brachte beträchtliche lebenspraktische Probleme mit sich: Ein Sonntag nach altem Kalender war nach neuer Rechnung ein Wochentag und umgekehrt; gleiches galt für Feiertage, deren Datum je nach verwendetem Kalender um zehn Tage differierte. Innerhalb konfessionell geschlossener Territorien, die sich entweder für die alte oder die neue Variante des Kalenders entschieden hatten, fiel dies nicht ins Gewicht, wohl aber an den Grenzen zwischen Regionen unterschiedlicher Konfessionszugehörigkeit und vor allem in gemischtkonfessionellen Gebieten. Unter den frühneuzeitlichen Städten waren daher die süd- und südwestdeutschen Reichsstädte besonders von der Problematik des doppelten Kalenders betroffen. Viele von ihnen waren entweder rein oder zumindest mehrheitlich evangelisch, grenzten aber zugleich unmittelbar an katholische Territorien, in denen nach 1582 der Gregorianische Kalender eingeführt wurde. Um die daraus resultierenden praktischen Probleme zu vermeiden – in manchen Fällen hätte das Verlassen oder Betreten der Stadt einen Zeitsprung von zehn Tagen bedeutet – entschieden sich die Stadträte in mehreren dieser Kommunen für die Übernahme der Kalenderreform. Diese Entscheidung traf jedoch vielfach auf Widerstand unter der evangelischen Stadtbevölkerung, der sich manchmal – wie im sogenannten Augsburger Kalenderstreit 1584 – bis zur innerstädtischen Revolte steigerte.

b) Uhren und Zeitrechnung

Abstrakte Zeitstrukturen in den Städten

Neben einem stärker vom Kalender als von den Jahreszeiten beeinflussten Jahreslauf unterschieden sich die Zeitstrukturen in den Städten von jenen in ländlichen Gebieten, aber vor allem durch die Art und Weise, wie die Stadtbewohner abstrakte Formen der Zeitmessung in ihre Lebenswelt integrierten und wie sie ihre Tage und zunehmend auch ihre Nächte zu nutzen verstanden. Schon seit dem späten Mittelalter hatte sich in den Kommunen ein von den natürlichen Lichtverhältnissen allmählich unabhängiger werdender Umgang mit der Zeit eingebürgert. Je komplexer die politischen und wirtschaftlichen Strukturen der Städte wurden, desto größer wurde daher auch ihr Bedarf nach einer exakten und vor allem autonomen Messung der Zeit.

Öffentliche Uhren

Diese Entwicklung mündete in die Installation öffentlicher Uhren, die an Rathäusern oder Kirchtürmen angebracht wurden, um von dort aus weithin sichtbar und in Kombination mit einem Läutwerk auch im wortwörtlichen Sinne darüber zu informieren, was die Stunde geschlagen hatte. Dieser Prozess hatte im 14. Jahrhundert in Italien begonnen und die größeren deutschen Städte im Laufe des 15. Jahrhunderts erfasst. Am Ende des 16. Jahrhunderts verfügten schließlich auch die meisten der kleineren Kommunen im Reich über eigene Uhren.

Diese Anlagen dienten nicht allein der Zeitmessung, sondern bildeten – ähnlich wie die prachtvollen öffentlichen Brunnenanlagen – Prestigeobjekte, die den Rang und das Ansehen der jeweiligen Stadt gleichermaßen dokumentieren und vermehren sollten. Dabei setzte man einerseits auf die Faszination, die von der Technik der aufwendig konstruierten und nicht selten mit beweglichen Figurengruppen ausgestatteten mechanischen Uhren ausging. Andererseits verkörperten die Zeitmessmaschinen mit ihren regelhaften mechanischen Abläufen symbolisch die politischen und gesellschaftlichen Ordnungsvorstellungen der Epoche. Genau wie das Räderwerk einer gut funktionierenden Uhr sollten die Angehörigen der verschiedenen Stände in den ihnen zugewiesenen sozialen Rollen harmonisch zum Wohle des Ganzen wirken. Die Uhrenmetapher als Sinnbild für ein wohlgeordnetes Gemeinwesen war in den philosophischen und staatstheoretischen Diskursen der Frühen Neuzeit immer präsent und wurde auch von den städtischen Führungsschichten als Beschreibung eines anzustrebenden Idealzustands verstanden und propagiert. Dies kommt ebenso prägnant wie exemplarisch in der folgenden Sentenz eines lutherischen Theologen aus der ersten Hälfte des 17. Jahrhunderts zum Ausdruck.

Das Uhrwerk als Metapher politisch-sozialer Ordnungsvorstellungen
(aus: Geyger, Johann: Horologium politicum. Das ist: Einfältiger Discurs und kurtze Betrachtung/ deß politischen/ materialischen/ selbst gehenden vnnd schlagenden Uhrwercks (…), Nürnberg 1621, S. 39.)

„Ein richtig Vhrwerck in der Stadt/ Zeigt an, daß da ein weiser Rath/ Ein richtigs Regiment fuehr eben/ Auch gute Policey darneben/ Die Burger regier mit Weisheit/ Ertheil nach Grechtigkeit die Bescheid."

E

Parallel zum Aufkommen der öffentlichen mechanischen Uhren in den deutschen Städten seit dem 15. Jahrhundert entwickelte sich ein genuin städtisches Zeitregime, dessen wesentliche Eigenschaft – unabhängig von den je nach Stadt vorhandenen Unterschieden im Detail – darin bestand, dass die für die Strukturierung der Tageszeit zentralen Einschnitte von den jeweiligen kommunalen Obrigkeiten festgelegt wurden. Dies galt für den Beginn des Tages oder dessen Ende ebenso wie für die Art der Stundenrechnung oder die Frage, wann es in einer Stadt Mittag war. Die Regelungen zur Länge des Tages und zur Berechnung der Tageszeit waren nicht einheitlich, sondern wiesen eine beachtliche regionale Vielfalt auf. Bei der Stundenrechnung gehörte die sogenannte ‚deutsche Uhr', auch ‚kleine Uhr' oder ‚halbe Uhr' genannt, zu den am weitesten verbreiteten Varianten. Bei dieser Methode ließ man den Tag um Mitternacht beginnen und sah für den Tag und die Nacht jeweils 12 Stunden vor. Im Unterschied dazu umfasste die Stundenrechnung bei der sogenannten ‚italienischen' oder ‚ganzen Uhr' 24 aufeinanderfolgende Stunden, deren Zählung eine halbe Stunde nach Sonnenuntergang begann und am Abend des nächsten Tages endete. Diese Methode war wie der Name bereits andeutet vor allem in Italien verbreitet, wurde aber auch in Böhmen und Schlesien angewendet. Eine besonders ausgefeilte Methode der Stundenrechnung stellte die sogenannte ‚Nürnberger Uhr' dar. In Anknüpfung an ältere Zeitrechnungsmodelle hatte man in

Stundenrechnung

Nürnberg das Jahr in Abhängigkeit von den jahreszeitlich wechselnden Lichtverhältnissen in 16 Abschnitte mit unterschiedlich langen Tagen und Nächten unterteilt. Zu Beginn eines Jahres erstreckte sich der Tag über acht Stunden, wohingegen die Nacht 16 Stunden lang war. Im Laufe der ersten Jahreshälfte nahm der Tag von Abschnitt zu Abschnitt um eine Stunde zu, während sich die Länge der Nacht entsprechend verkürzte. Zwischen Ende Mai und Anfang Juli hatten sich die winterlichen Verhältnisse schließlich in ihre Gegenteil verkehrt. In diesem Zeitraum dauerte der Tag 16 Stunden und die Nächte waren auf acht Stunden geschrumpft, bevor sie in der zweiten Jahreshälfte mit jedem Zeitabschnitt wieder eine Stunde länger wurden. Dieses aufwendige System der Stundenrechnung war jedoch nicht weit verbreitet und kam außer in der namensgebenden Reichsstadt Nürnberg nur noch in einigen wenigen anderen süddeutschen Städten, darunter Regensburg und Rothenburg ob der Tauber zum Einsatz. Das Nebeneinander differierender Stundenzählungen in den Städten wirkt aus heutiger Perspektive verwirrend, warf für die Menschen in der Frühen Neuzeit aufgrund der Langsamkeit der Verkehrs- und Kommunikationsmittel jedoch – trotz mancher zeitgenössischen Klage über die Vielfalt und Unübersichtlichkeit der Zeitrechnungssysteme – keine gravierenden Probleme auf. Zudem gab es für Reisende Tabellen und Rechenschieber, mit deren Hilfe sich die unterschiedlichen Zeitsysteme ineinander umrechnen ließen.

c) Tag und Nacht

Für das Leben innerhalb einer frühneuzeitlichen Stadt war die Unterscheidung zwischen Tag und Nacht von grundlegender Bedeutung. Der Tag war die Phase, in denen die Menschen ihren gewöhnlichen beruflichen und privaten Verrichtungen nachgingen, die Nacht hingegen ein Zeitraum der Ruhe. Nächtliche Aktivitäten galten als unmoralisch, wenn nicht sogar als kriminell. Diebe und Mörder suchten den Schutz der Nacht ebenso wie Prostituierte oder andere – nomen est omen – lichtscheue Gestalten. Kaum zu zählen sind daher die von den kommunalen Obrigkeiten im Laufe der Frühen Neuzeit erlassenen Anordnungen, sich nachts nicht auf den Straßen und Gassen aufzuhalten und noch viel weniger dort zu lärmen oder sonstigen Unfug zu veranstalten. Die Einhaltung dieser Verbote zu kontrollieren, war eine der Aufgaben der Nachtwächter. Daneben sollten diese für die frühneuzeitlichen Städte typischen Hüter der kommunalen Ordnung und Sicherheit Schutz vor nächtlicher Kriminalität bieten und – was angesichts der latenten Brandgefahr der vielfach aus Holz oder Fachwerk errichteten Häusern besonders wichtig war – auf offenes Feuer, unbeaufsichtigt brennende Öfen oder gefährliche Lichtquellen achten. In der Regel markierte der abendliche Dienstantritt der Nachtwächter das offizielle Ende des Tages und den Beginn der Nacht in einer Stadt. Spätestens zu diesem Zeitpunkt mussten auch alle öffentlichen Schank- und Einkehrstätten ihren Betrieb einstellen und die Wirte die noch anwesenden Gäste nach Hause schicken. Nicht selten galt diese Sperrstunde darüber hinaus auch für private Feiern und Zusammenkünfte, welche die erwünschte nächtliche Ruhe ebenfalls nicht stören sollten. Die Uhrzeiten, zu denen die obrigkeitlich normierte

Nacht in einer Stadt begann, differierten von Kommune zu Kommune und oft auch im Wechsel der Jahreszeiten. Meistens lagen der Dienstantritt der Nachtwächter und die Sperrstunde im Winterhalbjahr einige Stunden früher als in den Sommermonaten. Selbst in diesen jedoch begann die offizielle städtische Nacht in aller Regel spätestens um zehn Uhr abends.

Wann der Tag begann und wann er endete, hing in den Städten nicht ausschließlich vom Wechsel zwischen Helligkeit und Dunkelheit ab. Zwar spielten die natürlichen Lichtverhältnisse bei der Gestaltung des Tagesablaufs oder der Regelung von Arbeitszeiten eine wichtige Rolle, typisch für den Umgang mit der Zeit im städtischen Kontext war jedoch, dass sich bereits seit dem ausgehenden Mittelalter vielfach Bestimmungen und Praktiken nachweisen lassen, die unabhängig von den jahreszeitlich wechselnden Helligkeitsphasen waren und sich stattdessen an abstrakt festgelegten Uhrzeiten orientierten. Bereits Ende des 15. Jahrhunderts begannen die Gesellen des Schmiedehandwerks in Hamburg, Lübeck und Lüneburg frühmorgens um drei Uhr mit ihrer Arbeit, die bis sechs Uhr abends andauerte. Ende des 16. Jahrhundert sind für die Hamburger Tuchmacher Arbeitszeiten überliefert, die von fünf Uhr morgens bis neun Uhr abends reichten, und im 17. und 18. Jahrhundert war in den Wintermonaten die sogenannte Lichtarbeit, das heißt die frühmorgendliche und abendliche Arbeit bei künstlicher Beleuchtung, in vielen städtischen Handwerkszweigen gang und gäbe.

Tag und Nacht als soziale Konventionen

Neben der Abkoppelung der Arbeitszeiten im Handwerk von den natürlichen Lichtverhältnissen belegen auch die aus der Frühen Neuzeit überlieferten Torschließordnungen – dies waren jene Bestimmungen, mit denen geregelt wurde, wann die Stadttore morgens geöffnet und abends verschlossen wurden – dass sich in den Städten in zunehmenden Maße abstrakte, das heißt an den Vorgaben der Uhren orientierte Formen der Zeitnutzung durchsetzten. Während man die Stadttore im 16. und 17. Jahrhundert noch vielfach im Rhythmus des Wechsels von Helligkeit und Dunkelheit öffnete oder schloss, finden sich aus dem 18. Jahrhundert vor allem in den Großstädten der Epoche immer häufiger konkrete Zeitangaben für die Öffnung und Schließung der Tore. Dabei handelte es sich in aller Regel um Zeiten, zu denen es wenigstens in den Wintermonaten schon längere Zeit dunkel war. So rückte der Torschluss in Dresden im Laufe des 18. Jahrhunderts zunächst ganzjährig auf zehn Uhr abends und spätestens seit 1777 blieben drei Stadttore die gesamte Nacht hindurch passierbar. In Hamburg wurden die Torsperrzeiten 1798 neu geregelt und einheitlich auf 11 Uhr abends festgesetzt. In Wien galt zwar bis ins späte 18. Jahrhundert hinein eine traditionelle Regelung, nach welcher der Torschluss bei einbrechender Dunkelheit erfolgte, bereits seit 1626 aber konnten die Tore gegen die Entrichtung einer Gebühr auch danach noch passiert werden. Diese in den zeitgenössischen Quellen als „Sperrgeld" bezeichnete Abgabe war nicht nur von fiskalischer Bedeutung, sondern diente auch und nicht zuletzt der sozialen Steuerung nächtlicher Aktivitäten. Denn obwohl die entsprechende Gebühr 1716 von sechs auf einen Kreuzer ermäßigt worden war, bildete sie eine monetäre Schranke, die für die Angehörigen der Wiener Unterschichten nur schwer zu übersteigen war. Erst im letzten Drittel des 18. Jahrhunderts kam es zu einer grundlegenden Neuordnung der Torschließzeiten in Wien, nach der die Tore für gewöhnlich nachts geöffnet blieben und das Sperrgeld entfiel.

VI. Leben in der Stadt

Eroberung des Abends und der Nacht

Die allmähliche Verschiebung der Torsperrungen auf immer spätere Abendstunden war keine isolierte Erscheinung, sondern Teil eines allgemeinen kulturellen Veränderungsprozesses, in dessen Gefolge vor allem die Bewohner der größerem Städte im Laufe des 18. Jahrhunderts in zunehmendem Maße erst den Abend und später dann auch die Nachtstunden für sich zu entdecken begannen. Besonders signifikant war die Veränderung beim Theater. Während die Wandertheater noch um 1700 in der Regel tagsüber agierten und ihre Vorstellungen für gewöhnlich um sechs oder sieben Uhr abends beendeten, öffneten viele Bühnen im ausgehenden 18. Jahrhundert erst zu diesen Zeiten und die Aufführungen dauerten bis neun oder zehn Uhr abends. Ebenso verschoben sich die Öffnungszeiten von Wirtshäusern. In Wien mussten die öffentlichen Gaststätten im 17. Jahrhundert noch um acht Uhr im Winter und um neun Uhr im Sommer schließen, im Verlauf des 18. Jahrhunderts wurden diese Sperrzeiten zunächst um jeweils eine Stunde in den Abend verschoben, ehe 1788 die Öffnung bis Mitternacht erlaubt wurde. Ähnliche Lockerungen finden sich auch bei den Bestimmungen für private Zusammenkünfte. Ab 1746 war es beispielsweise in Dresden generell erlaubt, Feste im privaten Rahmen bis Mitternacht auszudehnen, und nur wer noch länger feiern wollte, musste zuvor eine Genehmigung beantragen. Die weiteste Ausdehnung in die Nacht hinein erreichten die Maskenbälle in der Karnevalszeit, die sich im 18. Jahrhundert nicht nur an den Höfen, sondern auch im städtischen Bürgertum großer Beliebtheit erfreuten. Diese Feste dauerten nicht selten bis in die frühen Morgenstunden des darauffolgenden Tages.

Zu beachten ist jedoch, dass die Zunahme abendlicher und nächtlicher Aktivitäten im Laufe des 18. Jahrhunderts ein Phänomen war, dessen Intensität sich proportional zur sozioökonomischen Gliederung der Stadtbevölkerungen verhielt. Obwohl es in vielen Städten gerade in der Faschingszeit auch Maskenbälle für Handwerksgesellen, Dienstboten und andere Angehörige unterer sozialer Schichten gab – als ein Beispiel sei die Karnevalssaison des Jahres 1752 in Dresden angeführt, in der allein in der Herberge der dortigen Schneidergesellen mehrere solcher Tanzveranstaltungen stattfanden – war die kontinuierliche Nutzung der späten Abend- und frühen Nachtstunden überwiegend eine Angelegenheit der städtischen Mittel- und Oberschichten. Nur deren Angehörige verfügten in hinreichendem Maße über jene beiden Ressourcen, die für eine regelmäßige Inanspruchnahme der neuen abendlichen Unterhaltungsmöglichkeiten unerlässlich waren: genügend Geld und disponible Zeit jenseits der täglichen Verrichtungen. Trotz dieser sozialen Beschränktheit kommt der Gewinnung der Nacht im Laufe des 18. Jahrhunderts dennoch erhebliche Bedeutung zu, weil sie ein wichtiges Indiz für die in den Großstädten bereits deutlich vor 1800 einsetzende Verbreitung neuer, auf die Moderne vorausweisender kultureller Praktiken bildet. Mit der Nutzung des Abends und der Nacht wurden Verhaltensformen, die im 19. und 20. Jahrhundert zum selbstverständlichen Bestandteil gerade des urbanen Lebens avancierten, in den Metropolen des 18. Jahrhunderts erstmals in nennenswerter sozialer Breite angewendet.

Straßenbeleuchtung

Eine wichtige materielle Voraussetzung für die allmähliche Eroberung der Nacht bildete die Existenz von Straßenbeleuchtungen, die seit dem späten 17. Jahrhundert vor allem in den größeren Städten allmählich eingeführt wurden. Vorreiter unter den deutschen Kommunen war Hamburg, wo bereits 1673 eine Straßenbeleuchtung eingerichtet wurde, gefolgt von Berlin (1679), Wien (1687), Hannover (1696), Leipzig (1702) und Dresden (1705). Weitere Städte folgten im Laufe des 18. Jahrhunderts. Das Motiv für die Errichtung und den dauerhaften Betrieb dieser nicht ganz billigen Einrichtung war im übrigen keineswegs der Wunsch nach einer Ausdehnung der abendlichen Unterhaltungs- und Vergnügungsmöglichkeiten für die Stadtbewohner, sondern das Bestreben die nächtliche Sicherheit in den Städten zu erhöhen. Die Beleuchtung der Straßen und Plätze sollte einerseits Kriminellen den Schutz durch die Dunkelheit entziehen und andererseits harmlosen Passanten einen gefahrlosen abendlichen Weg nach Hause ermöglichen. Technisch bewerkstelligt wurde die Straßenbeleuchtung in den frühneuzeitlichen Kommunen durch Lampen, die mit pflanzlichem Öl betrieben wurden. Deren Lichtausbeute war zwar im Vergleich zu den Gaslaternen des 19. oder dem elektrischen Licht des 20. Jahrhunderts gering, dennoch brachte ihre Einführung angesichts der bis dahin – außer in Vollmondnächten ohne Bewölkung – unangefochten herrschenden nächtlichen Finsternis eine grundlegende Veränderung der städtischen Lebenswelt mit sich. Da, wo vorher gar kein Licht war und jeder, der sich notgedrungen oder freiwillig nach Anbruch der Dunkelheit in der Stadt bewegte, eigene Leuchtmittel wie Fackeln oder Handlaternen mit sich führen musste, sorgten nun immerhin ölbefüllte Laternen für Helligkeit.

2. Wohnen – Nahrung – Kleidung

a) Wohnkultur

Die Wohnkultur in den frühneuzeitlichen deutschen Städten hing von sozialen, ökonomischen und regionalen Faktoren sowie vom Wandel kultureller Leitmotive und Ordnungsvorstellungen im Laufe der Epoche ab und war dementsprechend facettenreich und vielgestaltig. Arme Stadtbewohner wohnten zur Miete in oftmals nur einer einzigen kleinen Kammer, eine wirtschaftlich leidlich gut gestellte Handwerkerfamilie konnte nicht selten immerhin ein bescheidenes ein- oder manchmal auch zweigeschossiges Haus ihr Eigen nennen, während wohlhabende Kaufleute und Patrizier Wohngebäude besaßen, die hinsichtlich ihrer Größe, ihres Komforts und ihrer Ausstattung den Vergleich mit zeitgenössischen fürstlichen Bauten kaum zu scheuen brauchten. Hinzu kam, dass man im Süden des deutschen Sprachraums anders wohnte als im Norden. In den Kommunen des norddeutschen Raumes war beispielsweise vielfach das sogenannte Dielenhaus anzutreffen, ein Haustyp, dessen zentrales Merkmal eine große und hohe Diele war, die multifunktional als Esszimmer, Aufenthaltsraum, Küche und Schlafstätte genutzt werden konnte. Demgegenüber war für die Wohnkultur der frühneuzeitlichen Städte Süddeutschlands die Stube charakteristisch. Dabei handelte es sich zwar ebenfalls um einen Raum mit Mehrfachnutzung, der dem geselligen Aufenthalt, der Arbeit oder dem Schlafen dienen konnte. Im

Sozioökonomische und regionale Unterschiede

Unterschied zur norddeutschen Diele fungierte die Stube jedoch nicht noch zusätzlich als Küche und sie war zudem klar von den übrigen Zimmern des Gebäudes separiert. Neben solchen sozialen und regionalen Unterschieden müssen zudem noch die Veränderungen der Wohnkultur im Laufe der Epoche mit in den Blick genommen werden. Exemplarisch hierfür sei auf die während der gesamten Frühen Neuzeit zu beobachtende Tendenz zur Ausdifferenzierung von Raumfunktionen verwiesen: Aus Multifunktionszimmern wie Dielen oder Stuben wurden – sofern sich dies ökonomisch und architektonisch bewerkstelligen ließ – bestimmte Nutzungsformen wie etwa das Kochen oder das Schlafen in separate Räume ausgelagert, die dann nur noch diesem einen Zweck dienten.

Ganzes Haus   Trotz der vielfältigen Unterschiede lassen sich jedoch auch einige allgemeine Kennzeichen der frühneuzeitlichen urbanen Wohnkultur festhalten. Dies galt zum Beispiel für die Auswirkungen der in den Städten der Frühen Neuzeit weit verbreiteten Lebensform des sogenannten ganzen Hauses auf die Organisation und die Gestaltung des Wohnens. Mit dem Begriff des ganzen Hauses wird eine patriarchalisch organisierte Sozialformation bezeichnet, in deren umfassenden Familienbegriff nicht nur die durch Abstammung oder Heirat miteinander verwandten Personen eingeschlossen waren, sondern auch alle anderen in einem Haushalt lebenden Menschen wie etwa Gesellen, Lehrjungen oder Dienstboten. Ein frühneuzeitlicher Haushalt war demnach sozial anders zusammengesetzt und in aller Regel auch deutlich größer als dies heute für gewöhnlich der Fall ist. Eng mit der Struktur des ganzen Hauses verbunden war zudem ein weitgehendes Ineinandergreifen von Arbeiten und Wohnen. Das Haus eines frühneuzeitlichen Kaufmanns oder Handwerkers war nicht nur der Ort des gemeinsamen Lebens aller Haushaltsmitglieder, sondern auch der Platz an dem Geschäfte erledigt und Arbeiten verrichtet wurden. All das hatte Konsequenzen für die Aufteilung und Nutzung der Räume in den Häusern. Es mussten Schlafgelegenheiten für alle Angehörigen des Haushalts bereit gehalten werden, zudem wurden Raumkapazitäten – häufig in Gestalt von Kellergewölben – für die Lagerung von Waren benötigt, mindestens ein Zimmer diente der Abwicklung des Geschäftsbetriebs und bei jenen Handwerkern, die wie beispielsweise die Bäcker, Schneider, Schuster oder Weber in der Regel zu Hause produzierten, um nur einige wichtige Berufe zu erwähnen, für die dies zutraf, musste ausreichend Platz dafür in den Gebäuden vorhanden sein.

Bürgerliche Kernfamilie   Die Lebensform des ganzen Hauses verlor erst im Laufe der zweiten Hälfte des 18. Jahrhunderts allmählich an Bedeutung als sich vor allem in den Kreisen des städtischen Bildungsbürgertums zunehmend die moderne bürgerliche Kernfamilie – bestehend aus Eltern und Kindern als gleichermaßen rechtlicher, wirtschaftlicher und emotionaler Gemeinschaft – zu entwickeln und durchzusetzen begann. In der Wohnorganisation machte sich dieser Vorgang unter anderem dadurch bemerkbar, dass die Eltern und nach Möglichkeit auch die Kinder eigene Schlafzimmer bekamen, die als intime individuelle Rückzugsräume konzipiert waren. Zugleich entstand das behaglich möblierte Wohnzimmer als Mittelpunkt der familiären Lebenssituation. Trotz dieser Veränderungstendenzen blieb jedoch die tradierte Sozialformation des ganzen Hauses mit ihrem umfassenden Familienbegriff bis zur Epochenschwelle um 1800 insgesamt ein wichtiges und manchen Segmenten der urbanen Gesellschaften wie beispielsweise der Handwerkerschaft nach wie vor dominierendes Modell.

Ebenfalls typisch für die Wohnsituation in den frühneuzeitlichen Städten war das Neben- und Miteinander von Menschen und Tieren. In der kleinen, rund 1500 Einwohner zählenden oberösterreichischen Kommune Freistadt verfügten im 16. Jahrhundert beispielsweise so gut wie alle Hausbesitzer auch über einen Bestand an Haus- und Nutztieren. Hierbei handelte es sich meist um Schweine oder Kühe, hinzu kamen Stiere und Zugochsen, Pferde, Ziegen sowie Geflügel. Diese Tiere dienten dem Transport, vor allem aber der Selbstversorgung der städtischen Einwohner mit Fleisch und Milch. Die Freistädter Verhältnisse können cum grano salis als exemplarisch für alle frühneuzeitlichen Kleinstädte gelten. Mit zunehmender Größe einer Kommune nahm der relative Anteil der Einwohner, die Tiere besaßen, zwar ab, dennoch war die Haltung von Nutz- und Haustieren auch in Mittel- und Großstädten ein selbstverständliches und weit verbreitetes Phänomen. Hieran änderten auch die vor allem im 18. Jahrhundert unternommenen Bemühungen der städtischen Obrigkeiten nur wenig, die mit Verweis auf die öffentliche Hygiene die Haltung von Schweinen oder Kühen innerhalb der geschlossenen Wohnbebauung der urbanen Zentren zunehmend einzuschränken begannen. Selbst in einer Universitätsstadt wie Göttingen kamen daher im 18. Jahrhundert auf knapp 6000 Einwohner 2500 Schafe, 700 Schweine, 500 Kühe und je 400 Pferde und Ziegen.

Nebeneinander von Mensch und Tier

Innerhalb der Wohnungen und Häuser waren die Küchen oder genauer: die Herd- und Feuerstellen von zentraler Bedeutung. Gerade in armen Haushalten war der Ort, an dem gekocht wurde, oft genug auch der einzige geheizte Platz, und die Wohnküche somit gleichzeitig Kochgelegenheit, Aufenthaltsraum und nicht selten auch Arbeitsstätte. Während die offene Herd- oder Feuerstelle im 16. Jahrhundert noch weithin gebräuchlich war, verbreitete sich im Zuge des für die gesamte Frühe Neuzeit charakteristischen Trends zur Ausdifferenzierung von Raumfunktionen mehr und mehr die abgeschlossene und von den übrigen Zimmern separierte Küche. Diese Entwicklung verlief regional jedoch unterschiedlich: Ende des 18. Jahrhunderts befand sich in Osnabrück beispielsweise noch in einem Drittel der Häuser mit Wohndielen ein offenes Herdfeuer, während zur gleichen Zeit in Städten wie Lemgo und Münster bereits die separate Küche dominierte. Außerdem war der Wechsel von der offenen zur geschlossenen Küche ein Phänomen, das in sozial und ökonomisch besser gestellten Schichten der städtischen Bevölkerung weitaus häufiger anzutreffen war als in den Wohnungen der Unterschichten.

Küche als Raum von zentraler Bedeutung

Noch stärker ausgeprägte soziale und zeitlich gestaffelte Differenzierungen ergeben sich beim Blick auf die Möblierung der Wohnungen und Häuser in den Städten der Frühen Neuzeit. Während sich in den Behausungen der Armen oftmals eine kaum minimal zu nennende Ausstattung fand – ein oder vielleicht zwei einfach gebaute Betten, die ein mehrfaches an Personen aufnehmen mussten, eine geringe Anzahl von Sitzmöbeln, ein Tisch, sowie ein spärlicher Vorrat an Geschirr –, zeugen die erhalten gebliebenen Inventare aus Haushalten der urbanen Oberschichten von den reichhaltigen Möglichkeiten und der kunsthandwerklichen Qualität der frühneuzeitlichen Wohnkultur. Nur als ein Beispiel unter vielen sei das Haus des vermögen-

Möblierung

den Münsteraner Kaufmanns Niehaus angeführt. Im Erdgeschoss gruppierten sich mehrere Kammern um eine mit viel Geschirr und zahlreichen Töpfen aufwendig ausgestattete Küche, während sich im Obergeschoss ein repräsentativer Fest- und Schlafraum befand. Dieser konnte mit einem Kamin beheizt werden und verfügte über eine prachtvolle Möblierung mit Schränken, Truhen, Kronleuchtern, Spiegeln, Bildern und zahlreichen Sitzgelegenheiten.

Trotz dieser erheblichen sozialen Spannweite in Fragen der Ausstattung lassen sich dennoch einige idealtypische Grundelemente der Möblierung einer frühneuzeitlichen städtischen Wohnung bestimmen: Durchgängig von zentraler Bedeutung waren die Bettmöbel. Betten, bevorzugt Himmelbetten, bildeten den Grundstock jeder Wohnungseinrichtung. Allerdings war es bis in die Mittelschichten hinein üblich, dass sich mehrere Personen eine Bettstatt teilten. Ebenfalls in nahezu allen Haushalten anzutreffen waren – wenn auch je nach sozioökonomischem Status der Bewohner in unterschiedlicher Zahl und in deutlich variierender Qualität – Truhenmöbel, die der Aufbewahrung von Geschirr, Wäsche und anderem Hausrat dienten. In den städtischen Oberschichten und teilweise auch in den Mittelschichten wurden diese Truhen im Laufe der Frühen Neuzeit allmählich durch Schränke ersetzt, die, verziert mit kunsthandwerklich wertvollen Holzornamenten oder ausgestattet mit einer reichen Furnierung, zu Prestigemöbeln des gehobenen bürgerlichen Wohnens avancierten.

Dieser schichtenspezifische Wandel von den Truhen zu den Schränken war insofern charakteristisch für die Entwicklung der Möblierung in den frühneuzeitlichen städtischen Wohnungen insgesamt, als die Ausstattungsniveaus der Unterschichten- und der Oberschichtenhaushalte zwischen 1500 und 1800 generell spürbar auseinander drifteten. Dies machte sich zum einen in der Anzahl und in der Qualität der Einrichtungsgegenstände bemerkbar und zum anderen und mehr noch bei den frühneuzeitlichen Neuentwicklungen in Sachen Wohnkultur. Sie fanden vor allem Eingang in die Haushaltungen der Oberschichten, während sie schon in den Wohnungen der Mittelschichten nur in eingeschränkter und verminderter Form rezipiert wurden beziehungsweise werden konnten. An den Haushalten der Armen gingen sie so gut wie spurlos vorüber. Dies lässt sich beispielsweise anhand der Verbreitung des Sessel und der Kommode zeigen, beides Möbelstücke, die seit dem späten 17. und vor allem im 18. Jahrhundert die gehobenen bürgerlichen Haushalte zu erobern begannen. Sie dienten nicht allein dem Prestige ihrer Besitzer, sondern waren zugleich Indizien für veränderte Nutzungsformen der Wohnungen. Zusammen mit der allgemeinen Zunahme der Sitzmöbel waren beispielsweise die Sessel als bequeme und bewegliche Sitzgelegenheiten für Einzelpersonen ein klares Signal für eine Individualisierung des Sitzens. Der kultivierte und wohlhabende Stadtbürger des 18. Jahrhunderts saß nicht mehr zusammen mit anderen auf einer Bank in einem Multifunktionszimmer, wie es die Wohndiele gewesen war, sondern alleine für sich in einem Sessel, der in einem ausschließlich dem angenehmen Aufenthalt gewidmeten Wohnzimmer stand.

b) Essen und Trinken

Sich mit dem Essen und Trinken in den frühneuzeitlichen städtischen Gesellschaften zu beschäftigen, bedeutet zunächst und vor allem anderen, sich die Rahmenbedingungen einer Knappheitsgesellschaft zu vergegenwärtigen, in der Grundnahrungsmittel selbst in Jahren mit einer leidlich ausgefallenen Ernte rare und dementsprechend begehrte Güter darstellten. Die Rede von der Sorge um das tägliche Brot war daher keine Metapher, sondern beschrieb eine für die Stadtbewohner in der Frühen Neuzeit unmittelbare Lebensrealität. Die armen Haushaltungen, die in den Städten stets einen erklecklichen Teil der Bevölkerung ausmachten, mussten selbst bei durchschnittlichen Lebensmittelpreisen schon rund die Hälfte ihres Budgets für die Deckung ihres Nahrungsmittelbedarfs ausgeben. In Krisenzeiten stieg dieser Wert rasch auf hundert Prozent oder sogar darüber, was bedeutete, dass beträchtliche Teile der städtischen Bevölkerung in der Frühen Neuzeit dauerhaft auf einer schmalen Grenze lebten, die zwischen einer halbwegs gesicherten Versorgung mit Grundnahrungsmitteln und einer latenten bis chronischen Unterernährung verlief. In Zeiten enormer Preissteigerungen, wie sie in der Frühen Neuzeit immer wieder als Folge von Missernten oder Kriegen auftraten, mündeten diese prekären Ernährungs- und Lebensverhältnisse in Hunger und – nicht selten – auch in den Tod.

Die Formulierung vom täglichen Brot kann außerdem auch dahingehend wörtlich genommen werden, als es sich bei Brot in seinen vielfältigen Erscheinungsformen tatsächlich um das mit Abstand wichtigste, weil nicht ersetzbare Grundnahrungsmittel der frühneuzeitlichen Stadtbewohner handelte. Zwar erschienen im ausgehenden 18. Jahrhundert allmählich auch Kartoffeln auf den städtischen Speisezetteln, die elementare und grundlegende Bedeutung des Brotes für die Ernährung veränderte dies jedoch (noch) nicht. Was nicht zuletzt daran lag, dass Kartoffeln bis in die zweite Hälfte des 19. Jahrhunderts hinein im Verhältnis zu ihrem Nährwert teurer waren als Getreide. Das wichtigste Brotgetreide der Frühen Neuzeit war der Roggen, hinzu kamen Brote aus Roggen-Weizen-Mischungen sowie – deutlich seltener – reine Weizenmehlbrote. Im süddeutschen Raum wurde außerdem Dinkel in nennenswertem Umfang zur Brotherstellung verwendet. Andere Getreidesorten wie Gerste oder Hafer waren in den Bäckereien – von Notzeiten einmal abgesehen – hingegen nicht in Gebrauch.

Grundnahrungsmittel Brot

Im Unterschied zum Brot, das während der gesamten Epoche das Grundnahrungsmittel schlechthin darstellte, durchlief der Fleischkonsum in der Frühen Neuzeit einen tief greifenden Veränderungsprozess. Um 1500 zählte Fleisch noch zu den wichtigsten Nahrungsmitteln der Bevölkerung. Der Verbrauch pro Kopf und Jahr wird in dieser Zeit auf bis zu 100 kg geschätzt, womit selbst der Fleischkonsum in der Gegenwart noch deutlich übertroffen wurde. Die These vom enormen Fleischverzehr zu Beginn des 16. Jahrhunderts ist in der historischen und volkskundlichen Forschung zwar auch auf entschiedenen Widerspruch gestoßen, hat sich aber in der wissenschaftlichen Diskussion – wenn auch mit einigen Modifikationen – letztlich behaupten können. Die vorgenommenen Nuancierungen der ursprünglichen These betreffen vor allem die deutliche Gewichtung der sozialen, tempora-

Wandel des Fleischkonsums

Leben in der Stadt

len und regionalen Unterschiede. Fleisch stand nicht allen Bevölkerungsschichten in gleichem Maße zur Verfügung, das Angebot schwankte jahreszeitlich und hing zudem von den regionalen Produktionsbedingungen und Transportmöglichkeiten ab. Dennoch kann als gesichert gelten, dass der Verzehr von Fleisch am Beginn der Frühen Neuzeit eine alltägliche und massenhafte Erscheinung war. Um so bemerkenswerter und auffälliger nimmt sich daher der Rückgang des Fleischkonsums im Laufe der Epoche aus, denn bis in die Zeit um 1800 war der Pro-Kopf-Verbrauch auf ungefähr ein Siebtel des Wertes zu Beginn des 16. Jahrhunderts gesunken. Diese Abnahme hatte mehrere Ursachen: Zum einen führte das auch vom Dreißigjährigen Krieg nicht nachhaltig und dauerhaft unterbrochene Wachstum der Bevölkerung in der Frühen Neuzeit zur Verdrängung der Viehzucht durch den Ackerbau. Wo dies landwirtschaftlich sinnvoll möglich war, wurden Weideflächen in Ackerland umgewandelt, um den erhöhten Nahrungsmittelbedarf decken zu können. Gleichzeitig stiegen die Preise sowohl für pflanzliche wie für tierische Erzeugnisse stärker als die Einkommen, so dass große Teile nicht nur der städtischen Einwohnerschaft, sondern der Bevölkerung insgesamt ihre Ernährungsgewohnheiten umstellen mussten. Wie grundlegend dieser Wandel war, zeigt der Blick auf die folgende Modellrechnung, bei der die Verteilung der Ausgaben für die Ernährung am Beispiel eines fiktiven Handwerkerhaushalts in der Zeit um 1400 und um 1800 verglichen wird.

Tabelle 7: Ausgaben für die Ernährung einer fünfköpfigen Bauhandwerkerfamilie (in Prozent der Gesamtausgaben für Nahrungsmittel)

Nahrungsmittelgruppe	um 1400	um 1800
Nahrungsmittel pflanzlicher Herkunft	22,0	76,6
Nahrungsmittel tierischer Herkunft	56,4	20,4
Getränke	21,6	3,0
Summe	100	100

(Angaben nach: Abel, Wilhelm: Stufen der Ernährung. Eine historische Skizze, Göttingen 1981, S. 64)

Während im Spätmittelalter auf die Nahrungsmittel tierischer Herkunft noch mehr als die Hälfte aller Ausgaben für die Ernährung entfiel, war dieser Anteil bis 1800 auf rund ein Fünftel gesunken. Umgekehrt hatte sich der Kostenanteil für Nahrungsmittel pflanzlicher Herkunft mehr als verdreifacht und machte am Ende der Frühen Neuzeit gut drei Viertel aller Aufwendungen für das Essen und Trinken aus.

Fisch   Neben Getreideerzeugnissen und Fleisch spielten selbstverständlich auch andere Nahrungsmittel eine durchaus nennenswerte Rolle in der städtischen Kochkultur der Frühen Neuzeit. Dies galt zum einen für den Fisch, der sich als typische Fastenspeise schon aus religiösen Gründen auf den Speisezetteln wiederfand. Als Seefisch wurde er vornehmlich in Gestalt gesalzener Heringe und als Stockfisch genossen, während er als Süßwasserfisch entweder frisch oder geräuchert auf den Tisch kam. Zum anderen gehörten auch Gemüse und Obst zur frühneuzeitlichen Küche, wenngleich betont werden muss, dass diese Nahrungsmittel in hohem Maße saisonabhängig waren und daher nur zu bestimmten Zeiten im Jahr zur Verfügung standen.

Ein typisches Kennzeichen der Kochkultur der Epoche war zudem die großzügige Verwendung von Gewürzen. Dies betraf heimische Würzmittel wie Salz, Salbei oder Flieder ebenso wie die aus Übersee importierten und daher entsprechend teuren Gewürze, allen voran den Pfeffer, aber auch Zimt, Ingwer oder Nelken. Man vermutet, dass die starke Würzung auch deshalb gewählt wurde, um geschmackliche Fehlnoten in leicht verderblichen Speisen wie Fleisch oder Fisch zu kaschieren. Vor allem aber diente der großzügige Umgang mit teuren Gewürzen als Ausweis des Sozialprestiges. In ganz ähnlicher Weise galt dies auch für den Zucker, der in den städtischen Oberschichten der Frühen Neuzeit in teilweise erstaunlichen Mengen verbraucht wurde. So wurden im Haushalt des Nürnberger Patriziers Anton Tucher bereits Anfang des 16. Jahrhundert zwischen anderthalb und zwei Kilogramm Zucker pro Kopf und Jahr konsumiert. Als Durchschnittsverbrauch wurden diese Mengen in ganz Deutschland erst im Laufe der zweiten Hälfte des 19. Jahrhunderts erreicht. Dieser Befund unterstreicht, dass bei allen Möglichkeiten, welche die frühneuzeitliche städtische Küche bot, immer beachtet werden muss, dass der Zugang zu einem diversifizierten und reichhaltigen Speiseangebot sehr eng mit der sozioökonomischen Position eines Haushalts gekoppelt war. Die volle Breite des kulinarischen Spektrums konnte nur in den urbanen Oberschichten wirklich ausgenutzt werden, während bereits den Angehörigen der städtischen Mittelschichten im Alltag nur ein spürbar eingeschränktes Repertoire zu Verfügung stand. Ganz zu schweigen von den stets auf der Grenze zur Unterernährung lebenden Unterschichten.

Gewürze

Getrunken wurde in den frühneuzeitlichen deutschen Städten in erster Linie Bier. Zwar gab es namentlich im Westen und Südwesten des Reiches auch Kommunen, in denen bevorzugt Wein oder Most, das heißt unvergorene Frucht- oder Traubensäfte konsumiert wurden, insgesamt gesehen dominierte aber der Gerstensaft. Dies lag zu einem nicht geringen Teil am Preis. Verglichen mit anderen Getränken war Bier fast überall die günstigste Variante der Durstlöschung. Im Durchschnitt der Jahre 1551/1600 konnte man beispielsweise in Hamburg für den Preis eines Liter Weins 9,1 Liter Bier erwerben. In Wien lag dieses Verhältnis immerhin noch bei 4,5 Litern Bier auf einen Liter Wein, und nur in Straßburg, einer Stadt, die inmitten eines der großen Weinanbaugebiete des Südwestens lag, war die Relation mit einem Liter Wein zu 1,2 Litern Bier annähernd ausgeglichen. Außerdem gehörte das Brauen von Bier in vielen Städten zu den tradierten Rechten der Bürgerschaft und der Ausschank fremder, das heißt nicht in der eigenen Stadt gebrauter Biere, war in aller Regel nur gegen Zahlung einer entsprechenden Abgabe möglich. Trotz seiner Kostennachteile und obwohl seine Anbaufläche in Deutschland in der Frühen Neuzeit aufgrund klimatischer Veränderungen zurückging, gehörte jedoch auch der Wein zu den Standardgetränken in den Kommunen der Epoche. Für die Städte innerhalb der Weinbauregionen galt dies ohnehin, aber auch außerhalb dieser Gebiete wurde Wein in nennenswertem Umfang von der städtischen Bevölkerung getrunken. Infolge seines Preises war er dort allerdings sozial deutlich stär-

Bier und Wein

ker auf die gehobenen Schichten beschränkt. Angesichts der oft beträchtlichen täglichen Trinkmengen, die aus der Frühen Neuzeit sowohl für Wein als auch für Bier überliefert sind – drei Liter Bier oder zwei Liter Wein pro Tag und Person waren keine Seltenheit – muss betont werden, dass der Alkoholgehalt beider Getränke im Durchschnitt geringer war als in der Gegenwart und vor allem der Wein zudem häufig in mit Wasser verdünnter Form genossen wurde. Dennoch wurde der massenhafte und alltägliche Alkoholkonsum in der Frühen Neuzeit mit seinen sozialen und gesundheitlichen Folgen auch schon von den Zeitgenossen vielfach als Problem empfunden. Die zahllosen Predigten wider den „Saufteufel" sprechen in diesem Zusammenhang ein deutliche Sprache. Diese Problematik verschärfte sich noch, als im ausgehenden 18. Jahrhundert namentlich in den Unterschichten der Großstädte der Konsum von Branntwein erheblich zunahm. In den 1780er Jahren lag beispielsweise in Berlin der jährliche Pro-Kopf-Verbrauch an Schnaps bei 24 Litern und damit bei einem Wert, der gut viermal so hoch war wie die Vergleichsziffer in der Gegenwart (2004: 5,8 Liter Spirituosen pro Kopf und Jahr).

Nichtalkoholische Getränke Alkoholfreie Getränke, wie Wasser, Fruchtsäfte (Most) oder Milch, gehörten zwar auch zum Kanon der frühneuzeitlichen Getränke, ihre Rolle war aber nachrangig. Milch und Most konnten nur in frischem Zustand ohne gesundheitliche Bedenken konsumiert werden, was bedeutete, dass ihre Verbreitung notwendigerweise eingeschränkt blieb. Für Wasser galten – zumal in den größere Städten mit ihrem engen Nebeneinander von Abwasserentsorgung und Frischwassergewinnung (siehe auch Kapitel V.2) – ähnliche hygienische Einschränkungen. Daher erklärt sich die größere Verbreitung der alkoholischen Getränke Bier und Wein auch durch ihre bessere Lagerfähigkeit.

Kaffee Die Vorrangstellung dieser beiden Getränke begann sich erst mit der Einführung des Kaffees zu ändern, der seit dem späten 17. Jahrhundert zunehmend Eingang in die städtische Trinkkultur fand. Erste Kaffeehäuser entstanden seit den 1680er Jahren nahezu gleichzeitig in den wichtigen Hafenstädten des Nordens wie Hamburg oder Bremen und in den großen Städten im Südosten, allen voran Wien, wo 1685 der erste Kaffeeausschank eröffnet wurde, gefolgt von Regensburg (1686), Nürnberg (1696) oder Würzburg (1697). Bis zur Mitte des 18. Jahrhunderts hatte sich der Kaffeekonsum in den wohlhabenden stadtbürgerlichen Schichten des nord- und mitteldeutschen Raumes schließlich als häusliches Alltagsphänomen durchsetzen können, während er im Süden des deutschen Sprachraums zunächst stärker auf die öffentlichen Kaffeehäuser konzentriert blieb und der Kaffee erst später vermehrt auch in den Haushalten getrunken wurde. Als Genussmittel, das im Unterschied zu Bier oder Wein keine sedierende und benebelnde, sondern eine anregende und leistungssteigernde Wirkung hatte, passte der Kaffee in besonderem Maße zur neuen aufgeklärt-rationalen Lebens- und Arbeitseinstellung des 18. Jahrhunderts. Da der echte Bohnenkaffee als teure Importware jedoch nur über eine begrenzte soziale Reichweite verfügte, wurden im letzten Drittel des 18. Jahrhunderts Kaffeesurrogate entwickelt und erfolgreich vermarktet – allen voran der Zichorienkaffee – die es auch den Unterschichten ermöglichten an der Mode des Kaffeetrinkens zu partizipieren. Parallel zum Vordringen des Kaffees in die Alltagskultur kamen mit dem Tee und der Schokolade noch zwei weitere neue Arten von Heißgetränken auf, wenngleich beide die quantitative und qualitative Bedeutung des Kaffees nicht erreichten. Tee erlangte immerhin in den Städten des norddeutschen Raums eine gewisse Bedeutung, die Schokolade blieb jedoch ein Luxusgetränk, das nur in den urbanen Oberschichten und auch dort nur selten genossen wurde.

Die Anzahl und die Zeiten der täglichen Mahlzeiten variierte regional und schichtenspezifisch. Sicher ist, dass die Essenszeiten dem in den Städten gebräuchlichen Zeitrhythmus (siehe auch Kapitel VI.1.c) folgten, was bedeutete, dass der Tag für viele Menschen mit einem früh, das heißt zwischen vier und fünf Uhr eingenommenen Frühstück begann. Dieses bestand bis weit ins 18. Jahrhundert hinein aus einer Morgensuppe, meist einer Biersuppe, und einem Getreidebrei, ehe die Biersuppe allmählich durch den Kaffee verdrängt wurde. Diesem ersten Mahl folgte gegen zehn Uhr ein zweites und zwischen 16 und 18 Uhr stand dann das Abendessen auf dem Speiseplan. Parallel mit dem Prozess der allmählichen Ausdehnung des Tages in die Abend- und frühen Nachtstunden, der sich im Laufe der Frühen Neuzeit vor allem in den gehobenen stadtbürgerlichen Schichten vollzog, veränderten sich jedoch auch die Essenszeiten. In der Mitte des 18. Jahrhunderts fand demnach das Frühstück in einer wohlhabenden bürgerlichen Familie meist zwischen sieben und acht Uhr morgens statt, zwischen 12 und 14 Uhr wurden das Mittagessen und der Nachmittagskaffee eingenommen und das Abendessen begann gegen 20 Uhr abends.

Anzahl und Zeiten der Mahlzeiten

c) Kleidung

Die Art und Weise wie sich die Stadtbewohner in der Frühen Neuzeit kleideten, war geprägt von einem Spannungsfeld, das sich zwischen den wechselnden Kleidermoden in der Epoche einerseits und einem im Laufe der Zeit immer dichter und detaillierter werdenden Netz gesetzlicher Bestimmungen über die angemessene und zulässige Bekleidung andererseits bewegte. Im Hinblick auf die Mode gilt es freilich zu beachten, dass die Möglichkeit zur Übernahme der jeweiligen Trends eng mit dem sozialen Status verbunden war und daher im Wesentlichen eine Sache der städtischen Oberschichten darstellte. Dort folgte man denn auch den epochalen Moderichtungen, was bedeutete, dass im 16. Jahrhundert die spanische Kleidermode mit ihrer Vorliebe für strenge Schnitte und die Farbe schwarz – diese vor allem für die Männerbekleidung – dominierte, während seit dem 17. Jahrhundert zunehmend die französische Mode, oder genauer: die Mode des französischen Hofes zum Maßstab der Dinge avancierte.

Kleidermoden

Unterhalb der Ebene dieser großen in ganz Europa verbreiteten Modetrends zeichnete sich die Art und Weise, wie sich die frühneuzeitlichen deutschen Stadtbewohner kleideten, durch eine große Vielfalt an lokalen und regionalen Moden aus, die noch dazu häufig wechselten. Der rasche Wandel der Kleidermoden und der Aufwand, der erforderlich war, ihnen zu folgen, zogen bereits in der Frühen Neuzeit erhebliche Kritik auf sich. Vor allem Geistliche prangerten den in ihren Augen überflüssigen und schädlichen Kleiderluxus an und zogen in Predigten gegen die „alamodische Klei-

VI. Leben in der Stadt

Kleiderordnungen

derpracht" zu Felde. Diese Kritik bereitete auch den Boden vor für die in den frühneuzeitlichen Städten in großer Zahl erlassenen Kleiderordnungen der Obrigkeit, in denen vorgeschrieben wurde, wer welche Art der Bekleidung tragen durfte und welcher Aufwand für welche sozialen Gruppen als angemessen erachtet wurde.

Von der zeitgenössischen Kritik an allzu großer Modesucht einmal abgesehen, entsprangen die Kleiderordnungen darüber hinaus drei miteinander verschränkten Motiven. Dabei handelte es sich um das generelle Bemühen der Obrigkeiten um die Bewahrung und – wenn möglich – Verbesserung der allgemeinen Sittlichkeit. Übermäßig aufwendige oder erotisch allzu aufreizende Formen der Bekleidung und des Schmucks galten als Sünde und wurden daher verboten. Dies galt beispielsweise für das Tragen zu kurzer Mäntel und übergroßer Sporen, die Verwendung künstlicher Haare und greller Farben sowie für allzu tief ausgeschnittene Dekolletees. Außerdem galt es, die Geschlechterdifferenz zu beachten: So wurde es Männern in vielen Kleiderordnungen ausdrücklich verboten „weibisch gedrehte Locken" oder gar „Zöpfchen" zu tragen. Hinter solchen Maßnahmen stand das Ideal der Stadtgemeinde als Christenheit im Kleinen, bei der die sittlichen Verfehlungen der einzelnen Gemeindemitglieder unmittelbar auf die Gemeinschaft als Ganzes zurückfielen. Hieraus leiteten die Stadträte das Recht ab, mögliches Fehlverhalten durch geeignete Regelungen und Maßnahmen zu verhindern. Diese religiös-sittlichen Intentionen wurden flankiert und ergänzt durch ökonomische Überlegungen. Sowohl zum Schutz der wirtschaftlichen Existenz einzelner als auch zur Sicherung des ökonomischen Wohlergehens der Stadt als Ganzes galt es, zu große Ausgaben für Kleiderluxus zu verhindern. Die wichtigste Ursache für die im vor allem im 16. und 17. Jahrhundert in wachsender Zahl erlassenen Kleiderordnungen war jedoch das obrigkeitliche Bestreben, die städtische Sozialordnung durch eine nach Ständen gestaffelte Zuweisung bestimmter Bekleidungsniveaus gleichermaßen zu stabilisieren und zu symbolisieren. Anhand der Kleidung sollte unmittelbar erkennbar sein, welche soziale Position ein Mensch einnahm.

Zu diesem Zweck sahen die städtischen Kleiderordnungen der Frühen Neuzeit immer detaillierter werdende Regelungen vor, die festsetzten, wer zu welchem Stand zählte und welche Form der Bekleidung, das heißt welche Stoffe, Schnitte, Farben und Verzierungen für die jeweiligen Stände als angemessen galten. Die Straßburger Kleiderordnung des Jahres 1660 nannte beispielsweise 256 verschiedene Berufe, die entlang der sozialen Hierarchie in sechs Grade eingeteilt wurden, von denen zwei zusätzlich noch in je zwei Untergruppen zerfielen. Den untersten Stand oder Grad bildeten – wie in den Ordnungen anderer Städte auch – die einfachen weiblichen Dienstleistungsberufe wie Mägde, Näherinnen oder Kinderwärterinnen. In den zweiten Grad wurden Tagelöhner, untere städtische Bedienstete und Handwerker mit geringem Sozialprestige wie etwa Korbmacher eingeordnet, in den dritten Stand die Masse der übrigen Handwerksberufe, ergänzt um mittlere städtische Angestellte und kleine Gewerbetreibende wie beispielsweise selbständige Kutscher mit eigenen Pferden. Im vierten Stand der Straßburger Kleiderordnung, der genau wie der fünfte Grad noch einmal in zwei Staffeln unterteilt war, fanden sich Künstler und Kunsthandwerker sowie gesellschaftlich angesehene Berufsgruppen wie beispielsweise die Buchdrucker, die Notare oder die Lehrer an Lateinschulen. Für die Zugehörigkeit zum fünften Grad war schließlich nicht allein der Beruf ausschlaggebend, sondern auch die familiäre Abstammung. Wer zur oberen Staffel des fünften Stands gehören wollte, musste Kind „vornehmer Eltern" sein, was bedeutete, einer Familie anzugehören, die seit mehr als 100 Jahren am Stadtregiment beteiligt war. In den sechsten und höchsten Grad wurden schließlich alle aktuellen Ratsherren, Advokaten und höchsten Beamten der Stadt eingeordnet. Durch eine ganze Reihe von Zusatz-, Ergänzungs- und Ausnahmebestimmungen erreichte dieses ohnehin schon komplizierte Regelwerk schließlich einen enormen Grad an Komplexität.

Auch deshalb erwies sich die Einhaltung der Kleiderordnungen in der Lebenspraxis als schwierig. Zwar waren Verstöße gegen die Regelungen mit teilweise empfindlichen Geldstrafen bedroht: In der Augsburger Kleiderordnung von 1582 waren beispielsweise – je nach Schwere des Vergehens – Bußzahlungen zwischen zwei und zehn Gulden vorgesehen. Allerdings war eine effektive Kontrolle unmöglich und die Verfolgung daher auf Einzelfälle beschränkt. Zudem erwies sich die Bestrafung als umso schwieriger, je höher der soziale Stand eines Delinquenten war. In solchen Fällen wurde der mögliche Strafrahmen häufig nicht ausgeschöpft, sondern man beließ es bei Ermahnungen. Obwohl sie formaljuristisch nicht außer Kraft gesetzt wurden, verloren die städtischen Kleiderordnungen im Zuge der allgemeinen Auflösungstendenzen der ständischen Gesellschaftsordnung ab der Mitte des 18. Jahrhunderts dennoch zunehmend an Bedeutung.

3. Unterhaltung, Erholung und Vergnügen

Die urbane Unterhaltungskultur in der Frühen Neuzeit gehört zu jenen Themengebieten, die von der deutschsprachigen stadtgeschichtlichen Forschung erst unlängst entdeckt worden sind. Obwohl deshalb viele Aspekte noch einer intensiveren Untersuchung bedürfen, zeigen die bereits vorliegenden Studien eindrücklich, dass sich die frühneuzeitlichen Städte aufgrund ihres Grades an sozialer Ausdifferenzierung, ihrer Wirtschaftskraft und ihrer Funktion als Knotenpunkte des kulturellen Lebens durch ein Angebot an Unterhaltungs- und Erholungsmöglichkeiten auszeichneten, das sich quantitativ wie qualitativ deutlich von den Verhältnissen im ländlichen Raum abhob. Zwar gilt es, diese generelle Aussage je nach Größe, ökonomischer Potenz und kultureller Strahlkraft einer Stadt zu differenzieren. Dennoch kann als ein zentrales Ergebnis der bisherigen Forschungen zur urbanen Unterhaltungskultur in der Frühen Neuzeit festgehalten werden, dass Zerstreuungen, Vergnügungen und Formen der Erholung nicht nur einen wahrnehmbaren Platz in der Lebenswelt der städtischen Einwohner besaßen, sondern geradezu ein Signum von Urbanität darstellten.

Unterhaltung als Signum von Urbanität

VI. Leben in der Stadt

a) Jahrmärkte, Schützenfeste, Karneval

Gewissermaßen zum Grundbestand der urbanen Unterhaltungskultur in der Frühen Neuzeit gehörten die Jahrmärkte, die Schützenfeste und der Karneval. Mit Ausnahme der Fastnacht, die auch auf dem Land gefeiert wurde, waren diese Festformen sogar besonders eng mit der rechtlichen Struktur der Stadtgemeinden verbunden. Das Schützenwesen erwuchs aus der Verpflichtung der Bürger zur Verteidigung ihrer Kommune und auch die Jahrmärkte waren eine genuin städtische Angelegenheit und das einmal erlangte Recht, einen oder besser noch mehrere davon abhalten zu dürfen, war ein eifersüchtig gehütetes Privileg. Bei allen Unterschieden in der Ausgestaltung und der Funktion bestand ein gemeinsames Merkmal der Jahrmärkte, der Schützenfeste und des Karnevals darin, dass sie für gewöhnlich in einem festen jährlichen Rhythmus begangen wurden und auf diese Weise zur Strukturierung des Jahresablaufs in einer frühneuzeitlichen Stadt beitrugen. Auch lassen sich die Wurzeln aller drei Veranstaltungen bis ins Mittelalter zurückverfolgen. Ihre Entwicklung in den drei Jahrhunderten zwischen 1500 und 1800 verlief allerdings recht unterschiedlich. Die Jahrmärkte wiesen dabei die größte Konstanz auf. Sie blieben im Wesentlichen, was sie traditionell waren: eine in regelmäßigen Abständen wiederkehrende Gelegenheit zur Begegnung mit dem Außeralltäglichen. Dies betraf die angebotenen Waren, die wegen des Jahrmarkts in die Stadt gekommenen fremden Menschen und nicht zuletzt das mit einer solchen Veranstaltung einhergehende Unterhaltungsangebot durch fahrende Schausteller. Jenseits der ökonomischen Funktionen eines Jahrmarkts waren es dieses Vergnügungsmöglichkeiten, die es außerhalb der Jahrmarktszeiten nicht oder zumindest nicht in vergleichbarer Intensität gab, die den festlichen Charakter dieser Veranstaltungen ausmachten.

Jahrmärkte

Schützenfeste

Ähnlich verhielt es sich bei den Schützenfesten, die jedoch im Unterschied zu den Jahrmärkten aufgrund ihres historischen Entstehungsprozesses zusätzlich identitätsstiftende Funktionen besaßen. In zahlreichen Städten existierten bereits seit dem Mittelalter Schützengesellschaften, in denen sich die waffenfähigen männlichen Bürger versammelten, um im Ernstfall für die Verteidigung der eigenen Kommune gerüstet zu sein. Diese Korporationen spielten eine wichtige Rolle im gesellschaftlichen Leben der Städte und übernahmen zudem vielfach auch karitative Funktionen. Die ursprünglich zur Übung und Verbesserung der militärischen Fähigkeiten abgehaltenen Schießveranstaltungen entwickelten sich rasch zu öffentlichen Festen, die nach außen der städtischen Selbstdarstellung und nach innen der Identitätsstärkung dienten. 1559 veranstaltete der Leipziger Rat ein Freischießen zu Ehren des Kurfürsten August von Sachsen, zu dem Einladungen an 59 Städte verschickt wurden, von denen 34 tatsächlich Schützen nach Leipzig entsandten. Geschossen wurde an fünf aufeinanderfolgenden Tagen zwischen dem 10. und dem 15. Juli 1559, wobei insgesamt 59 Preise und ein grauer Ziegenbock vergeben wurden. Letzterer war dem schlechtesten Teilnehmer der Wettkämpfe vorbehalten. Hinzu kam ein vielfältiges Begleit- und Rahmenprogramm, in dem zum Teil eher scherzhafte Wettbewerbe wie Tonnenstechen oder Hahnsteigen geboten wurden – beim ersten galt es mit einer Stechlanze eine mit Wasser gefüllte Tonne zu treffen und beim zweiten musste eine große hölzerne Stange mit einer künstlichen Hahnenfigur an der Spitze erklettert werden, um dem Tier eine Feder zu entreißen. Es gab auch Vorführungen einer Fechtschule und ein Umzug der Leipziger Kürschner, die als wilde Männer verkleidet waren. Dazu kamen diverse Schankbuden und Gelegenheiten zu Glücksspielen. Solche festlichen Schießveranstaltungen fanden auch in anderen Kommunen statt. Nachdem der Dreißigjährige Krieg das städtische Schützenwesen in vielen Kommunen für Jahrzehnte zum Erliegen brachte, lebte es in der zweiten Hälfte des 17. Jahrhunderts meist wieder auf.

Der städtische Karneval war zu Beginn der Frühen Neuzeit eine weit verbreitete Erscheinung. Einmal im Jahr bot er die Gelegenheit, aus dem Alltag auszubrechen und die ansonsten bestehende gesellschaftliche Ordnung wenigstens partiell außer Kraft zu setzen. Dies äußerte sich in regional sehr differenzierten Festformen, denen die Maskierungen, das Abhalten von Festessen, das Tanzen, Umzüge, die gehäufte Anwendung von Heische- und Rügepraktiken sowie ein nicht unbeträchtlicher Alkoholgenuss gemeinsam waren. Hinzu kam die besondere Rolle des Karnevals im Kirchenjahr; nicht zufällig lag diese Zeit der verkehrten Welt und der Ausschweifung unmittelbar vor Beginn der Fastenzeit. Ein letztes Mal konnten die Menschen irdischen Genüssen frönen, ehe die kirchlichen Gebote und Verbote der Fastenzeit dem ein Ende bereiteten und an die Sorge um das Seelenheil gemahnten.

Mit der Reformation und der nachfolgenden Intensivierung und Verschärfung der kirchlichen Sündenzucht in allen Konfessionen geriet der Karneval unter erheblichen Druck. Vor allem in protestantischen Gebieten wurde das Tragen von Verkleidungen auf öffentlicher Straße zunehmend bekämpft und schließlich verboten, gleiches galt für die üppigen Gelage. In den evangelischen Städten Deutschlands verschwand daher der Karneval im Laufe der Frühen Neuzeit als öffentliches Fest weitgehend. Typisch hierfür war die Entwicklung in der 1530/31 protestantisch gewordenen Reichsstadt Ulm. Bereits vor Einführung der Reformation hatte der Stadtrat die Fastnachtsbräuche stärker zu reglementieren versucht und 1524 das nächtliche Musizieren, das Absingen unzüchtiger Lieder und die Verkleidungen verboten. Zwei Jahre später untersagte er die Fastnacht dann komplett, was in den folgenden Jahren aber kaum Gehör fand. Vielmehr wurde im weiteren Verlauf des 16. Jahrhunderts auch im evangelischen Ulm regelmäßig Karneval gefeiert, allerdings unter zunehmendem obrigkeitlichen Regelungsdruck, dem nach und nach einzelne Festbestandteile wie beispielsweise die Verwendung von Schiffen als Wagen bei Umzügen zum Opfer fielen. 1597 wurde die Fastnacht dann erneut komplett verboten und zwei Jahre später die Geldstrafen für Zuwiderhandlungen drastisch erhöht. 1604 wurde das Tanzen im Karneval untersagt und 1610 beschloss der Rat erneut die vollständige Abschaffung der Fastnacht. Diesmal anscheinend erfolgreich, denn seit Beginn des Dreißigjährigen Krieges sind keine Nachrichten über karnevalistische Aktivitäten in Ulm mehr überliefert.

Anzumerken ist allerdings, dass trotz des allgemeinen Trends gegen den städtischen Karneval in den evangelischen Kommunen manche Fastnachtsbräuche zumindest in gesellschaftlichen Teilgruppen noch lange Zeit nach

Karneval

der Reformation praktiziert wurden. Dies galt beispielsweise für das Mummenlaufen der Leipziger Studenten, das heißt das verkleidete Umherziehen, verbunden mit dem Verspotten unliebsamer kommunaler Autoritäten, das nachweislich noch im frühen 18. Jahrhundert betrieben wurde. Außerdem blieb der Karneval selbst in protestantischen Residenzen ein gerne genutzter Anlass für Feierlichkeiten im Rahmen der höfischen Festkultur des Barock. Obwohl auch die katholische Kirche den Fastnachtsgewohnheiten im Zuge der Gegenreformation zunehmend skeptischer gegenüberstand und es 1601 sogar in Köln zu einem zeitweisen Verbot der Verkleidungen kam, konnte sich der städtische Karneval im katholischen Teil Deutschlands letztlich behaupten. Das erwähnte Kölner Verbot musste bereits 1603 wieder zurückgenommen werden, lediglich das Verkleiden als katholischer Geistlicher und das Tragen von Waffen blieb weiterhin unter Strafe gestellt. Im 18. Jahrhundert bürgerten sich in den rheinischen Städten wie Köln, Düsseldorf und Aachen neue Festformen ein, wie die aus dem höfischen Bereich entlehnten Redouten – Maskenfeste mit Tanz und Spiel – oder der Korso, dessen Vorbild in Italien lag. In Köln fand dieser Umzug, bei dem sich Mitwirkende und Zuschauer gegenseitig mit Erbsen und Gipsdragees bewarfen, am Fastnachtsdienstag statt.

b) Musik und Tanz

Musik – hier verstanden als Oberbegriff für alle historisch relevanten Spielarten des Musizierens und des Konsums von musikalischen Darbietungen – und Tanz – ebenfalls aufgefasst als Sammelbegriff für die Varianten des Tanzens – bildeten ebenfalls zwei zentrale Bereiche der urbanen Unterhaltungskultur in der Frühen Neuzeit. Dieser allgemeine Befund bedarf freilich einer Ausdifferenzierung in sozialer und zeitlicher Hinsicht ebenso wie im Hinblick auf den jeweils in den Blick genommenen Stadttyp. Immerhin reichte die Spannweite des musikalischen Lebens in einer frühneuzeitlichen Kommune vom Spielmann im Wirtshaus bis zur Oper und auch das Spektrum der Tanzkultur reichte von mitunter eher rohen Formen des Volkstanzes bis hin zu den künstlerisch ziselierten Tänzen städtischer Patrizier.

Hausmusik   Musik in einer frühneuzeitlichen Stadt war in erster Linie und vor allen anderen möglichen Ausdrucks- und Erscheinungsformen identisch mit dem Musizieren in den eigenen vier Wänden. Die Hausmusik bestand im 16. und 17. Jahrhundert vornehmlich aus Gesang, der im Familien- und Freundeskreis ausgeübt wurde. Dies diente der Erholung und Unterhaltung, mehr noch aber der religiösen Erbauung und Einkehr. Das änderte sich im 18. Jahrhundert zwar nicht grundlegend, allerdings wurde die Begleitung durch Instrumente nun häufiger, ebenso verloren die geistlichen Lieder allmählich ihre herausgehobene Bedeutung. Vor allem in der zweiten Jahrhunderthälfte traten stattdessen nunmehr Bearbeitungen des zeitgenössischen Opern- und Konzertrepertoires für den Hausgebrauch in den Vordergrund, die bei privaten Feiern oder geselligen Zusammenkünften gespielt wurden.

Collegia musica   Institutionalisierte Formen des Musizierens stellten hingegen die Collegia musica dar, die im 16. und 17. Jahrhundert in vielen Städten entstanden. Als Beispiele seien Nürnberg (1588), Mühlhausen (1617), Leipzig (1641),

Unterhaltung, Erholung und Vergnügen

Hamburg (1660) oder Memmingen (1664) genannt. Hier versammelten sich vornehmlich Angehörige der städtischen Führungsschichten – so befanden sich 1649 unter den Mitgliedern des Görlitzer Collegium musicum unter anderem ein Bürgermeister, mehrere Ratsherren, der Stadtrichter und ein Arzt – zum gemeinsamen Musizieren, sowohl durch Gesang als auch mit Instrumenten. Die Angehörigen des 1616 gegründeten Collegium musicum in Prag trafen sich dazu in einem 14-tägigen Turnus nachmittags ab drei Uhr, um „das Exercitium der Musica in guetten Motetten, Madrigalen, und andern gesängen, vnd kunstreichen Compositionen" zu pflegen, wie es in den Statuten hieß.

Eine andere und zudem typisch städtische Art der Musikausübung boten die von den Kommunen selbst angestellten Musiker. Sie begegnen unter Bezeichnungen wie Stadtpfeifer oder Ratsmusici in den Quellen und waren um 1600 in den meisten größeren Städten anzutreffen. Sie dienten gleich in zweierlei Hinsicht der Repräsentation: Zum einen durch ihre schiere Existenz, denn die Verfügung über eine Anzahl eigener Musiker galt als Ausweis kultureller und ökonomischer Potenz. Außerdem konnten die Städte damit in symbolische Konkurrenz zu den adeligen Territorialherren treten, die sich aus den gleichen Gründen Musikkapellen leisteten. Zum anderen musizierten die Stadtmusiker bei repräsentativen Anlässen wie Bürgermeisterwahlen, Empfängen hochrangiger Gäste und ähnlichen städtischen Festveranstaltungen. Darüber hinaus standen sie gegen Entgelt auch für private Feiern zur Verfügung oder gaben Musikunterricht.

Stadtmusiker

Eng verbunden mit dem Bereich der korporativ verfassten städtischen Freizeitgestaltung war der Meistergesang. Vor allem Handwerker, daneben aber auch Angehörige gelehrter Berufe wie Ärzte, Juristen oder Schulmeister, versammelten sich in den zunftähnlich organisierten Singschulen und praktizierten einen nach festen Regeln organisierten Gesang. Diese institutionalisierte Form des Musizierens entwickelte sich anfänglich in den städtischen Zentren Südwestdeutschlands, zu nennen sind hier Mainz, Straßburg und Worms, und breitete sich von dort aus in andere Teile des Reiches aus. Ein Zentrum bildete im 16. und beginnenden 17. Jahrhundert Nürnberg, wo durch den Meistergesang eine spezifisch städtische Musik- und Literaturkultur entstand, für die der Name Hans Sachs als Chiffre steht. Mit über 6000 Werken, darunter alleine rund 4200 Meistergesänge und circa 1800 Spruchgedichte, zählt der Nürnberger „Schuster und Poet dazu" zu den produktivsten Gestalten der deutschen Literaturgeschichte überhaupt. Ebenso verfasste Sachs mehr als 80 Fastnachtsspiele und gilt als Vollender dieser genuin urbanen Literaturgattung, die ihre Hochphase im 15. und 16. Jahrhundert hatte.

Meistergesang

Im Laufe des 18. Jahrhunderts bildete sich schließlich das öffentliche Konzert als typisch bürgerliche Form des städtischen Musiklebens heraus. Zwar hatte es bereits zuvor Formen eines kommerziellen Musikwesens gegeben, bei dem häufig die auftretenden Künstler als Unternehmer in eigener Sache fungierten, auch waren kirchenmusikalische Aufführungen in manchen Fällen nur gegen Eintritt zugänglich. Letzteres galt beispielsweise für die Aufführung eines Passionsoratoriums zu Ostern 1716 in einer Kirche in Frankfurt am Main, zu dem nur diejenigen Zutritt erhielten, die zuvor das Programmheft käuflich erworben hatten, wobei zur Kontrolle dieser Maßnahme eigens Wachen vor den Kirchentoren aufgestellt worden waren.

Öffentliche Konzerte

135

VI. Leben in der Stadt

Größere Bedeutung erlangte dieser Zweig des Musikwesens aber erst durch die Verbindung mit den kulturellen Emanzipationsbestrebungen des Bürgertums während des 18. Jahrhunderts. In Hamburg (1722) und in Frankfurt am Main (1723) entstanden die ersten öffentlichen Konzertunternehmen in Deutschland und als geradezu exemplarisch für die gesamte Entwicklung kann das Geschehen in Leipzig gelten. Am 11. März 1743 gründeten dort „16 Personen so wohl Adel.[igen] als Bürgerlichen Standes das Große Concert", eine Gesellschaft, deren Ziel in der regelmäßigen Abhaltung von Konzerten bestand. Jedes Mitglied musste im Jahr 20 Taler entrichten, wovon 16 Musiker finanziell unterhalten wurden. Die ersten Konzerte fanden noch an wechselnden Orten statt, teilweise sogar in den Häusern der Mitglieder des Großen Konzerts, ehe dieses ab 1744 eine dauerhafte Bleibe im Saal des Gasthauses „Drey Schwanen" am Brühl in der Leipziger Innenstadt fand. Die Aufführungen fanden immer donnerstags statt, im Winter wöchentlich und im Sommer alle 14 Tage. Mehr als drei Jahrzehnte lang gehörte das Große Konzert zu den charakteristischen Einrichtungen des Musiklebens in Leipzig, ehe es 1778 einging. Seine Nachfolge trat zunächst die sogenannte Musikübende Gesellschaft an, die ursprünglich als Vereinigung musikliebender Dilettanten entstanden war, sich nunmehr aber in ein professionelles Konzertunternehmen umwandelte. Sein wachsender Erfolg und der schon zu Zeiten des Großen Konzerts herrschende Mangel an geeigneten Spielstätten, bewog den Leipziger Rat schließlich zur Errichtung eines Konzertsaals. Dieser wurde in das alte städtische Gewandhaus hineingebaut, das bisher als Ausstellungs- und Verkaufsort der Tuchwarenhändler während der Messezeiten gedient hatte. In seiner neuen Funktion als Konzertsaal feierte es am 25. November 1781 mit dem ersten Gewandhauskonzert Premiere. Diese konnten im jährlichen Abonnement zum Preis von 10 Talern gebucht werden, wofür insgesamt 24 musikalische Darbietungen geboten wurden, die immer donnerstags zwischen fünf und sieben Uhr abends stattfanden.

Ähnliche Entwicklungen wie in Leipzig waren in der zweiten Hälfte des 18. Jahrhunderts auch in anderen deutschen Städten zu verzeichnen. Seit 1778 führte die Musikalische Akademie des Nationaltheaterorchesters in Mannheim öffentliche Konzerte auf und in Berlin etablierten sich mit dem Subskriptionskonzert (seit 1770), den „Concerts spirituels" (seit 1783/84) und dem „Concert für Kenner und Liebhaber" (seit 1787) gleich mehrere miteinander konkurrierende Unternehmungen. Charakteristisch für diese Konzertveranstaltungen war, dass sie gegen Entgelt für jedermann zugänglich waren und somit ein sehr viel größeres Publikum ansprachen als das durch ständische Schranken abgeschottete höfische Musikleben.

Oper   Einen festen Bestandteil dieser höfischen Musik bildete hingegen die Oper, so dass sie bis über das Ende der Frühen Neuzeit hinaus vornehmlich in Residenzstädten wie Wien, Dresden oder München anzutreffen war. Eine ebenso frühe wie prominente Ausnahme von dieser Regel war die 1677 gegründete und ein Jahr später eröffnete Hamburger Oper, die ihre Entstehung dem Engagement von Angehörigen der bürgerlichen städtischen Führungsschicht verdankte. Während die Aufführungen in Hamburg gegen einen – allerdings hohen – Eintritt prinzipiell für jedermann zugänglich waren, sah dies bei den Hofopern meist anders aus. Zwar gab es auch unter diesen einige, wie beispielsweise jene in Braunschweig, für die Eintrittskarten von beliebigen Personen gegen Entgelt erworben werden konnten, und in Hannover stand der Bevölkerung die fürstliche Oper zeitweise sogar unentgeltlich zur Verfügung. Der Regelfall war jedoch die Einbettung der Hofopern in die höfische Festkultur, was dazu führte, dass sie in erster Linie für das Amüsement der höfischen Gesellschaft bestimmt waren. Bürgerliche Zuschauer waren hingegen weitgehend ausgeschlossen und wurden nur selten und wenn, dann nur auf nachgeordneten Plätzen zugelassen. Erst im ausgehenden 18. Jahrhundert begannen sich auch die exklusiven Hofopern allmählich für das allgemeine Publikum zu öffnen.

Ebenso wie die Musik gehörte auch das Tanzen zu den wichtigen Erscheinungen in der frühneuzeitlichen urbanen Unterhaltungskultur. Tanzen war ein selbstverständlicher Bestandteil von Festen wie Hochzeiten oder Kindtaufen, im Karneval wurde getanzt, und auch Jahrmärkte boten mancherorts einen willkommenen Anlass, um zu tanzen. Neben dieser auf Geselligkeit und Vergnügen abzielenden Seite besaß das Tanzen mitunter auch repräsentative Funktionen. In vielen Städten entwickelten Handwerkerzünfte Formen des öffentlichen Tanzes, die bei Umzügen gezeigt wurden, um den Rang und die soziale Stellung der jeweiligen Korporation zu demonstrieren. Typische Beispiele hierfür waren Reifentänze, die insbesondere bei den Böttchern und Fassmachern verbreitet waren, die Schwerttänze der Messerschmiede oder die Fahnentänze der Tuchmacher. *Tanz*

Es unterstreicht die große gesellschaftliche Bedeutung des Tanzens in den Städten, dass bereits im Spätmittelalter in vielen Kommunen Tanzsäle in öffentlichen Gebäuden wie Rathäusern eingerichtet wurden. Dies war beispielsweise in Nürnberg, Leipzig, Köln oder Amberg der Fall. Daneben wurden vor allem in den größeren Städten auch separate Tanzhäuser gebaut, die für die „bürger täntz" bestimmt waren. Ein frühes Beispiel für eine solche Einrichtung war das 1396 eröffnete Augsburger Tanzhaus, das allerdings allein der kleinen städtischen Oberschicht vorbehalten blieb. Weitere Tanzhäuser – mit meist liberaleren Zugangs- und Benutzungsregelungen als in Augsburg – entstanden in Heidelberg, Görlitz, Freiburg im Breisgau, Nördlingen und Innsbruck, um nur einige zu nennen. Die städtischen Tanzhäuser hatten eine doppelte Funktion. Einerseits boten sie dem Tanz der Bürger einen geeigneten Raum und beförderten ihn auf diese Weise, andererseits erleichterten sie die soziale Kontrolle des Tanzes und der Tänzer. Erlaubt waren in den Tanzhäusern nur ehrbare und künstlerisch anspruchsvolle Tänze, wilde, ungeordnete und vor allem unsittliche Bewegungen waren hingegen verboten. Der Tanz in den städtischen Einrichtungen sollte ein Ort der kontrollierten und zivilisierten Geschlechterbegegnung sein. *Städtische Tanzhäuser*

Mit dem Bemühen um die ästhetische und sittliche Verfeinerung des Tanzens in den Tanzhäusern korrespondierte die räumliche Ausdifferenzierung der dort Tanzenden. Sofern diese Bauten wie beispielsweise in Nördlingen, Hildesheim, Breslau oder Frankfurt an der Oder über mehrere Stockwerke verfügten, wurden die Tänzer nach ihrer sozialen Zugehörigkeit auf die Geschosse verteilt. Oben tanzten die Vornehmen und unten die „gemeinen" Leute. Zusätzlich zu dieser räumlichen Separierung entwickelten sich seit dem 16. Jahrhundert auch die Tanzstile schichtenspezifisch auseinander. Die städtischen Oberschichten machten sich zunehmend Formen des Tanzes zu Eigen, die auch an den Höfen der Zeit verbreitet waren und für deren Erlernen eigens Tanzlehrer engagiert werden mussten. In manchen Fällen gipfelten die Distinktionsbestrebungen der kommunalen Eliten darin, dass sich deren Angehörige Tanz- und Festsäle in ihren eigenen Häusern einrichteten, um dort ungestört unter ihresgleichen zu tanzen.

Bälle   Nachdem sich der Ball als Tanzfest im 17. Jahrhundert zunächst an den Höfen der deutschen Territorien verbreitet hatte, wurde er im 18. Jahrhundert zunehmend auch in den Städten adaptiert. Sowohl als privates Fest als auch in Gestalt öffentlicher kommerzieller Veranstaltungen, die gegen Eintritt zugänglich waren, avancierte der Ball zur typischen Erscheinung in der städtischen Tanzkultur dieser Zeit. Bemerkenswert war die soziale Breite des Ballwesens in den Städten, das nicht nur die Oberschicht, sondern auch die Mittel- und Unterschichten erfasste. Bälle fanden in Wirtshäusern mit dazu geeigneten Sälen statt, Handwerkerzünfte stellten die Räumlichkeiten ihrer Gesellenherbergen für solche Tanzveranstaltungen zur Verfügung und vielfach entstanden in den Kommunen Ballhäuser, die eigens für diese neue Form des Gesellschaftstanzes bestimmt waren, oder die älteren Tanzhäuser wurden entsprechend für Bälle genutzt.

c) Theater

Geistliches Spiel   Ebenso wie Musik und Tanz gehörten auch die theatralischen Darbietungen zu den wichtigen Formen der städtischen Unterhaltungskultur in der Frühen Neuzeit. Sie umfassten ein weites Spektrum, in dem das Sprechtheater ebenso inbegriffen war wie Puppenspiele, pantomimische Darstellungen oder Tanzeinlagen. Daneben kam es vor allem im 16. und 17. Jahrhundert zu teilweise aufwendig gestalteten Inszenierungen biblischer Stoffe, die von den Bürgern einer Stadt selbst aufgeführt wurden. Ebenso war das geistliche Spiel, das vor allem in Gestalt von Passionsspielen oder Aufführungen zu Fronleichnam in Erscheinung trat, eine Angelegenheit der städtischen Einwohner. Die Teilnahme daran war eine Bürgerpflicht und Ausweis sozialen Prestiges. In Frankfurt am Main und Wien nahmen im ausgehenden 15. und 16. Jahrhundert oft hundert oder noch mehr Darsteller an den Aufführungen teil, darunter nicht selten Vertreter der städtischen Eliten. Mit der Reformation verschwanden die Passions- und Fronleichnamsspiele aus den protestantischen Städten, während sie in den katholisch gebliebenen oder im Zuge der Gegenreformation wieder katholisch gewordenen Kommunen weiterhin beziehungsweise wiederum aufgeführt wurden.

Allerdings verschwand das von den Bürgern oder städtischen Korporationen getragene Theater auch in den evangelischen Städten niemals vollständig. Auf die Tradition des von den Bürgern für die Bürger einer Stadt in Szene gesetzten Theaters stützte sich auch die 1686 in Biberach gegründete Bürgerliche Komödiantengesellschaft. Diese Vereinigung von Laienschauspielern wurde vornehmlich von den Honoratioren der schwäbischen Reichsstadt getragen. Der gemischtkonfessionellen Einwohnerschaft und der ansonsten im politischen Leben Biberachs geltenden Parität gemäß, teilte sich die Komödiantengesellschaft bald in einen evangelischen und einen katholischen Teil, die bis zu ihrer Vereinigung 1803 nebeneinander spielten.

Im Zuge der sich vertiefenden konfessionellen Spaltung entwickelten sich im 16. und 17. Jahrhundert auf der einen Seite das protestantische Schultheater und auf der anderen Seite das Jesuitentheater. Ersteres besaß seine Zentren im Südwesten, Straßburg, Augsburg oder Ulm, das sich 1641 sogar ein eigenes Theater nach dem damals neuesten Stand der Technik mit Bühnenmaschinerie und künstlicher Beleuchtung leistete. Hinzu kamen der mitteldeutsche Raum und Schlesien mit Zittau und Breslau als den wichtigsten Spielorten. In Straßburg war das Interesse am Schultheater im 16. Jahrhundert derart groß, dass die Aufführungen 1565 aus der Schule in den Hof des Gymnasiums verlegt werden mussten, wo mehr Zuschauer Platz fanden. Gespielt wurden lateinische und deutsche Stücke – erstere überwogen im 16. Jahrhundert –, in denen es um moralische Belehrung im allgemein christlichen Sinne ging. Offene Propaganda für die evangelische Sache war eher die Ausnahme und blieb im Wesentlichen auf die Phase der konfessionellen Auseinandersetzungen vor dem Augsburger Religionsfrieden 1555 beschränkt. Protestantisches Schultheater

Demgegenüber stand das Jesuitentheater stärker im Dienste der Vermittlung spezifisch katholischer Glaubensinhalte. Verbreitung fand es vornehmlich im katholischen Westen und Süden des Reiches, wo diese Form des Theaters bis zur Aufhebung des Ordens im Jahr 1773 existierte. Wichtige Spielorte waren im Nordwesten Köln, Koblenz, Aachen, Paderborn, Münster, Osnabrück oder Hildesheim, in der Mitte und im Süden sind hingegen Mainz, Speyer, Bamberg, Würzburg, Ingolstadt und vor allem München zu erwähnen. Dazu kamen die Ordensniederlassungen in den habsburgischen Territorien, die das Jesuitentheater nach Breslau, Glogau, Olmütz, Prag und Wien brachten, um nur einige wenige Orte zu nennen. Da jedes Jesuitenkolleg ein eigenes Theater betrieb, war die Zahl der Aufführungen insgesamt beträchtlich und lag für den Zeitraum zwischen 1555 und 1773 bei mehr als 7600 Stücken. Ihren Zuschauern boten die Jesuiten oft spektakuläre Inszenierungen, die mit Massenszenen, Chören, Balletten und bühnentechnischen Effekten aufwarteten. Jesuitentheater

Seit dem frühen 17. Jahrhundert wurde das Theater in den frühneuzeitlichen Städten dann zunehmend zur Angelegenheit wandernder Schauspielgesellschaften, die bis weit ins 18. Jahrhundert hinein die typische Erscheinungsform auf diesem Sektor blieben. Ihre Anfänge lagen im späten 16. Jahrhundert, als englische Komödiantentruppen Tourneen auf dem europäischen Kontinent unternahmen und mit Stücken Shakespeares und Marlowes sowie den beliebten Pickelheringkomödien Erfolge feiern konnten. Hinzu kamen Wandertheater aus Italien, den Niederlanden und Frankreich, die ihre Künste nicht nur in Deutschland, sondern in ganz Europa präsentierten. Anfangs spielten diese Truppen in ihren Muttersprachen, allerdings gingen einige der englischen Theatergesellschaften schon zu Beginn des 17. Jahrhunderts dazu über, auch in deutscher Sprache zu spielen. Demgegenüber behielten die französischen und italienischen Gesellschaften in der Regel ihre muttersprachlichen Aufführungen bei, was ihr Publikum auf die höfische Gesellschaft und die Kreise der Gebildeten einschränkte. Wandernde Schauspielgesellschaften

VI. Leben in der Stadt

Den Erfolg der englischen Theatergesellschaften konnte nicht einmal der Dreißigjährige Krieg dauerhaft stoppen, wenngleich ihre Auftritte in vielen Städten für einige Zeit unterbrochen wurden. Dies galt besonders für die beiden letzten Dekaden des Krieges, als sich die Wandertheater entweder wieder auf die britischen Inseln zurückzogen oder in Gebieten Kontinentaleuropas Zuflucht suchten, die nicht von der militärischen Auseinandersetzung betroffen waren. In Straßburg lassen sich englische Komödianten nach einem letzten Auftritt im Jahr 1628 erst 1651 erneut nachweisen, ähnlich lagen die Dinge in Nürnberg, Köln oder Frankfurt am Main, wo die bis dahin regelmäßig erfolgten Gastspiele 1628 beziehungsweise 1631 aufhörten, um schließlich ab 1649 wieder zu beginnen.

Im Laufe der zweiten Hälfte des 17. Jahrhunderts entstanden dann in zunehmendem Maße deutschsprachige Wandertheater, die anfangs bevorzugt in den Residenzen wie Wien, Berlin, Dresden, München oder Mannheim sowie in den Messestädten Frankfurt am Main und Leipzig, alsbald aber auch in vielen anderen Städten auftraten. Die nicht nur in der älteren theatergeschichtlichen Literatur vorherrschende Fokussierung auf den Bereich der höfischen Theaterkultur, die von der italienischen Oper sowie den ebenfalls italienischen oder französischen Schauspielen geprägt war, darf nicht den Blick dafür verstellen, dass es jene umherziehenden deutschsprachigen Komödiantentruppen waren, die das Theater zu einer im eigentlichen Sinn urbanen kulturellen Praxis machten. Sie offerierten ihr Programm jedem, der in der Lage war, den verlangten Eintrittspreis zu bezahlen, ständische Schranken spielten nur insoweit eine Rolle, als die gesellschaftlich erforderliche Distinktion über die Sitzordnung im Zuschauerraum geregelt wurde.

Bei der Bewertung der künstlerischen Leistungen der frühneuzeitlichen Schauspielgesellschaften muss berücksichtigt werden, dass diese bis weit ins 18. Jahrhundert hinein anderen ästhetischen Normen folgten, als sie für die Epoche danach anzusetzen sind. In der Theaterpraxis bedeutete dies, dass die Darbietungen von einer variablen Umsetzung der Inhalte, situationsabhängigem Stehgreifspiel und einer Mischung aus theatralischen und zirzensischen Elementen gekennzeichnet waren. Erst im Verlauf des 18. Jahrhunderts machten sich – wesentlich beeinflusst durch die Aufklärung – intellektuelle Strömungen bemerkbar, die eine Abkehr von den bisher üblichen grellen Spaßeffekten und stattdessen eine Hinwendung zu literarisch anspruchsvollen deutschen Texten propagierten. Die in der zweiten Hälfte des 18. Jahrhunderts mit Autoren wie Lessing, Schiller oder auch Kotzebue, der quantitativ weit wichtiger als die beiden ersten war, zunehmend erreichte Literarisierung des Theaters ging in den Städten einher mit einem Trend zur Einrichtung permanenter Theater, der sich vor allem in den Residenzstädten sowie in wirtschaftlich potenten Großstädten bemerkbar machte. 1765 gründete der Schauspielunternehmer Andreas Bergé ein Theater in Berlin, 1766 wurde in Leipzig auf der Rammischen Bastei ein Schauspielhaus errichtet und 1769 beziehungsweise 1776 wurden in Frankfurt an der Oder ein ehemaliges Ballhaus sowie in Halle an der Saale eine nicht mehr genutzte Schulkirche in Theater umgewandelt. 1782 schließlich folgte Frankfurt am Main mit einem eigenen Schauspielhaus. Alle diese Einrichtungen waren entweder in den Händen von Theaterunternehmern, die dort ihre Truppe spielen ließen, oder aber sie gehörten den Städten, die sie

Schauspielhäuser

gegen Entgelt – Miete oder Pacht – den reisenden Schauspielgesellschaften zur Verfügung stellten. In beiden Fällen wurden die Theater nach marktwirtschaftlichen Kriterien betrieben, was nicht ohne Risiko war. Beispielsweise scheiterte das 1767 unter Mitarbeit Lessings gegründete Hamburger Nationaltheater nach kurzer Zeit an finanziellen Schwierigkeiten. Um die ökonomischen Probleme besser beherrschen zu können und vor allem um die künstlerische Gestaltung des Theaters vom Publikumsgeschmack unabhängiger zu machen, war im Zuge der Aufklärung die Idee eines staatlich unterstützten Theaterbetriebs entstanden und propagiert worden. Diese setzte sich im letzten Drittel des 18. Jahrhunderts allmählich durch, so dass es 1776 in Wien, 1777 in Mannheim, 1786 in Berlin und 1789 in München zur Etablierung öffentlicher Hof- und Nationaltheater kam.

d) Schaustellungen

Die kommerziellen Schaustellungen waren in der Frühen Neuzeit eng mit den städtischen Jahrmärkten verbunden, was ökonomische und rechtliche Ursachen hatte. Einerseits bildeten die Besucher der Märkte selbst in kleineren Städten ein genügend großes potentielles Publikum für die fahrenden Unterhaltungskünstler, so dass letztere ihre Wanderrouten nach den Terminen dieser Veranstaltungen ausrichteten. Andererseits standen die umherziehenden Schausteller außerhalb der ständischen Gesellschaftsordnung und genossen daher bei den städtischen Obrigkeiten nicht den allerbesten Ruf. Sie waren daher bemüht, sich solche Gestalten durch die Erteilung zeitlich befristeter Auftrittserlaubnisse nach Möglichkeit vom Leibe zu halten. Letzteres hatte außerdem den durchaus erwünschten Nebeneffekt, dass auch die Vergnügungsmöglichkeiten der städtischen Einwohner limitiert blieben, ein Aspekt, der im Hinblick auf die Fürsorge des Rates für den Erhalt des christlichen Gemeinwesen von Belang war.

Bis ins 18. Jahrhundert hinein blieb das Repertoire der kommerziellen Schaustellungen in den Städten relativ konstant und übersichtlich: Geboten wurden den Zuschauern artistische Vorführungen, unter denen der Seiltanz eine prominente Rolle einnahm, sowie dressierte oder exotische Tiere. Besonderes Aufsehen erregten dabei jene Geschöpfe, die in Europa nicht heimisch waren und die, wie die Elefanten oder die Nashörner, schon durch ihr ungewöhnliches körperliches Erscheinungsbild beeindruckten. Noch 1747 erregte ein lebendiges Rhinozeros in Dresden ein derart großes Aufsehen, dass die königlich-kurfürstliche Familie es in einer Privatvorführung zu sehen wünschte. Nicht selten kann man die Reiserouten solcher tierischen Sensationen anhand von Zeitungsnachrichten, chronikalischen Aufzeichnungen oder der Berichte in illustrierten Flugblättern und Flugschriften ziemlich genau rekonstruieren. So geschehen mit einem Elefanten, der Ende der 1620er Jahre aus den Niederlanden kommend zunächst in Frankfurt am Main und in Nürnberg präsentiert wurde, ehe er 1629 die Bevölkerung in Augsburg in Erstaunen versetzte. Der Sensationswert dieses „eliphant", so die Bezeichnung in den zeitgenössischen Aufzeichnungen, war so groß, dass nicht einmal der relativ hohe Eintrittspreis von fünf Kreuzern den großen Zuschauerandrang zu bremsen vermochte.

Tiere und Akrobaten

VI. Leben in der Stadt

Technische und naturwissenschaftliche Vorführungen

Im Laufe des 18. Jahrhunderts veränderte sich die Struktur des Angebots an kommerziellen Schaustellungen und zugleich nahm ihre Zahl signifikant zu. Es entstanden neue visuelle Darbietungen wie die Wachsfigurenkabinette, die Schattenspiele oder ganz am Ende des Säkulums das Panorama, die dem Anspruch eines aufgeklärten Publikums auf gelehrte Unterhaltung entsprachen. In den Wachsfigurenkabinetten wurden Personen der Zeitgeschichte und berühmte Philosophen leibhaftig dargestellt und die Panoramen vermittelten einen ganz neuen bildlichen Eindruck von fremden Städten und Landschaften. Ein weiteres innovatives Genre bildeten die Vorführungen naturwissenschaftlicher Experimente. Gezeigt wurden elektrische oder chemische Versuche, dazu kamen nach 1783 als besonders herausragende Höhepunkte Ballonflüge, die tausende von Zuschauern in ihren Bann zogen. Die Begründung der Luftfahrt durch die Erfindungen der Gebrüder Montgolfier (Heißluftballon) und Cesar Charles (Gasballon) und die ersten erfolgreichen Flüge von Menschen löste in ganz Europa ein gewaltiges Echo aus. 1784 wurden in vielen deutschen Städten Versuche mit unbemannten Ballons angestellt, die stets große Zuschauermengen anzogen, und am 3. Oktober 1785 führte der französische Luftfahrtpionier Blanchard in Frankfurt am Main die erste Luftreise eines Menschen in Deutschland durch.

Diese Darbietungen vermittelten wissenschaftliche Erkenntnisse in unterhaltender Form und trugen somit zur Popularisierung der neuen aufgeklärten Wissenschaftsauffassung bei. Unter deren Einfluss wandelten sich auch hergebrachte Typen öffentlicher Schaustellungen. Während man Körpersensationen, das heißt körperlich missgebildete oder abnorme Menschen im 16. und 17. Jahrhundert unter theologischen Aspekten als Zeichen Gottes an die Menschen deutete, die jene üblicherweise zu Umkehr und Buße ermahnen sollten, erörterte man den gleichen Sachverhalt im 18. Jahrhundert unter naturwissenschaftlicher Perspektive. In eben diesem Sinne wandelten sich die öffentlichen Zurschaustellungen von Riesen, Zwergen oder Behinderten von der religiös interpretierten Monsterschau zur wissenschaftlich etikettierten Ausstellung.

Im letzten Drittel des 18. Jahrhunderts begann sich vor allem in den Großstädten der Konnex zwischen den öffentlichen Schaustellungen und den Jahrmärkten allmählich zu lösen. Zwar boten Letztere nach wie vor einen gerne genutzten Anlass für die Präsentation von kommerziellen Unterhaltungsangeboten, neu war aber, dass es eine wachsende Zahl unter den Anbietern von Schaustellungen gab, die sich vom Rhythmus der Jahrmärkte emanzipierten und ähnlich wie die Theater oder die Opern feste Saisonzeiten zwischen Oktober und März bevorzugten. Damit verloren die bisherigen zeitlichen Beschränkungen für die kommerziellen Unterhaltungsangebote mehr und mehr an Bedeutung. In diesem Trend zur Permanenz und Veralltäglichung des Vergnügens kündigten sich in Anfängen bereits wesentliche Grundzüge der modernen großstädtischen Unterhaltungskultur an, die sich dann im Laufe des 19. und 20. Jahrhunderts weiter entfalteten.

e) Spaziergänge, Ausflüge, Bäder: Erholung und Vergnügen im städtischen Umland

Das städtische Umland war nicht nur durch vielfältige wirtschaftliche und rechtliche Beziehungen mit den Kommunen verbunden, sondern diente ebenso als Raum für die Erholung und Unterhaltung der städtischen Einwohner. Nicht wenige von ihnen besaßen dort Gärten, die – abgesehen von ihrem ökonomischen Nutzen als Anbaustätten für Obst und Gemüse – gerade in den Sommermonaten auch als Aufenthaltsorte dienten. Die Spitze dieser bürgerlich-städtischen Gartenkultur bildeten prachtvolle Anlagen, wie sie sich Patrizier und reiche Kaufleute im Laufe der Frühen Neuzeit vielfach im Umland ihrer Kommunen anlegen ließen. Damit knüpften sie einerseits an die Tradition der in italienischen Kommunen bereits im Mittelalter gepflegten Villegiatura an – sommerlichen Aufenthalten der städtischen Eliten in Landhäusern und Villen mit Gärten – und traten andererseits in – nicht selten durchaus absichtsvolle – Konkurrenz zu den fürstlichen Gartenanlagen der Epoche. So ließ sich der Leipziger Kaufmann und Ratsherr Caspar Bose 1685 einen großen Garten vor den Mauern der Stadt anlegen, der, ausgestattet mit einer Orangerie, einem Theater- und Konzertsaal sowie Treibhäusern, Standbildern und Springbrunnen, den Vergleich mit zeitgenössischen adligen Prachtgärten nicht zu scheuen brauchte.

Gartenanlagen

Typisch für die Topographie der Unterhaltung und Erholung im städtischen Umland der Frühen Neuzeit war die Herausbildung bestimmter, besonders gern und häufig frequentierter Ausflugsziele. So zog es die Magdeburger im späten 16. Jahrhundert auf die sogenannte Marsch, eine Wiese auf einer nahe der Stadt gelegenen Insel in der Elbe, die Nürnberger strömten auf die Hallerwiese, einem bereits im 15. Jahrhundert durch den Rat angelegten öffentlichen Garten, und im Fall Stralsunds war es 1585 ein vor der Stadt befindlicher Wald, der, ausgestattet mit Tischen, Bänken und Bewirtung, die Besucher anlockte. Sowohl im Umfeld solcher besonders beliebten Ausflugsziele als auch an anderen landschaftlich geeigneten Stellen im urbanen Umland entstanden Gartenlokale und Wirtshäuser, die mit ihrem Angebot an Speisen und Getränken sowie ihren Spiel- und Tanzgelegenheiten ein sozial breit gefächertes städtisches Publikum an sich zu binden vermochten. Aufgesucht wurden diese Unterhaltungsstätten bevorzugt an sommerlichen Sonn- und Feiertagen, die – zumindest nach Beendigung der vormittäglichen Gottesdienste – in der Regel für die Mehrheit der Einwohner der Städte arbeitsfrei waren. Der sonntägliche Spaziergang gehörte daher zu den typischen kulturellen Praktiken frühneuzeitlicher Stadtbewohner.

Ausflugsziele

Im Verlauf des 18. Jahrhunderts entwickelten sich schließlich im Umland einiger größerer Kommunen regelrechte Vergnügungsgärten, die mit einem kombinierten Angebot aus landschaftlich schöner Lage, guter Erreichbarkeit und der Konzentration vieler verschiedener Unterhaltungs- und Verköstigungsmöglichkeiten auf vergleichsweise kleinem Raum, manche Elemente moderner Freizeitparks vorwegnahmen. Neben dem Rainvilles Garten in Altona bei Hamburg sowie den nach dem Londoner Vorbild Vauxhall Gardens benannten und gestalteten Vauxhalls in Frankfurt am Main und Hannover ist in diesem Zusammenhang vor allem der Wiener Prater zu nennen. Dieses ursprünglich dem höfischen Adel vorbehaltene Areal war 1766 für

Vergnügungsgärten

die Allgemeinheit geöffnet worden und hatte sich anschließend rasch zur wichtigsten Unterhaltungs- und Erholungsstätte im Wiener Umland entwickelt. Im Prater konnte man spazieren gehen oder fahren, vor allem aber bot er eine Vielzahl von Verköstigungs- und Erfrischungsmöglichkeiten. 1802 gab es dort 71 Buden, in denen Wein, Bier oder Kaffee ausgeschenkt wurde, hinzu kamen Stände, die Süßigkeiten oder Obst verkauften, sowie Wurstbratereien. Zahlreich waren auch die Spielmöglichkeiten und Fahrgeschäfte, zu denen neben dem in den Vergnügungsgärten und Gartenwirtschaften des 18. Jahrhunderts weit verbreiteten Kegeln ebenso Schaukeln und Karussells sowie Wurf- und Geschicklichkeitsspiele gehörten. Außerdem konnten sich die Besucher der Anlage an Wachsfigurenkabinetten, Musikdarbietungen, Feuerwerken oder den Auftritten von Kunstreitern erfreuen.

Kur- und Badegelegenheiten

Eine weitere wichtige Facette der Nutzung des städtischen Umlands zu Erholungs- und Vergnügungszwecken waren die Kur- und Badegelegenheiten, die sich dort befanden. Nachdem die im Mittelalter weit verbreitete und hoch entwickelte städtische Badekultur als Konsequenz der großen Seuchenzüge und im Gefolge der im konfessionellen Zeitalter in allen Glaubensrichtungen deutlich straffer gehandhabten sittlichen Normen seit dem 16. Jahrhundert stark zurückgegangen war, erlebte sie im 18. Jahrhundert in modifizierter Form einen erneuten Aufschwung. An die Stelle der in der Stadt gelegenen mittelalterlichen Badehäuser traten nunmehr Kur- und Badeeinrichtungen im näheren Umland der Kommunen, die nicht nur mit ihren therapeutischen Möglichkeiten, sondern auch und gerade durch ihre schöne landschaftliche Lage und ihre Unterhaltungsangebote Besucher anlockten. Typische Vertreter dieser stadtnahen und überwiegend auf das Publikum bestimmter Kommunen bezogenen Badeorte waren Baden bei Wien, Cannstatt bei Stuttgart oder Lauchstädt in der Nähe von Halle an der Saale. Rund um die sächsische Hauptstadt Dresden entwickelte sich im Laufe des 18. Jahrhunderts mit dem Augustusbad bei Radeberg, dem Buschbad bei Meißen sowie den Quellen in Berggießhübel, Schandau und Tharandt sogar ein ganzes Ensemble von regionalen und lokalen Bade- und Erholungsorten. Ergänzt und flankiert wurden die stadtnahen Kurgelegenheiten durch die Anlage von Flussbadeanstalten, die im letzten Drittel des 18. Jahrhunderts in Mode kamen. Um 1770 gab es ein erstes Flussbad an der Elbe in Dresden, 1777 entstand eine Flussbadeanstalt am Rhein bei Mannheim, 1780 wurde eine derartige Einrichtung in Wien an der Donau errichtet und um 1800 existierten solche Flussbäder in den meisten größeren deutschen Städten, die über ein dazu geeignetes Gewässer verfügten.

VII. Bibliographie

1) Quellensammlungen und Bibliographien

Bairoch, Paul/Batou, Jean/Chèvre, Pierre (Hrsg.), La population des villes européennes. Banques de données et analyse sommaire des résultats 800–1850, Genf 1988. *Umfassende Bevölkerungsstatistik.*

Ehbrecht, Wilfried u. a.: Neue Veröffentlichungen zur vergleichenden historischen Städteforschung 1975–1978. Teil I, in: Blätter für Deutsche Landesgeschichte 116 (1980), S. 393–454, Teil II, in: Blätter für Deutsche Landesgeschichte 117 (1981), S. 595–665. *Literaturbericht für die genannten Erscheinungsjahre.*

Ders. u. a.: Neue Veröffentlichungen zur vergleichenden historischen Städteforschung 1978–1986, in: Blätter für Deutsche Landesgeschichte 123 (1987), S. 299–604. *Dito.*

Ders. u. a.: Neue Veröffentlichungen zur vergleichenden historischen Städteforschung 1987–1992 mit Nachträgen, in: Blätter für Deutsche Landesgeschichte 128 (1992), S. 387–852. *Dito.*

Ders. u. a.: Neue Veröffentlichungen zur vergleichenden historischen Städteforschung 1993–1996 mit Nachträgen, in: Blätter für Deutsche Landesgeschichte 132 (1996), S. 271–665. *Dito.*

Johanek, Peter. u. a.: Neue Veröffentlichungen zur vergleichenden historischen Städteforschung 1996–1999/2000 mit Nachträgen, in: Blätter für Deutsche Landesgeschichte 138 (2002), S. 261–824. *Dito.*

Rüth, Bernhard: Reformation und Konfessionsbildung im städtischen Bereich. Perspektiven der Forschung, in: Zeitschrift der Savigny-Stiftung für Rechtsgeschichte, Kanonistische Abteilung 108 (1991), S. 197–282. *Ausführlicher Forschungs- und Literaturüberblick zur städtischen Reformationsgeschichte.*

Schröder, Brigitte: Auswahlliste von Neuerscheinungen zur Städtegeschichte 1999–2006. *Seit 1999 fortlaufend geführte Auswahlbibliographie, die zur Zeit für die Jahre 1999–2006 vorliegt. Sie ist im Internet abrufbar unter: http://www.uni-muenster.de/Staedtegeschichte/Publikationen/ Bibliographien/Neuerscheinungslisten.shtml <letzter Zugriff: 10.05.2006>.*

2) Allgemeine und übergreifende Darstellungen

Dülmen, Richard van: Kultur und Alltag in der Frühen Neuzeit. Zweiter Band. Dorf und Stadt 16.–18. Jahrhundert, München 1992. *Kultur- und alltagsgeschichtliches Handbuch.*

Friedrichs, Christopher R.: The Early Modern City 1450–1750, London/New York 1995. *Guter Überblick.*

Gerteis, Klaus: Die deutschen Städte in der Frühen Neuzeit. Zur Vorgeschichte der bürgerlichen Welt, Darmstadt 1986. *Nicht mehr ganz aktueller aber doch immer noch lesenswerter Überblick.*

Hohenberg, Paul M./Lees, Lynn Hollen: The Making of Urban Europe 1000–1950, Cambridge/Mass. 1985. *Epochenübergreifende Studie zur Urbanisierung in Europa.*

Knittler, Herbert: Die europäische Stadt in der frühen Neuzeit. Institutionen, Strukturen, Entwicklungen, Wien/München 2000. *Überblick mit wirtschafts- und sozialhistorischem Schwerpunkt.*

Krüger, Kersten (Hrsg.): Europäische Städte im Zeitalter des Barock. Gestalt – Kultur – Sozialgefüge, Köln/Wien 1988. *Sammelband zur Stadtgeschichte im 17. und 18. Jahrhundert.*

Rausch, Wilhelm (Hrsg.): Städtische Kultur in der Barockzeit, Linz (Donau) 1982. *Kultur- und stadtgeschichtlicher Sammelband.*

Ders. (Hrsg.): Die Städte Mitteleuropas im 17. und 18. Jahrhundert, Linz (Donau) 1981. *Informativer Sammelband.*

Roeck, Bernd: Lebenswelt und Kultur des Bürgertums in der Frühen Neuzeit, München 1991. *Informative Darstellung mit vielen Literaturhinweisen.*

Schilling, Heinz: Die Stadt in der Frühen Neuzeit, München 1993. *Straffer Überblick mit politik-, konfessions- und sozialgeschichtlichen Schwerpunkten, ebenfalls mit vielen Literaturhinweisen.*

Vries, Jan de: European Urbanization 1500–1800, London 1984. *Grundlagenarbeit zur quantitativen Urbanisierung.*

3) Kapitelbezogene Literatur

I. Einleitung

Cochlaeus, Johannes: Brevis Germanie Descriptio (1512) mit der Deutschlandkarte des Erhard Etzlaub von 1512, herausgegeben, übersetzt und

kommentiert von Karl Langosch, Darmstadt 1960. *Edition und Übersetzung dieser kulturgeschichtlich bedeutsamen Deutschlandbeschreibung.*
Johanek, Peter/Post Franz Joseph (Hrsg.): Vielerlei Städte. Der Stadtbegriff, Köln/Wien/Weimar 2004. *Anregender Sammelband.*
Pastor, Ludwig (Hrsg.): Die Reise des Kardinals Luigi d'Aragona durch Deutschland, die Niederlande, Frankreich und Oberitalien 1517–1518, beschrieben von Antonio de Beatis, Freiburg/Br. 1905. *Lesenswerter Reisebericht aus dem 16. Jahrhundert.*

II. Städtewesen und urbane Demographie

Abel, Wilhelm: Massenarmut und Hungerkrisen im vorindustriellen Europa. Versuch einer Synopsis, Hamburg/Berlin 1974. *Standardwerk zu den Krisen alten Typs.*
Ders.: Massenarmut und Hungerkrisen im vorindustriellen Deutschland, Göttingen 1986. *Wie oben, aber knappere und auf Deutschland konzentrierte Darstellung.*
Burkhardt, Martin/Dobras, Wolfgang/Zimmermann, Wolfgang (Hrsg.), Konstanz in der frühen Neuzeit. Reformation. Verlust der Reichsfreiheit. Österreichische Zeit, Konstanz 1991. *Informative Untersuchung.*
Clark, Peter (Hrsg.): Small towns in early modern Europe, Cambridge/Paris 1995. *Überblick über die Forschungen zu kleinen Städten in Europa.*
Eaton, Ruth: Die ideale Stadt. Von der Antike bis zur Gegenwart, Berlin 2001. *Gut geschriebenes Überblickswerk mit zahlreichen Abbildungen.*
François, Etienne: Koblenz im 18. Jahrhundert. Zur Sozial- und Bevölkerungsstruktur einer deutschen Residenzstadt, Göttingen 1982. *Grundlegende Arbeit zur Sozialgeschichte und historischen Demographie der kurtrierischen Residenzstadt Koblenz.*
Gräf, Holger Th. (Hrsg.): Kleine Städte im neuzeitlichen Europa, Berlin 1997. *Facettenreicher Sammelband zur Geschichte von Kleinstädten.*
Herrmann, Hans-Walter/Irsigler, Franz: Beiträge zur Geschichte der frühneuzeitlichen Garnisons- und Festungsstadt, Saarbrücken 1983. *Sammelband mit lesenswerten Aufsätzen.*
Hoffmann, Carl A.: Landesherrliche Städte und Märkte im 17. und 18. Jahrhundert. Studien zu ihrer ökonomischen, rechtlichen und sozialen Entwicklung in Oberbayern, Kallmünz 1997. *Detaillierte Studie zur Entwicklung oberbayerischer Städte anhand der Beispiele München, Weilheim, Burghausen und Trostberg.*
Imhoff, Arthur E. (Hrsg.): Historische Demographie als Sozialgeschichte. Gießen und Ungebung vom 17. zum 19. Jahrhundert, Darmstadt/Marburg 1975. *Pionierarbeit zur modernen historischen Demographie in Deutschland.*
Ders.: Demographische Aspekte des frühneuzeitlichen Städtewesens, in: Krüger, Kersten (Hrsg.): Europäische Städte im Zeitalter des Barock. Gestalt-Kultur-Sozialgefüge, Köln/Wien 1988, S. 57–92. *Überblick über die zentralen demographischen Probleme frühneuzeitlicher Städte.*
Kaspar, Fred: Brunnenkur und Sommerlust. Gesundbrunnen und Kleinbäder in Westfalen, Bielefeld 1993. *Pionierstudie über Kleinbäder.*
„Klar und lichtvoll wie eine Regel". Planstädte der Neuzeit vom 16. bis zum 18. Jahrhundert. Eine Ausstellung des Landes Baden-Württemberg veranstaltet vom Badischen Landesmuseum Karlsruhe, Karlsruhe 1990. *Gut aufgemachter Katalog mit vielen interessanten Aufsätzen zum Thema.*
Keim, Christiane: Städtebau in der Krise des Absolutismus. Die Stadtplanungsprogramme der hessischen Residenzstädte Kassel, Darmstadt und Wiesbaden zwischen 1760 und 1840, Marburg 1990. *Kunst- und kulturgeschichtlich angelegte Studie zur Stadtplanung in den genannten Residenzen.*
Keller, Katrin: Kleinstädte in Kursachsen. Wandlungen einer Städtelandschaft zwischen Dreissigjährigem Krieg und Industrialisierung, Köln/Weimar/Wien 2001. *Wirtschafts- und sozialhistorisch ausgerichtete Studie zu sächsischen Kleinstädten.*
Kintz, Jean-Pierre: La société strasbourgeoise du milieu du XVIe siècle à la fin de la guerre de trente ans 1560–1650. Essai d'histoire démographique, économique et sociale, Paris 1984. *Wichtige Arbeit der französischen Forschung zur frühneuzeitlichen Geschichte Straßburgs.*
Kluckert, Ehrenfried: Auf dem Weg zur Idealstadt: Humanistische Stadtplanung im Südwesten Deutschlands, Stuttgart 1998. *Mit wichtigen Ausführungen zu Freudenstadt und Stuttgart in der Frühen Neuzeit.*
Kuhnert, Reinhold P.: Urbanität auf dem Lande. Badereisen nach Pyrmont im 18. Jahrhundert, Göttingen 1984. *Interessante Fallstudie zur Geschichte eines Badeorts.*
Maczak, Antoni/Smout, Christopher (Hrsg.): Gründung und Bedeutung kleinerer Städte im nördlichen Europa der frühen Neuzeit, Wiesbaden 1991. *Sammelband mit Beiträgen zu Kleinstädten in Deutschland, Polen, Großbritannien, den skandinavischen Ländern und dem Baltikum.*
Pfister, Christian: Bevölkerungsgeschichte und historische Demographie 1500–1800, München 1994. *Grundlegende Einführung.*
Schilling, Heinz: Niederländische Exulanten im 16. Jahrhundert. Ihre Stellung im Sozialgefüge und im

religiösen Leben deutscher und englischer Städte, Gütersloh 1972. *Vergleichend angelegte Untersuchung zur Rolle niederländischer Glaubensflüchtlinge im 16. Jahrhundert.*

Schmidt, Georg: Der Städtetag in der Reichsverfassung. Eine Untersuchung zur korporativen Politik der Freien und Reichsstädte in der ersten Hälfte des 16. Jahrhunderts, Stuttgart 1984. *Fundierte und detaillierte Darstellung der verfassungsrechtlichen Stellung der Freien und Reichsstädte am Beginn der Frühen Neuzeit.*

Schultz, Helga: Berlin 1650–1800. Sozialgeschichte einer Residenz, Berlin 1992. *Grundlegende Studie zur Sozialgeschichte Berlins.*

Stoob, Heinz: Frühneuzeitliche Städtetypen, in: Stoob, Heinz (Hrsg.): Die Stadt. Gestalt und Wandel bis zum industriellen Zeitalter, Köln/Wien 1970, S. 191–223. *Grundlegender Aufsatz zur Typologisierung frühneuzeitlicher Städte.*

Treffeisen, Jürgen/Andermann, Kurt (Hrsg.): Landesherrliche Städte in Südwestdeutschland, Sigmaringen 1994. *Mit wichtigen Beiträgen zur Rolle und Bedeutung landesherrlicher Städte sowie allgemein zur Bedeutung kleinerer Städte.*

Wagner, Christine: Von der Stadtgründung zur großherzoglich badischen Haupt- und Residenzstadt 1715–1806, in: Karlsruhe – die Stadtgeschichte, hrsg. von der Stadt Karlsruhe – Stadtarchiv, Karlsruhe 1998, S. 65–189. *Überblicksdarstellung zur Geschichte Karlsruhes im 18. Jahrhundert.*

Walker, Mack: German Home Town. Community, State and General Estate 1648–1871, Ithaca/London 1971. *Umstrittene, aber einflussreiche Studie über die deutschen Kleinstädte im epochenübergreifenden Längsschnitt.*

Wortmann, Wilhelm (Hrsg.): Deutsche Stadtgründungen der Neuzeit, Wiesbaden 1989. *Mit Beiträgen zur Typologie frühneuzeitlicher Stadtgründungen.*

III. Wirtschaft – Gesellschaft – Politik

Bátori, Ingrid: Die Reichsstadt Augsburg im 18. Jahrhundert. Verfassung, Finanzen und Reformversuche, Göttingen 1969. *Immer noch wertvolle Studie zur Augsburger Verfassungsgeschichte.*

Behringer, Wolfgang: Im Zeichen des Merkur. Reichspost und Kommunikationsrevolution in der Frühen Neuzeit, Göttingen 2003. *Grundlegende Studie.*

Blickle, Peter: Unruhen in der ständischen Gesellschaft 1300–1800, München 1988. *Informativer Überblick mit vielen Literaturhinweisen.*

Ders.: Kommunalismus. Skizzen einer gesellschaftlichen Organisationsform. Bd. 1: Oberdeutschland, Bd. 2: Europa, München 2000. *Grundlegende Studie zum Kommunalismus.*

Burkhardt, Johannes/Haberer, Stephanie (Hrsg.): Das Friedensfest. Augsburg und die Entwicklung einer neuzeitlichen Toleranz-, Friedens- und Festkultur, Berlin 2000. *Facettenreicher Sammelband.*

Grassmann, Antjekathrin (Hrsg.): Niedergang oder Übergang. Zur Spätzeit der Hanse im 16. und 17. Jahrhundert, Köln/Weimar/Wien 1998. *Informativer Sammelband.*

Hafner, Urs: Republik im Konflikt. Schwäbische Reichsstädte und bürgerliche Politik in der frühen Neuzeit, Tübingen 2001. *Detaillierte Untersuchung des Verhältnisses zwischen Rat und Bürgerschaft in den schwäbischen Reichsstädten.*

Kaufhold, Karl Heinrich/Reininghaus, Wilfried (Hrsg.): Stadt und Handwerk in Mittelalter und Früher Neuzeit, Köln/Weimar/Wien 2000. *Sammelband zur epochenübergreifenden städtischen Handwerksgeschichte.*

Keller, Katrin (Hrsg.): Feste und Feiern. Zum Wandel städtischer Festkultur in Leipzig, Leipzig 1994. *Sammelband mit Beiträgen zu Aspekten der städtischen Festkultur zwischen Früher Neuzeit und 20. Jahrhundert.*

Kießling, Rolf: Die Stadt und ihr Land. Umlandpolitik, Bürgerbesitz und Wirtschaftsgefüge in Ostschwaben vom 14. bis ins 16. Jahrhundert, Köln/Wien 1989. *Detailreiche Studie über Stadt-Land-Beziehungen am Beispiel der Städte Nördlingen, Memmingen, Lauingen und Mindelheim mit sozial- und wirtschaftsgeschichtlichem Schwerpunkt.*

Müller, Winfried (Hrsg.): Das historische Jubiläum, Münster 2004. *Grundlegender Sammelband zur Geschichtlichkeit des historischen Jubiläums.*

Poeck, Dietrich W.: Rituale der Ratswahl. Zeichen und Zeremoniell der Ratssetzung in Europa (12. bis 18. Jahrhundert), Köln/Weimar/Wien 2003. *Grundlegende Untersuchung.*

Reininghaus, Wilfried: Gewerbe in der Frühen Neuzeit, München 1990. *Informativer Überblick mit vielen Literaturhinweisen.*

Reith, Reinhold/Griessinger, Andreas/Eggers, Petra (Hrsg.): Streikbewegungen deutscher Handwerksgesellen im 18. Jahrhundert. Materialien zur Sozial- und Wirtschaftsgeschichte des städtischen Handwerks 1700–1806, Göttingen 1992. *Informative und materialreiche Untersuchung.*

Roeck, Bernd: Eine Stadt in Krieg und Frieden. Studien zur Geschichte der Reichsstadt Augsburg zwischen Kalenderstreit und Parität, 2 Bde., Göttingen 1989. *Facettenreiche und anregende Stadtgeschichte.*

Bibliographie

Ders.: Außenseiter, Randgruppen, Minderheiten. Fremde im Deutschland der frühen Neuzeit, Göttingen 1993. *Knappe und informative Darstellung.*

Rosseaux, Ulrich/Flügel, Wolfgang/Damm, Veit (Hrsg.), Zeitrhythmen und performative Akte in der städtischen Erinnerungs- und Repräsentationskultur zwischen Früher Neuzeit und Gegenwart, Dresden 2005. *Facettenreicher und anregender Sammelband.*

Schlögl, Rudolf: Interaktion und Herrschaft. Die Politik der frühneuzeitlichen Stadt, Konstanz 2004. *Anregende Untersuchungen zur politischen Kultur.*

Schötz, Susanne: Handelsfrauen in Leipzig. Zur Geschichte von Arbeit und Geschlecht in der Neuzeit, Köln/Weimar/Wien 2004. *Pionierstudie zum Thema.*

Stoob, Heinz: Die Hanse, Graz/Köln/Wien 1995. *Faktenreicher Überblick.*

IV. Stadt und Religion

Brady, Thomas A.: Ruling Class. Regime and Reformation at Strasbourg 1530–1550, Leiden 1978. *Fallstudie zur Reformationsgeschichte Straßburgs.*

Becker-Jákly, Barbara: Die Protestanten in Köln. Die Entwicklung einer religiösen Minderheit von der Mitte des 18. bis zur Mitte des 19. Jahrhunderts, Köln 1983. *Fallstudie zur Geschichte der Protestanten in Köln.*

Blickle, Peter: Gemeindereformation. Die Menschen des 16. Jahrhunderts auf dem Weg zum Heil, München 1987. *Wichtige Studie über den Zusammenhang von städtischer Reformation und Gemeindegedanken.*

Dieter, Stephan: Die Reichsstadt Kaufbeuren in der frühen Neuzeit. Studien zur Wirtschafts-, Sozial-, Kirchen- und Bevölkerungsgeschichte, Thalhofen 2000. *Detailreiche Fallstudie.*

Dürr, Renate/Schwerhoff, Gerd (Hrsg.): Kirchen, Märkte und Tavernen. Erfahrungs- und Handlungsräume in der Frühen Neuzeit, Frankfurt/M. 2005. *Facettenreicher Sammelband u. a. mit Beiträgen zur kommunikativen Funktion von Kirchen.*

Ehrenpreis, Stefan/Lotz-Heumann, Ute: Reformation und konfessionelles Zeitalter, Darmstadt 2002. *Gut strukturierter Überblick über die Forschungsgeschichte der Reformation.*

Enderle, Wilfried: Konfessionsbildung und Ratsregiment in der katholischen Reichsstadt Überlingen (1500–1618) im Kontext der Reformationsgeschichte der oberschwäbischen Reichsstädte, Stuttgart 1990. *Instruktive Studie zur Geschichte der oberschwäbischen Reichsstädte im Zeitalter der Reformation.*

François, Etienne: Die unsichtbare Grenze. Protestanten und Katholiken in Augsburg 1648–1806, Sigmaringen 1991. *Pionierstudie zur lebensweltlichen Konfessionalisierung.*

Goertz, Hans-Jürgen: Pfaffenhaß und groß Geschrei. Die reformatorischen Bewegungen in Deutschland 1517–1529, München 1987. *Geschichte der frühen Reformation mit besonderer Betonung des antiklerikalen Moments.*

Hamm, Berndt: Bürgertum und Glaube. Konturen der städtischen Reformation, Göttingen 1996. *Gut lesbarer und facettenreicher Überblick.*

Kipp, Herbert: „Trachtet zuerst nach dem Reich Gottes". Landstädtische Reformation und Rats-Konfessionalisierung in Wesel (1520–1600), Bielefeld 2004. *Detailreiche und informative Fallstudie einer landstädtischen Reformation.*

Laux, Stephan: Reformationsversuche in Kurköln (1542–1548). Fallstudien zu einer Strukturgeschichte landstädtischer Reformation (Neuss, Kempen, Andernach, Linz), Münster 2001. *Methodisch ambitionierte Studie zu landstädtischen reformatorischen Bewegungen.*

Merz, Johannes: Landstädte und Reformation, in: Schindling, Anton/Ziegler, Walter (Hrsg.): Die Territorien des Reiches im Zeitalter der Reformation und Konfessionalisierung. Land und Konfession 1500–1650. Bd. 7: Bilanz – Forschungsperspektiven – Register, Münster 1997, S. 107–135. *Knapper aber präziser Überblick zur landstädtischen Reformation.*

Moeller, Bernd: Reichsstadt und Reformation. Bearbeitete Neuauflage, Berlin 1987. *Grundlegende Arbeit zum Thema.*

Mörke, Olaf: Die Reformation. Voraussetzungen und Durchsetzung, München 2005. *Guter Überblick über die Frühphase der Reformation zwischen 1517 und 1555.*

Rublack, Hans-Christoph: Gescheiterte Reformation. Frühreformatorische und protestantische Bewegungen in süd- und westdeutschen geistlichen Residenzen, Stuttgart 1978. *Fallstudien zu gescheiterten reformatorischen Bewegungen.*

Schilling, Heinz: Konfessionskonflikt und Staatsbildung. Eine Fallstudie über das Verhältnis von religiösem und sozialem Wandel in der Frühneuzeit am Beispiel der Grafschaft Lippe, Gütersloh 1981. *Grundlegende Fallstudie.*

Schlögl, Rudolf: Glaube und Religion in der Säkularisierung. Die katholische Stadt – Köln, Aachen, Münster – 1700–1800, München 1995. *Instruktive sozialgeschichtliche Untersuchung.*

Schmidt, Heinrich Richard: Reichsstädte, Reich und Reformation. Korporative Reichspolitik 1521–

1529, Stuttgart 1986. *Untersuchung zur Rolle der Reichsstädte in der frühen Reformation.*

Vogler, Günter: Nürnberg 1524/25. Studien zur Geschichte der reformatorischen und sozialen Bewegung in der Reichsstadt, Berlin 1982. *Fallstudie zur Einführung der Reformation in Nürnberg.*

Warmbrunn, Paul: Zwei Konfessionen in einer Stadt. Das Zusammenleben von Katholiken und Protestanten in den paritätischen Reichsstädten Augsburg, Biberach, Ravensburg und Dinkelsbühl von 1548 bis 1648, Wiesbaden 1983. *Grundlegende Studie zu den bikonfessionellen und paritätischen Reichsstädten.*

Zschunke, Peter: Konfession und Alltag in Oppenheim. Beiträge zur Geschichte von Bevölkerung und Gesellschaft einer gemischtkonfessionellen Kleinstadt in der Frühen Neuzeit, Wiesbaden 1984. *Informative Untersuchung einer trikonfessionellen Kommune.*

V. Stadt und Umwelt

Bärthel, Hilmar: Wasser für Berlin. Die Geschichte der Wasserversorgung, Berlin 1997. *Technikhistorisch orientierte Darstellung mit zahlreichen Abbildungen.*

Bayerl, Günter (Hrsg.): Wind- und Wasserkraft. Die Nutzung regenerierbarer Energiequellen in der Geschichte, Düsseldorf 1989. *Grundlegende Darstellung zum Thema.*

Behringer, Wolfgang/Roeck, Bernd (Hrsg.): Das Bild der Stadt in der Frühen Neuzeit 1400–1800, München 1999. *Umfassendes und reich bebildertes Sammelwerk.*

Bernatzky, Aloys: Von der mittelalterlichen Stadtbefestigung zu den Wallgrünflächen von Heute, Berlin/Hannover/Sarstedt 1960. *Immer noch lesenswerte Studie.*

Corbin, Alain: Pesthauch und Blütenduft. Eine Geschichte des Geruchs, Berlin 1996. *Anregende Pionierstudie zur historischen Umweltwahrnehmung.*

Ebeling, Dietrich: Der Holländer Holzhandel in den Rheinlanden. Zu den Handelsbeziehungen zwischen den Niederlanden und dem westlichen Deutschland im 17. und 18. Jahrhundert, Stuttgart 1992. *Fundierte wirtschaftsgeschichtliche Untersuchung.*

Frey, Manuel: Der reinliche Bürger. Entstehung und Verbreitung bürgerlicher Tugenden in Deutschland, 1760–1860, Göttingen 1997. *Informative Arbeit zur Geschichte bürgerliche Hygiene- und Reinlichkeitsvorstellungen.*

Gruber, Karl: Die Gestalt der deutschen Stadt. Ihr Wandel aus der geistigen Ordnung der Zeiten, 3. Aufl., München 1977. *Leicht veralteter aber dennoch immer noch informativer Klassiker der Städtebaugeschichte.*

Happe, Barbara: Die Entwicklung der deutschen Friedhöfe von der Reformation bis 1870, Tübingen 1991. *Volkskundliche Studie zur Entwicklung der Friedhofskultur.*

Johanek, Peter (Hrsg.): Städtisches Gesundheits- und Fürsorgewesen vor 1800, Köln/Weimar/Wien 2000. *Informativer Sammelband.*

Jütte, Robert: Ärzte, Heiler und Patienten. Medizinischer Alltag in der frühen Neuzeit, München/Zürich 1991. *Allgemeine Studie zur Medizingeschichte mit wesentlichen stadtgeschichtlichen Bezügen.*

Jetter, Dieter: Das europäische Hospital. Von der Spätantike bis 1800, Köln 1986. *Überblick mit architekturhistorischem Schwerpunkt.*

Kirchgässner, Bernhard/Sydow, Jürgen (Hrsg.): Stadt und Gesundheitspflege, Sigmaringen 1982. *Sammelband zur Geschichte der städtischen Gesundheitsfürsorge.*

Murken, Axel Hinrich: Vom Armenhospital zum Großklinikum. Die Geschichte des Krankenhauses vom 18. Jahrhundert bis zur Gegenwart, 3. Aufl., Köln 1995. *Bau- und medizinhistorisch orientierter Überblick.*

Radkau, Joachim/Schäfer, Ingrid: Holz. Ein Naturstoff in der Technikgeschichte, Reinbek bei Hamburg 1987. *Überblickswerk zur Geschichte der Holznutzung.*

Radkau, Joachim: Das Rätsel der städtischen Brennholzversorgung im „hölzernen Zeitalter", in: Schott, Dieter (Hrsg.): Energie und Stadt in Europa. Von der vorindustriellen ‚Holznot' bis zur Ölkrise der 1970er Jahre. Energy and the City in Europe. From preindustrial wood-shortage to the oil crisis the 1970s, Stuttgart 1997. *Grundlegender Aufsatz zur Thematik.*

Sydow, Jürgen (Hrsg.): Städtische Versorgung und Entsorgung im Wandel der Geschichte, Sigmaringen 1981. *Informativer Sammelband.*

Vasold, Manfred: Pest, Not und schwere Plagen. Seuchen und Epidemien vom Mittelalter bis heute, München 1991. *Klar strukturierter und gut lesbarer Überblick.*

Vögele, Jörg: Stadt, Krankheit und Tod. Geschichte der städtischen Gesundheitsverhältnisse während der Epidemiologischen Transition (vom 18. bis ins frühe 20. Jahrhundert), Berlin 2000. *Epochenübergreifende Untersuchung zur städtischen Medizingeschichte.*

Zimmermann, Clemens (Hrsg.): Dorf und Stadt. Ihre Beziehungen vom Mittelalter bis zur Gegenwart, Frankfurt/M. 2001. *Facettenreicher Sammelband zur Geschichte der Stadt-Land-Beziehungen.*

VI. Leben in der Stadt

Abel, Wilhelm: Stufen der Ernährung. Eine historische Skizze, Göttingen 1981. *Straff geschriebener Überblick.*

Dohrn van Rossum, Gerhard: Die Geschichte der Stunde. Uhren und moderne Zeitrechnung, München 1992. *Grundlegende Studie.*

Eibach, Joachim: Frankfurter Verhöre. Städtische Lebenswelten und Kriminalität im 18. Jahrhundert, Paderborn 2003. *Anregende und informative Untersuchung.*

Eisenbart, Liselotte Constanze: Kleiderordnungen der deutschen Städte zwischen 1350 und 1700. Ein Beitrag zur Kulturgeschichte des deutschen Bürgertums, Göttingen 1962. *Immer noch wertvolle Studie.*

Fink, Monika: Der Ball. Eine Kulturgeschichte des Gesellschaftstanzes im 18. und 19. Jahrhundert, Innsbruck/Wien 1996. *Studie zur Entwicklung des Ballwesens.*

Hinz, Sigrid: Innenraum und Möbel. Von der Antike bis zur Gegenwart, Berlin 1989. *Epochenübergreifender Überblick mit zahlreichen Abbildungen.*

Kaspar, Fred: Bauen und Wohnen in einer alten Hansestadt. Zur Nutzung von Wohnbauten zwischen dem 16. und 19. Jahrhundert dargestellt am Beispiel Lemgo, Bonn 1985. *Detaillierte und informative Fallstudie.*

Katzinger, Willibald (Hrsg.): Zeitbegriff, Zeitmessung und Zeitverständnis im städtischen Kontext, Linz (Donau) 2002. *Facettenreicher Sammelband.*

Kohler, Alfred/Lutz, Heinrich: Alltag im 16. Jahrhundert. Studien zur Lebensformen in mitteleuropäischen Städten, Wien 1987. *Sammelband mit Beiträgen vornehmlich zu österreichischen Städten.*

Mohrmann, Ruth-Elisabeth (Hrsg.): Städtische Volkskultur im 18. Jahrhundert, Köln/Weimar/Wien 2001. *Informativer und anregender Sammelband.*

Nahrstedt, Wolfgang: Die Entstehung der Freizeit, Göttingen 1972. *Studie zur Veränderung von Zeitstrukturen im 18. Jahrhundert am Beispiel Hamburgs.*

Ottenjann, Helmut (Hrsg.): Mode – Tracht – Regionale Identität. Historische Kleidungsforschung heute, 2. Aufl., Cloppenburg 1988. *Sammelband zur modernen Kleidungsforschung mit weiterführenden Literaturhinweisen.*

Rosseaux, Ulrich: Freiräume. Unterhaltung, Vergnügen und Erholung in Dresden 1694–1830, Köln/Weimar/Wien 2006. *Umfassende und grundlegende Studie zur urbanen Unterhaltungskultur.*

Salmen, Walter: Haus- und Kammermusik. Privates Musizieren im gesellschaftlichen Wandel zwischen 1600 und 1900, Leipzig 1969. *Straffer Überblick.*

Ders.: Tanz im 17. und 18. Jahrhundert, Leipzig 1988. *Dito.*

Schwab, Heinrich W.: Konzert. Öffentliche Musikdarbietungen vom 17. bis 19. Jahrhundert, Leipzig 1971. *Straffe Überblicksdarstellung.*

Schwerhoff, Gerd: Köln im Kreuzverhör. Kriminalität, Herrschaft und Gesellschaft in einer frühneuzeitlichen Stadt, Bonn 1991. *Pionierarbeit zur Thematik.*

Tanzer, Gerhard: Spectacle müssen seyn. Die Freizeit der Wiener im 18. Jahrhundert, Köln/Wien/Weimar 1992. *Anregende und facettenreiche Untersuchung.*

Teuteberg, Hans J./Wiegelmann, Günter: Unsere tägliche Kost. Geschichte und regionale Prägung, 2. Aufl., Münster 1986. *Informative Studien zur Geschichte der Ernährung, die zeitlich nicht auf die Frühe Neuzeit begrenzt sind.*

Wiegelmann, Günter: Alltags- und Festspeisen. Wandel und gegenwärtige Stellung, Marburg 1967. *Immer noch lesens- und benutzenswerte volkskundliche Studie zur Ernährungsgeschichte.*

Ders. (Hrsg.): Nord-Süd-Unterschiede in der städtischen und ländlichen Kultur Mitteleuropas, Münster 1985. *Volkskundliche Untersuchungen zur Wohn- und Esskultur sowie zur Brauchgeschichte.*

Register

Aachen 9, 29, 45, 65–67, 81, 106, 134, 139
Aalen 29
Altdorf 38, 39
Altena 51
Altenburg 34, 82
Altona 9, 143
Amberg 137
Amsterdam 11 f.
Andernach 83
Annaberg 6, 36 f., 44, 70 f.
Ansbach 9, 32
Antwerpen 11
Arnstadt 34
Aue 49
Augsburg 1, 7–9, 24, 27–29, 47–50, 53, 56 f., 62, 65, 68, 70, 87 f., 90–92, 98, 101 f., 104 f., 108, 116, 131, 137, 139, 141

Bad Cannstatt 144
Baden-Baden 45
Baden bei Wien 144
Bad Lauchstädt 144
Bad Schandau 144
Bamberg 9, 38, 139
Barcelona 11
Basel 28, 37
Bautzen 9, 31
Bayreuth 35
Berlin 1, 8–10, 12, 17–21, 32, 34 f., 41, 53, 68, 94, 96, 98, 113, 121, 128, 136, 140 f.
Berggießhübel 144
Besançon 4
Biberach 29, 77, 87 f., 90–92, 138
Bologna 11
Bonn 9, 34, 38, 94 f.
Bopfingen 29, 77
Bordeaux 11
Braunschweig 7–9, 22, 30 f., 47, 65 f., 78, 137
Bremen 2, 8 f., 28 f., 47 f., 59, 66, 75 f., 80, 100, 128
Brescia 11
Breslau 8 f., 11, 38, 47, 68, 100, 137, 139
Brüssel 11
Buchau am Federsee 29
Buchhorn 29

Chemnitz 9, 12

Cochem 22
Colmar 29, 81

Danzig 4, 7–9, 11, 47, 75
Dillingen 38
Dinkelsbühl 29, 78, 87 f., 90–92
Donauwörth 29, 49, 66, 78, 81, 87 f.
Dortmund 7, 29
Dresden 1, 7–10, 12–15, 20 f., 23, 31 f., 34, 43, 60, 67, 90, 93 f., 98, 100, 104, 108, 110, 113 f., 119–121, 136, 140 f., 144
Dublin 11
Duderstadt 82
Düren 28
Düsseldorf 9, 134
Duisburg 28, 38
Durlach 19

Eisenach 34
Elbing 4, 9
Emden 9, 31, 47, 65, 80
Erfurt 9, 30 f., 37 f., 65, 67, 89, 93
Erlangen 35, 38, 45, 100
Esslingen 14 f., 23–25, 29, 78

Flensburg 9
Florenz 11
Fontainebleau 41
Frankfurt (Main) 7–11, 20, 27, 29, 40, 49, 53, 58, 60, 64, 66, 97 f., 105, 107 f., 135 f., 138, 140–143
Frankfurt (Oder) 7, 9, 37 f., 137, 140
Freiberg 9, 35, 71
Freiburg 9, 38, 43, 96, 108, 137
Freistadt 123
Freudenstadt 41 f., 44
Friedberg 29
Friedrichshafen s. Buchhorn
Fürth 9, 60
Fulda 19, 38

Gengenbach 29
Gent 11
Genua 11
Gera 34
Giengen 29
Gießen 19 f., 22, 38

Glogau 139
Glückstadt 41
Görlitz 9, 31, 76, 135, 137
Göttingen 30, 38, 123
Goslar 29, 35, 78
Gotha 9, 34
Granada 11
Graz 10, 38
Greifswald 37 f., 65 f.
Greiz 34

Hagenau (Haguenau) 29
Halberstadt 9
Halle (Saale) 9, 38, 140, 144
Hamburg 1 f., 7–11, 26, 28 f., 47 f., 66–68, 78, 119, 121, 127 f., 135 f., 141, 143
Hammelburg 82, 84
Hanau 9, 40 f., 44
Hannover 1, 9, 96 f., 107, 113, 121, 137, 143
Heidelberg 9, 32, 37 f., 137
Heilbronn 30, 66
Helmstedt 38
Herborn 38
Herford 29 f.
Hildburghausen 34
Hildesheim 9, 89, 93, 137, 139
Höxter 65

Ingolstadt 38, 139
Innsbruck 10, 38, 137
Iserlohn 51
Isny 28, 30, 88

Jena 38
Joachimsthal 37
Johanngeorgenstadt 5, 40, 71
Jülich 43

Kaisersberg 30, 85
Kaiserslautern 96
Kalkar 96
Kamenz 31
Karlsbad 45
Karlshafen 42
Karlsruhe 5, 33, 44 f., 98
Kassel 9, 33 f., 97
Kaufbeuren 30, 79 f., 87 f.
Kempen 83
Kempten 30, 47 f., 89
Kiel 38
Koblenz 20–22, 34, 97, 139

151

Register

Köln 1, 8, 10f., 25, 30, 37–39, 47, 51, 53, 55, 60, 63, 66, 68, 81, 84f., 93, 98, 101, 112–114, 134, 137, 139f.
Königsberg 4, 8, 10f., 38, 70f.
Konstanz 29f., 75–78, 81
Kopenhagen 11f.

Landau 30
Lauban 31
Leipzig 10, 12, 27, 37f., 49, 53, 82, 90, 97, 121, 132, 134, 136f., 140, 143
Leisnig 82
Lemgo 28, 61, 66, 82f., 123
Leutkirch 28, 30, 87f.
Lindau 28, 30
Lingen 96
Linz (Rhein) 83
Lissabon 11
Löbau 31
London 6, 11f., 47f., 113, 143
Ludwigsburg 35, 45
Lübeck 2, 8, 10, 25f., 28, 30, 47f., 59, 65f., 78, 119
Lüdenscheid 51
Lüneburg 10, 30, 119
Lyon 11

Madrid 11
Magdeburg 7, 8, 10f., 30f., 47, 75f., 78, 98, 143
Mailand 11
Mainz 7, 10, 20f., 23, 34, 38, 135, 139
Mannheim 10, 32, 34, 45, 60, 93f., 98, 136, 140f., 144
Marbach 107
Marburg 38
Marienbad 45
Marienberg 6
Marseille 11
Meißen 144
Memmingen 19, 30, 47f., 75f., 135
Meppen 96
Messina 11
Minden 82, 84, 96
Moritzburg 94
Mühlberg 79
Mühlhausen (Thüringen) 29, 134
München 1, 10, 31f., 34, 49f., 94, 104, 108, 113, 136, 139–141
Münster 10, 30f., 38, 70, 80, 97, 123f., 139
Münster im Gregorienthal (Munster) 29

Nantes 41
Neapel 11
Neubreisach (Neuf-Brisach) 43
Neuss 83
Nördlingen 18, 29, 69f., 137
Nordhausen 29
Nürnberg 1, 7f., 10f., 27–29, 47f., 51, 53, 60, 62, 68, 75f., 78, 95, 98, 100, 104f., 107, 110, 117f., 127f., 134f., 140f., 143

Oberehnheim (Obernai) 29
Ochtrup 51
Offenburg 29
Olmütz 38, 139
Oppenheim 19, 87
Orsoy 89
Osnabrück 38, 70, 123, 139

Paderborn 38, 65, 139
Palermo 11
Paris 6, 11f., 34
Passau 100
Pfullendorf 28f.
Pillnitz 94
Platten 40
Poppelsdorf 94f.
Potsdam 10, 35, 100
Prag 37f., 135, 139
Pyrmont 45

Ravensburg 28f., 48, 87f., 90–92
Regensburg 8, 10, 27–29, 60, 71, 78, 118, 128
Reutlingen 29, 76
Rinteln 38
Rom 11
Rosheim 29, 85
Rostock 10, 30f., 37–39, 47f.
Rothenburg ob der Tauber 29, 78, 118
Rottweil 29, 85
Rouen 11
Rudolstadt 34

Saarlouis 5, 43f.
Salzburg 10, 38, 100
Schaffhausen 28
Schlettstadt (Sélestat) 29
Schleusingen 34
Schwäbisch Gmünd 29, 70, 85
Schwäbisch Hall 29, 66, 75, 108
Schwarzenberg 6
Schweinfurt 29, 78
Schwerin 31
Schwetzingen 94

Sevilla 11
Sieburg 42
Soest 10, 28, 82
Sondershausen 34
Speyer 27, 29, 139
St. Gallen 28
Stettin 10, 65, 113
Stralsund 10, 31, 48, 65, 75, 143
Straßburg (Strasbourg) 1, 4, 8, 10, 28f., 38f., 48, 51, 53, 75–78, 105, 127, 130, 135, 139f.
Stuttgart 10, 31, 34f., 38, 144

Teplitz 45
Tharandt 144
Trier 38f., 56f.
Tübingen 37f.
Türkheim (Turckheim) 30, 85
Turin 11

Überlingen 28, 30, 70, 85
Ulm 10, 27f., 30, 48, 62f., 69, 77, 87f., 133, 139

Valencia 11
Venedig 1, 11, 49
Verona 11
Versailles 34
Villingen 70f.

Wangen 28, 30
Weiden 19
Weil 30
Weimar 34
Weißenburg (Elsaß) (Wissembourg) 30
Weißenburg am Nordgau 30, 78
Wesel 44, 82
Wetzlar 27, 30, 65f.
Wien 1, 8, 11f., 32, 34f., 37f., 113, 119–121, 127f., 138–141, 143f.
Wiesbaden 45
Wildbad 45
Wimpfen 30
Windsheim 30, 78
Winningen 22
Wismar 47f., 65
Wittenberg 37f., 81
Wolfenbüttel 43
Worms 27f., 30, 60, 65, 73, 105, 135
Würzburg 10, 34, 38, 128, 139

Zell am Harmersbach 30
Zittau 139